D1943210

Dieses Buch ist der unveränderte Reprint
einer älteren Ausgabe.

Erschienen bei KiWi Bibliothek
© Verlag Kiepenheuer & Witsch, Köln 2018

Umschlaggestaltung Rudolf Linn, Köln

Printed in Germany
ISBN 978-3-462-40228-5

Kiepenheuer
& Witsch

Weiterführende Informationen finden Sie unter
www.kiwi-verlag.de

KiWi 535

Über das Buch

Berlin-Mitte ist die Mitte der neuen Hauptstadt, des neuen Deutschland, und gleichzeitig ist es das schwarze Loch der Subkulturen. Alles, was in den letzten Jahrzehnten an neuen Lebensformen, Glückstechniken, Musikrichtungen und politischen Aktivismen entstanden ist, wird angesogen und verschwindet in frisch getünchten Szene-Lokalen und den letzten Resten elektronischer Utopien. So könnte man heute die Geschichte deutscher und internationaler Gegenkulturen beschreiben, findet Diedrich Diederichsen. Der ehemals Ostberliner Stadtteil vereinigt dabei alle Eigenschaften eines kommerzialisierten Alternativszenen-Themenparks auf sich.

Die beiden zentralen Themen von Diedrich Diederichsens neuem Buch sind Stadtpolitik und Pop-Kultur, die für den Autor mehr miteinander zu tun haben, als man denkt, Stadtdiskussion, neuer Architekturdiskurs, Drogenpolitik und die Vertreibung unerwünschter Personen von öffentlichen Plätzen einerseits und die inflationäre Rede von Pop in allen Medien und Zusammenhängen sind für Diedrich Diederichsen Anlaß für seine spezifische Form der Zeitdiagnose, die er in den beiden vorhergehenden Bänden »Freiheit macht arm« und »Politische Korrekturen« begonnen hat.

Der Autor

Diedrich Diederichsen ist Professor an der Merz-Akademie in Stuttgart und lebt in Köln, Stuttgart und Berlin.

Weitere Titel bei K & W

»Freiheit macht arm«, KiWi 323, 1993. »Politische Korrekturen«, KiWi 429, 1996.

Diedrich Diederichsen

DER LANGE WEG NACH MITTE

Der Sound und die Stadt

Kiepenheuer & Witsch

1. Auflage 1999

© 1999 by Verlag Kiepenheuer & Witsch, Köln
Alle Rechte vorbehalten. Kein Teil des Werkes darf in irgendeiner Form (durch Fotografie, Mikrofilm oder ein anderes Verfahren) ohne schriftliche Genehmigung des Verlages reproduziert oder unter Verwendung elektronischer Systeme verarbeitet, vervielfältigt oder verbreitet werden.
Umschlaggestaltung: Philipp Starke, Hamburg
Umschlagfoto: Ute Mahler/OSTKREUZ
Gesetzt aus der Garamond Stempel (Berthold) bei Kalle Giese Grafik, Overath
Druck und Bindearbeiten: Clausen & Bosse, Leck
ISBN 3-462-02816-2

Inhalt

Vorwort

Dieses Buch richtet sich nicht an alle und keinen, sondern an sehr konkrete, aber unterschiedliche LeserInnen. Da es sowohl aus brandneuen wie auch aus überarbeiteten, bis zu sieben Jahre alten Texten [1] besteht, die darüber hinaus für sehr unterschiedliche Foren verfaßt wurden – Pop-Musik-Spezialzeitschriften, akademisches Vortragspublikum verschiedener Fachrichtungen, liberale und linke Tageszeitungen, vorwiegend politisch oder vorwiegend künstlerisch interessiertes Publikum etc. –, wechseln auch Tonfall und Darstellungsform. Vor dem kleinen, aber intensive und häufige Diskussionen gewohnten Zirkel kann ich voraussetzungsreicher sprechen, in der Tageszeitung sehe ich mich gezwungen, zuweilen in gedrängter Form zu rekapitulieren, was anderswo schon oft durchgesprochen wurde. Die notwendig verschiedenen Töne zu vereinheitlichen wäre aber nicht nur deshalb ein Fehler gewesen, weil es die ideale oder allgemeine Kommunikationssituation auch für ein Buch nicht gibt: Es gibt sie gerade unter denen, die hier sprechen oder angesprochen werden, nicht. Und weil das Verschwinden gemeinsamer Horizonte ein Thema dieses Buches ist, wäre es absurd, einen solchen kontrafaktisch auf stilistischer Ebene zu suggerieren.

Eine These dieses Buches behauptet, daß die Verbindung von Kultur und Politik trotz gegenteiliger Bekenntnisse zunehmend verloren geht. Die Vervielfältigung kultureller Milieus und als »Realität« empfundener Einzugsbereiche von Weltanschauungen haben nicht nur Stimmen und Ausdrucksmöglichkeiten vermehrt, sondern gleichzeitig auch die selbstverständlichen Verbindungen zwischen kulturellen und politischen Orientierungen gekappt. Dies wird aber durchaus auch von denen, die diese Vervielfältigungen begrüßen, als Verlust empfunden und durch einen gesteigerten Konsum warenförmiger Weltbilder oder ein dauerhaftes Sich-Einrichten in der kognitiven Dissonanz kompensiert: Was ich gerne tue, muß nicht mehr richtig sein. Auch in Deutschland nicht.

Auf öffentlicher Ebene konnte man in den letzten Jahren die Lancierung eines Stadt- und Urbanismus-Diskurs auf der einen und eine Inflation von Pop-Diskursen auf der anderen Seite beobachten. Oft auch eine Verbindung von beiden. Diese öffentlichen Redeweisen sollten – so argumentiere ich im ersten Kapitel – den Verlust des gemeinsamen Gegenstandes, des politischen Horizontes kompensieren, und sie wurden dabei für die Interessen der verschiedensten Akteure eingesetzt. Doch sie gipfeln darin, eine neue Nation mit deutschem Pop und Hauptstadtarchitektur als neue deutsche Wirklichkeit »in den Herzen« zu verankern – und dazu bedarf es neuer anschaulicher Vorstellungen. Dies ist nicht zuletzt auch im Interesse einer Stimulanz- und Kulturindustrie, die Gegenwartserlebnisse im Vokabular eines allgemein verbindlichen Weltbildes verkaufen muß, sonst werden die Produktionskosten zu hoch und die Stückzahlen zu gering. Kultur, die nicht im Gespräch ist, verliert ihre Attraktion. Und schließlich partizipiert auch eine oppositionelle Kultur notgedrungen an der Produktion von Stadt- und Pop-Diskursen, die politisch darauf angewiesen ist, daß die verschiedenen oppositionellen Lifestyle- und Polit-Sekten sich auf etwas einigen können oder wenigstens Bündnisse schließen.

Denn die Gegenläufigkeit der Interessen hat nicht verhindert, daß die Beteiligten – nolens volens – oft gemeinsam Diskussionen und Vorstellungen zum Kursieren bringen, die z.T. mächtiger und selbständiger wurden als die ursprünglich mit ihnen beabsichtigten Zwecke. Das gilt für all die starken Bilder von Elend und Karriere in der großen Metropole, der geilen Gefahr des Ghettos, der Rekonstruktion des Kampfes an der Innenstadtfront, der Veranschaulichung von Vertreibung und

Privatisierung öffentlicher Räume etc., die – egal ob mit kritischen Absichten oder als konsumierbare Produkte oder als beides – in die Welt gesetzt, in Filmen, Köpfen, Kokainräuschen und Klischees ihr einflußreiches Eigenleben führen. Gleichzeitig waren Stadt und Pop auch Felder, an die man zu Recht Hoffnungen und Forderungen knüpfte, weil hier noch am ehesten Konflikte ausgetragen und Verhandlungen geführt werden konnten.

Während die an Pop und Stadt geknüpften Vorstellungen das Heilmittel für verlorene Anschaulichkeit, verlorene Gemeinsamkeit und verlorene Selbstverständlichkeit werden sollen, sind diese natürlich gleichzeitig Differenzmaschinen. Sie produzieren durch jedes neue zusammenfassende, verknüpfende, klarstellende (Denk-)Bild neue Differenzen, die genau die Uneinigkeit darüber, was wirklich, was relevant und was ich und wir sind, perpetuieren, die sie doch auffangen sollen. Doch während diese paradoxen Auseinandersetzungen und Produktionen toben, »eilt die Ökonomie vorbei«, wie die Zeitschrift »Starship« schreibt, und der Gang der Geschichte geht seltsam unbeeindruckt voran – geradewegs auf ein schwarzes Loch zu, von dem alle Themen und Felder, von denen hier die Rede ist, angezogen werden.

Dieses schwarze Loch ist Mitte. Der Berliner Stadtteil gleichen Namens, wo der deutsche Techno-Aufbruch begann, wo die Volksbühne wirkt und letzte gemeinsame Jugendidole wie Schlingensief hervorgebracht hat. Hier sprießen Galerien und Gasthäuser, sympathisch halbseidene Projekte und ehrgeizige kulturelle Produkte, Innovation und Niedertracht, elektronisch-kollektive Modernität und Genies ganz alter Bauart aus dem Boden. Dabei sind all diese Entwicklungen schon zu ihrer Geburtsstunde von einer gnadenlosen und häßlich-banalen Käuflichkeit geküßt – der man nur mit viel Freundlichkeit und Willen zur intellektuellen *Novelty* das Kompliment des »Postheroischen« machen kann. Ja, und dann wird hier die

Bundesregierung hinziehen. Gerhard Schröder freut sich schon auf die Flucht aus dem »Bonner Treibhaus« und wünscht sich ein Holocaust-Denkmal, vor dem die »Berliner und Berlinerinnen keine Angst zu haben brauchen«. Denn hier gründen sie die Berliner Republik. Und die ganze Vielfalt, von der hier die Rede ist, konzentriert auf minimalem Raum, wird schließlich restlos aufgesogen von der Gravität pragmatischer Politik und Kann-nicht-anders-Kapitalismus. Seiner nationalen und kapitalistischen Schwerkraft kann anscheinend kein subkulturelles Milieu widerstehen. Man kommt sich sogar schon komisch vor, wenn man noch »sie« schreibt, sich selbst von diesem Vorgang ausnehmend. *Die neue Mitte.*

Der *lange Weg* dahin ist dreifach besetzt. Zum einen ist es der »long, strange trip« (Grateful Dead) einer langen Sub- und Gegenkulturbeobachtung, an dessen Ende man sich schwer vorstellen kann, daß er jenseits des schwarzen Lochs Mitte noch weitergeht. Wird er aber. Dann ist es der »Lange Weg nach Derendorf«, von dem die Gruppe Mittagspause sang (vgl. den »Krankheitsgewinn der Revolution« in diesem Band): das Scheitern eines politischen Aufbruchs an der nächsten Straßenecke, die Erschießung des RAF-Mannes Willy Peter Stoll in einem China-Restaurant als Allegorie des Nicht-weit-Kommens. Schließlich ist dieser Weg die Schlußetappe meiner 90er-Jahre-Trilogie, die mit »Freiheit macht arm« (1993) begonnen und mit »Politische Korrekturen« (1996) fortgesetzt worden war. Ihre Themen – HipHop, Re-Politisierung und elektronische Kultur, Pop-Inflation und Stadtdiskussion – scheinen an ein Ende gekommen zu sein. Wie man weitermacht, hängt sicher auch davon ab, wie man dieses Ende, das man in Berlin so so gut ansehen kann, versteht. Es ist die Frage des hier vorliegenden dritten Teils.

Doch die allgemeine Diagnose eines Endes wird immer wieder widerlegt, wenn man sich auf Einzelheiten einläßt. Diese ergeben zwar in der Summe eher Deprimierendes, aber vielleicht ist einfach das Prinzip der Addition falsch. Daher gehe ich ins Detail und versuche rund um die Trope von Stadt und Pop, von Sound und City, Wege und Ereignisse zu beschreiben, die nicht kommensurabel sind mit den Konsequenzen der per Addition ermittelten Summe. Im zweiten Kapitel – »Der Sound« – sind das anhand von veröffentlichten und unveröffentlichten Plattenkritiken, Vorträgen und Essays dargestellte Entwicklungen der Pop-Musik in den letzten fünf Jahren. Aus solchen Momenten des unmittelbaren Kontaktes geht immer etwas Anderes hervor als aus dem Genre der Diagnose. Dann folgt eine kurze Sammlung – »Und« – von im Hinblick auf Kalifornien entstandenen Texten, die konkrete Biographien, Städte und Kunstwerke auf ihren Umgang mit Macht und Freiheit untersuchen: Wie Übergänge und Kontinuitäten, Gleichzeitigkeiten und Ausgeprägtheiten politisch, architektonisch und ästhetisch organisiert sind. Im vierten Kapitel sind nahe und ferne Beobachtungen aus Stadt- und Szene-Diskussion zusammengetragen, von der Farce bis zur Geschichtsschreibung. Das fünfte Kapitel – »Die 90er, und dahinter die Unendlichkeit« – sieht sich das Jahrzehnt, in dem alles Pop wurde, als Ganzes an. So wie das zweite Kapitel mit dem Nachruf auf einen Disco-Musiker beginnt, endet das letzte mit einem Nachruf auf einen Folk-Singer/Songwriter.

Ein gutes Drittel der Texte ist unveröffentlicht, weitere waren bisher nur mündliche Vorträge oder sind lediglich auf englisch erschienen, der Rest ist in verschiedenen Zeitschriften und Zeitungen publiziert worden, nämlich in A.N.Y.P., Die Beute, Daidalos, Konkret, Spex, Süddeutsche Zeitung, Tageszeitung, Texte zur Kunst. Man spricht immer wieder von anderen Orten; im Namen eines Außen zum Inneren der Gruppe; als Vertreter der Gruppe, diese instrumentalisierend, zu einem imaginären Außen – oder als ganz auf sich gestellte Einzelfigur oder ganz absorbiert von der Gruppendiskussion. Zunächst aber spricht man immer mit den AuftraggeberInnen und

RedakteurInnen, denen ich zuerst danken möchte: Manuela Bojadzijev, Cosima von Bonin, Sabeth Buchmann, Bice Curriger, Ralph Christoph, Andreas Fanizadeh, Stefan Geene, Isabelle Graw, Sabine Grimm, Thomas Gross, Cathy Gudis, Christoph Gurk, Carl Hegemann, Wolfgang Höbel, Tom Holert, Kasper König, Brigitte Kölle, Anetta Massie, Christian Nagel, Walter Prigge, Juliane Rebentisch, Anne Schmedding, Wolfgang Schneider, Claudius Seidl, Christian Storms, Mark Terkessidis, Uwe Viehmann, Kai Völcker, Astrid Wege, Christopher Williams, Thomas Winkler. Des weiteren gilt mein Dank all denen, die sich mit diesen Texten oder ihren verschiedenen Vorläufern öffentlich auseinandergesetzt haben, insbesondere Marius Babias, Hellmuth Draxler, Harald Fricke, Stefan Geene, Rainald Goetz, Thomas Gross, Sabine Grimm, Christian Höller, Ulf Poschardt, Felix Reidenbach, Christian Schröder und Annette Weber. Und all denen, die durch (private) Anregungen und Kritik zu ihren jetzigen Fassungen beigetragen haben: die OrganisatorInnen der Ausstellung »Baustop.randstadt,–« Alice Creischer, Dietmar Dath, Detlef Diederichsen, Clara Drechsler, Michael Dreyer, Caroline Fetscher, Isabelle Graw, Tom Holert, Jutta Koether (die an einem Text auch mitgeschrieben hat), Ariane Müller, Albert Oehlen, Roberto Ohrt, Klaus Ronneberger, Andreas Siekmann, Mark Terkessidis, Mayo Thompson. Schließlich gilt mein besonderer Dank denen, ohne die diese Texte sich nie zu einem Buch versammelt hätten: Christoph Gurk, Helge Malchow, Martin Prinzhorn und vor allem Juliane Rebentisch.

Köln/Berlin, Herbst 1998

1. Großstadtmelodie: Die Anti-Odyssee, oder wie man das Leben von den Häusern kratzt

»Ich habe genug von dem Scheiß. Entweder Sie erschießen mich, oder Sie sagen mir verdammt nochmal, was hier los ist.«
Will Smith in »Staatsfeind Nr. 1«

I. Berlinzwang: Was ist denn hier *los*?

Was ist denn *hier* los? Neues aus der Stadt der Einstürzenden Neubauten und von der Bevölkerung mit den erfindungsreichen Architektur-Metaphern? Nein, nicht wirklich. Und nicht nur. Diese Ouvertüre spielt nicht nur die Themen des Buches an. Sie widmet sich einem weitverbreiteten Unbehagen. Was ist das hier, was sehe ich hier, was ergibt sich aus diesen Texten, diesen Straßen, diesen Gesichtern im Fernsehen, diesen Visagen in den Zeitschriften, diesen blauen Einfärbungen von jeder Autowerbung? Sieht das wohl komisch aus? »Muß man eigentlich nochmal was gegen Walser sagen?« – »Brauchen wir eine neue Ideologiekritik oder gerade keine Ideologiekritik mehr?« – »Warum klingt Drum 'n' Bass schon wieder so wahnsinnig alt?«

Über einige kulturelle und politische Grenzen hinweg gibt es eine Krise der Datenerhebung, der Zeitdiagnostik. Wir vermissen *die Wirklichkeit*, den gemeinsamen Gesprächsgegenstand, und können uns auf überhaupt keine Grundlage mehr einigen. Den anderen werfen wir immer vor, sie lebten nicht *in dieser Welt.* Oder aber *wir* haben uns gerade »ganz bewußt«

von *dieser Welt* abgewandt: weil sie nämlich nicht die *wirkliche* ist, die echte, relevante. Nicht unterschiedliche Argumente oder unüberwindliche Normen und Gegensätze genereller Natur, sondern unterschiedliche Überzeugungen darüber, was denn nun wirklich ist, was wichtig, was echt ist, in welcher Welt du eigentlich lebst, prägen unsere Gespräche.[1] Gruppen, Szenen, Minderheiten, Zirkel und Cliquen stellen ihren spezifischen Weltzugang über jeden anderen, verabsolutieren seine Mittel – Drogen, Sex, Theorie, Aktion, Kontemplation, Schmerz, Wahnsinn, Nüchternheit und deren spezialisierte Ableitungen. Und erklären ihre Methoden und Ergebnisse als die einzig möglichen oder zumindest am weitesten fortgeschrittenen. Die Krise äußert sich ferner in Symptomen wie der Konjunktur von Verschwörungstheorien, Tendenzismus, panischen Pamphleten gegen das Ausgedachte und für das Echte, in der Kunst wie im Leben, und schrillen Schreien nach mehr Wirklichkeit überhaupt. Lauter Zeichen dafür, daß der Zugang zur Welt sich nicht mehr von alleine ergibt. Weiß keiner mehr? Geschieht etwas, und wissen wir nicht, was das ist?[2]

Gleichzeitig zeigt sich dasselbe Problem in einer naßforschen Selbstgewißheit der Subjekte, gerade im Kulturbereich. In dem Maße, wie die gemeinsame Wirklichkeit aller fehlt, in dem Maße aber auch, wie man seine Chancen auf dem Markt schwinden sieht, verfügt hier nämlich plötzlich jede/r jeweils über einen gerade besonders privilegierten Wirklichkeitszugang. Je mehr durch das gegenseitige Nichtverstehen von oft doch soziokulturell und biographisch nahe Verwandten durch deren Fliehen vor argumentativen Auseinandersetzungen und vor dem Benennen von Prämissen offensichtlich wird, daß die Beteiligten für sich über verschiedene Zugänge zu und Begriffe von Wirklichkeit verfügen und sich davon auch nicht durch etwaige gemeinsame Diskursregeln abbringen lassen wollen, desto besessener wird dies jeweils exklusive Eigentum wider alle Evidenz als die Wirklichkeit verteidigt, die einen davon entlastet, andere Wirklichkeiten zur Kenntnis zu nehmen. Und natürlich widerspricht ein solcher Exklusivitätsanspruch der Logik des Begriffs: Wirklichkeit, also das, wovon sich nur reden läßt, wenn es allen oder vielen zugänglich ist, erscheint als Privatbesitz. So daß wir schließlich zu lauter Leuten geworden sind, denen sich *die Wirklichkeit* offenbart, denen sich das, was wirklich zählt, nur noch zeigt in heil'ger Schau, unhintergehbar und unkommunizierbar.

Natürlich bringen unterschiedliche Lebensformen unterschiedliche Formen von Welthabe, mithin unterschiedliche Wirklichkeitsbegriffe hervor. Doch das ist im Hinblick auf Kommunikation reparabel, mindestens aber – als *gemeinsames* Problem – kommunizierbar, wenn es den Beteiligten bewußt ist. Es sind ja auch nie vollständig unmotivierte und überraschende Wirklichkeitsbegriffe: Sie gehen aus der auch allgemein sichtbaren Lebensform der je anderen hervor. Im Bild des *Patchworks der Minderheiten* war ja auch enthalten, daß man natürlich in verschiedenen Welten lebt und aus ganz verschiedenen Gründen sich unterscheiden will oder muß. Aber man wußte, wenn man dieses Bild verwendete, darum, und konnte sich darauf einigen, sich an seinen jeweiligen Rändern mit den dort lebenden Nachbarn vernähen zu lassen. Hinzu kam, daß man sich sehr lange sicher war, daß ein gemeinsamer Wirklichkeitsbegriff ein strategisches Element der Kontrolle enthält, weswegen man sich auch aus taktischen Gründen dagegen inintelligibel machte.

Heute scheint der Prozeß darauf hinauszulaufen, und das ist *neu*, daß man 1) seinen Wirklichkeitsbegriff für den für alle besten, richtigsten, fortgeschrittensten hält, und/oder daß 2) die strategische Selbstverdunkelung und Steigerung privater Kleingruppenintensität nicht mehr als Ergebnis eines Wirklichkeitsbezugs gelesen wird, einer politischen, künstlerischen oder lebensstilistischen Radikalität etwa, nicht mehr als eine

Antwort der Objekte, die man untersuchte oder bekämpfte, verstanden wird, sondern als ahistorisch gegebenes Faktum –, dessen Geschichte nicht mehr als selbstherbeigeführt und selbstverschuldet oder vom Gegner auferlegt erinnert werden kann.[3]

Neu ist, daß die übliche Rechthaberei in bezug auf neue Platten, Ausstellungen oder den Begriff der Warenform nicht mehr als solche auftritt, sondern als Wirklichkeits-Fundamentalismus und als Anspruch auf die einzig wahre Heuristik – als Technik, zu ermitteln, *was wirklich los ist.* Längst sind unzählige Mini-Öffentlichkeiten samt Mini-Institutionen aus dem Boden dieser Lage geschossen. Daran, daß niemand mehr einen anderen einen »Poser« oder »Pseudo« schimpft, kann man erkennen, daß es kaum noch verbindliche Orientierungen gibt, auf die sich subkulturelle Gruppen jenseits des privaten Verbandes einigen können. Als letzte Schwundstufe auf dem Wege der Desintegration sind familienähnliche Strukturen um Labels, Lokale, Galerien und Projekte entstanden.[4] Wer anders ist, weicht nicht ab, sondern gehört eben zu einer anderen Familie oder Gang. Und natürlich sind die intimen Intensitäten und Räusche der kleinen Gruppen, Sekten, Parties, Freundschaften auch etwas, dessen Wirklichkeit – im Gegensatz zur Existenz der Linken, des Feminismus, der Kunst, des richtigen Fußballs, der Emanzipation – für Beteiligte wie Beobachter nach wie vor unbestritten ist. In diesem Etwas sind durchaus wichtige Elemente alter wie zukünftiger Gegenkultur enthalten.

Dieser Prozeß der Desintegration, den das kulturelle und gegenkulturelle Milieu seit Jahrzehnten durchmacht, ist nicht nur eine Verfallsgeschichte. Individualisierung und Differenzierung waren zunächst Wege aus einer linken Welt, deren Zwänge und Normen oft nur spiegelbildlich den autoritären Strukturen des Eltern-Milieus folgten. Die Diagnose von einer einheitlichen Welt, das geschlossene Weltbild der Linken und ihre darauf basierende Handlungsfähigkeit und Mobilisierbarkeit waren auch der Zurichtung und Disziplinierung der eigenen Szene geschuldet, die sich dem Weltbild entsprechend verhalten mußte – und damit ist keineswegs nur das vielgeschmähte K-Gruppen-Milieu oder die Kultur des Stadion-Rock gemeint, sondern auch alle späteren, lockeren Szenen. Gerade Lockerheit und Kumpelhaftigkeit waren oft ganz besonders erzwungen und verhängt. Und erkauft durch neue Ungleichheiten, Geschlechter- und Habitus-Hierarchien und andere unausgesprochene Vereinbarungen.

Die Stabilität dieser Negation des Establishments durch die alte Linke war Voraussetzung dafür, daß sich im Gegenzug wieder eine nun doppelt negative Gegnerschaft entwickeln konnte. Gleichzeitig gegen die alte Kultur und gegen ihre spiegelbildliche, also falsche Negation durch die 68er-Linke wandten sich die 80er-»Befreiungen« und deren Fortsetzungen (Punk, Feminismus, Vernunftkritik, Lifestyle-Kultur, partikularistische Emanzipationen, »Patchwork der Minderheiten«, Identitätspolitik etc.), die so aber immer noch vor dem Horizont emanzipativer Zielsetzungen stattfanden. Denn es ging ja darum, die mit dem Ziel der Emanzipation angetretene alte Linke und alte Negation des Bestehenden – im Namen der Emanzipation – wegen ungenügender Ideen und Praktiken zu kritisieren und zu korrigieren.

In den 90ern, wo diese Stabilität der alten Linken nicht mehr gegeben war, verkamen viele Elemente dieser Bewegungen und Stile zur bloßen Affirmation des ganz normalen konkurrenzgesellschaftlichen, postfordistischen Individualismus, sozusagen die doppelte Negation, minus mal minus ergibt plus, zur Position vollendend. Oder die Mini-Kulturen wurden zu isolationistischen Milieu- und Kampf-Inseln mit fanatisch behauptetem privilegierten Wirklichkeitsbezug. Viele derer, die nur noch affirmativ operierten oder nach rechts drifteten, inszenierten sich altlinke Pappkameraden als gefährliche

Gegner – »Gutmenschen«, »Political Correctness« –, um den eigenen Konformismus als Transgression und Tabubruch inszenieren zu können. Denn das ist es, was höher angesehen ist als bloße Unterwerfung: Konformität als Ergebnis eines mutigen, männlichen Tabubruchs.

Doch der Preis, um der Handlungsfähigkeit der politischen und kulturellen Opposition willen zu einem geschlossenen Weltbild zurückzukehren und Differenzierungsprozesse umzukehren – die Rekonstruktion autoritärer Strukturen –, ist jedenfalls zu hoch, ganz abgesehen von der Unmöglichkeit des Vorgangs. Umgekehrt sind die individualisierten, differenzierten Subjekte des Postfordismus mittlerweile von der oben skizzierten geschichtlichen Bewegung abgeschnitten und die partikularistischen Bewegungen von Zusammenarbeit so weit entfernt, daß Aussagen über das Ganze, nicht im Sinne eines geschlossenen Weltbildes, aber im Sinne eines neuen offenen, politischen Realismus dringend nötig werden.

Doch gibt es nicht nur eine diachronische Differenzierungs- und Entkoppelungsgeschichte, sondern auch eine synchronische Entkoppelungsstruktur. Der Zusammenhalt der Lebensformen aus kulturellen, politischen, moralischen Orientierungen geht auch innerhalb der einzelnen Gegenkulturen verloren. Konnte man früher davon ausgehen, daß, wer eine bestimmte Musik hörte, auch eine bestimmte Haltung zu Fragen der Sexualität und der – sagen wir – Ökologie hatte, so sind diese Bereiche heute kaum noch verbunden, was dann schon die Einschätzung der Menschen auf der berühmten Straße immer schwerer macht. Auch die Vorteile dieser Entwicklung liegen auf der Hand. Aber die mangelnde Lesbarkeit der Individuen ist zum größten Teil nicht das Ergebnis einer Selbstverwirklichungsexplosion, sondern nur einer Auflösung des Zusammenhangs von Orientierungen. Die Orientierungen an sich sind durchaus stabil, aber keineswegs durchweg fortschrittlicher oder emanzipatorischer als vor zwanzig Jahren und in ihren Verhältnissen untereinander ziemlich diffus. Einem Zuwachs von Akzeptanz abweichender sexueller Orientierungen in bestimmten Ecken der Öffentlichkeit steht z.B. ein neues Spießertum in der Bewertung abweichender Biographien in anderen gegenüber.

Indes hindern individuelle Offenbarungen nicht an der Gruppenbildung, ja an gemeinsam erlebten Offenbarungen. Ihr Gehalt ist allerdings immer mehr auf die Wahrheit zusammengeschnurrt, daß wir wir sind. Je weniger Diskussionen über allgemein oder im kleinen Kreis geteilte Definitionen des Wirklichen und des Relevanten möglich sind, desto verbissener wird auch die von der Gruppe gemachte Erfahrung, die quasi mystische *Schau*, verteidigt: Die angeblich besonders nahe Vertrautheit mit der Wirklichkeit wird dann mit der Intimität im Gruppeninneren überblendet und verwechselt. Man ist nicht mehr VertreterIn einer Position, sondern InhaberIn eines Erkenntnisprivilegs, das oftmals mit anderen gar nicht mehr konkurriert, sondern mit seiner Sinnstiftungs- und Beruhigungsfunktion im Gruppeninneren zufrieden ist.

Doch es gibt immer noch welche, die sich mit dieser Lage nicht zufriedengeben. Sei es aus politischen Gründen, aus solchen der Lebenslust oder nur, um Produkte weiterhin an viele verkaufen zu können, die dann logischerweise etwas haben müssen, worauf sich viele einigen können. Die Kulturindustrie braucht Waren, die sie in anständigen Stückzahlen verkaufen kann, nicht nur in Mini-Auflagen an Lifestyle-Ghettos. Ihre Kinocenter integrieren und zentralisieren zunehmend, ihre Musical- und Stadionrock-Abspielstätten wachsen mit den Malls. Die Integrierbarkeit immer mehr kleiner Lifestyle-Welten stößt auch in den Kalkulationen dieser Branchen an betriebswirtschaftliche Grenzen. Daneben gibt es Bemühungen, auch auf nationalstaatlicher und staatsideologischer Ebene in Deutschland einen Konsens und ein gemeinschaftliches Wirklichkeitsgefühl zu stiften, die in letzter Zeit und vor allem in Berlin immens gewesen sind. Gerade die Akteure dieser Projekte, die Ereignis-Manager, Stadtkulturverkäufer, Flyer-Kreativen und Biesenbachs brauchen »Themen«, »Gegenstände«, Kategorien, um aufwendige Zusammenstellungen und zusammenfassende Inszenierungen von heterogenem bis inkommensurablem Material zu legitimieren und zu verkaufen. Wie erkläre ich's meinem Sponsor?

Die beiden populärsten und gleichzeitig auch plausibelsten Zufluchtsorte aus dieser Krise scheinen in den letzten Jahren die *Pop-Musik* und die *Stadt* gewesen zu sein. Von ihnen verspricht man sich als Thema wie als unmittelbare Erfahrung einen Ausweg aus Unlesbarkeit, überdrüssiger Bekanntheit, unnützer Komplexität und Vergeblichkeit der Intervention. »These streets we all know. They help us crying when we're alone late at night. Don't you love them too? That's where you got your eyes.«[5]

Tatsächlich aber waren diese beiden Felder auch diejenigen, in denen, so hatte man nicht zu Unrecht das Gefühl, noch etwas ausgehandelt wurde. Hier fanden die Konflikte noch statt, die sich in bezug auf (linke) Theorie, Kunst und Politik längst in individuellen Vereinsamungen verflüchtigt hatten. Stadt und Pop-Musik gerierten sich als Orte der Kommunikation, erfüllten aber gleichzeitig auch tatsächlich diese Funktion und schienen darüber hinaus das Feld abzugeben, auf dem die Zukunft genau dieser Kommunikation verhandelt wird. Jeder hat das in den 90er Jahren ja tatsächlich erlebt: wirklich anregende Diskussionen um und gegen das »neue Berlin« auf den Straßen und in den Lokalen genau dieser Stadt.

Pop-Musik und Stadt? Ob in ihrer Kritik, ihrer Feier, ihrer Thematisierung, Institutionalisierung, Dramatisierung oder Problematisierung, sie sollen einerseits den Weg zum gemeinsamen Gegenstand zeigen – mit welchen Interessen und von wem auch immer der gebraucht wird –, andererseits sollen sie Felder erschließen helfen, auf denen noch verhandelt wird, wo noch nicht alles klar ist. Doch welche Register werden da aufgerufen, an welche Traditionen wird appelliert und angeknüpft? Vor allem, seit es ausgemachte Sache scheint, daß das System Berlin denn doch unser aller unausweichliches Schicksal sei – als Stadt, als Staat, als ökonomische Form.

Pop-Musik handelt traditionell von Neuem: neuen Verhältnissen, neuen Geräuschen, neuen Menschen und neuen Technologien. Wer nicht selber in irgendeiner Weise neu ist oder sein will, dem hilft sie beim Aufspüren des Neuen. Genau das tut sie aber mit einer 50jährigen Tradition des Neu-Seins. Sie findet das Neue nicht auf neue Weise. Oft suggeriert die Pop-Musik nur eine lineare Folge von Entwicklungen und Trends, die an den irregulären Sprüngen, Spiralen und Stillständen der Geschichte vorbeischießt. Und ihr Neu-Sein und Als-Neu-Definieren ist oft präzise der Spaltungsgrund, auf den die hysterisch-exklusiven Realitätsbesitzer verweisen: Oft sind rabiate Wirklichkeitsbesitzer (ehemalige) rabiate Neuheitsbesitzer, die Diagnose »neu« in der Pop-Welt ist fast synonym mit der Diagnose »wirklich«. Und Pop ist ein System aus Elementen, deren Gemeinsamkeit zunehmend darin besteht, für endlose Unterscheidungen zuständig zu sein. Diese Unterscheidungen werden meist dort am unversöhnlichsten und nachdrücklichsten getroffen, wo es um das Neue geht. Pop ist also mindestens genauso Ursache oder Modus der Krankheit wie – in den unterschiedlichen Hoffnungen der Investoren – Heilmittel.

Und die Stadt? Die Stadt und ihre Straßen sind traditionell das Arsenal für Metaphern von Konkretheit und Wirklichkeit. La Strada und freudlose Gasse. *Die Straße* ist die klassische Korrektur von Abstraktheit und Weltferne, aber auch von falscher Repräsentation. Aber sie kann das in dem Maße nur als Klischee sein, wie genau die klassische Straße als Ort unvermuteter und unerwarteter Begegnungen an die Kandare von Normalisierungs- und Säuberungspolitik genommen wird, wie gentrifiziert und vertrieben wird und öffentliche Räume privater Kontrolle übergeben werden. Das Utopische und das emphatisch Wirkliche an der Straße kehren gerade in dem Maße in die Propaganda zurück, wie genau die Utopie der öffentlichen Begegnung politisch zunehmend ausgeschlossen wird.

Beide Bereiche – Pop und Stadt – und die Investitionen in sie stehen auch für den Versuch, Defizite formaler Demokratie zu kompensieren. Die neuen und die echten Menschen und Verhältnisse kommen auf eine irgendwie anschaulichere, einleuchtendere und direktere Weise zu Wort. Und seit von allen politischen Letztbegründungen nichts geblieben zu sein scheint als die *Form* der Demokratie, sind die Interessen an diesen Fragen immens. Oft noch in einem unausgesprochenen, symbolisch verschlüsselten Bezirk der Öffentlichkeit, aber auch schon erkennbar in Phänomenen wie Chance 2000, Spaßparteien und Wahlbörsen, auch in diversen Untergründen und selbstgebastelten Sekten emergent und drängend.

Allen gemeinsam ist dabei die Verwechslung und Vermischung von Repräsentation im Sinne öffentlicher Sichtbarkeit und Repräsentation im politisch-parlamentarischen Sinne einer Interessenvertretung. An ersterem dürfen alle mitarbeiten in dem Glauben, an letzterem etwas zu verändern. Wer sich im Fernsehen zeigt, soll glauben, daß seinesgleichen jetzt was zu sagen haben. Was natürlich eine Illusion ist. Man könnte fast meinen, daß je mehr eine Gruppe – Ausländer, Behinderte, Jugendliche, Minderheiten aller Art (keine deutsche Soap ohne lesbisches Paar) – im ersten Sinne repräsentiert wird, desto weniger im zweiten, desto geringer die Fortschritte bei ihrer Emanzipation. Doch wäre das nur eine Umkehrung des Irrtums vom unmittelbaren Zusammenhang der beiden Repräsentationsbegriffe. Wenn es ein Kontinuum von der (sozialdemokratischen) Soap zu einer sozialdemokratischen Politik gibt, kann der symbolpolitische Druck durch Repräsentation im ersten Sinne mitunter tatsächlich politische Realitäten im zweiten Sinne beeinflussen. Aber dafür sind viele Nebenbedingungen wichtig, darunter die Voraussetzung, daß die repräsentationspolitisch Aktiven mit der Unterschiedlichkeit dieser zwei »Repräsentationen« operieren. Den alten linken Fehler, alles Sichtbare und Gestaltete automatisch unter den Verdacht der Ideologie und der Warenförmigkeit zu stellen, gilt es natürlich auszuschließen. Die Wahrheit ist nicht immer dort zu finden, wo der Schein nicht ist. Eine solche Kritik der Oberfläche jagt Gespenster, die sie für objektive Gesetzmäßigkeiten und theoretische Realitäten hält.

Doch die alte, in US-amerikanischen Bürgerrechtsbewegungen bewährte Strategie, Ausgeschlossene *sichtbar* zu machen, um ihren politischen Einfluß zu erhöhen – die zentrale These von Ralph Ellisons »Invisible Man«: die Schwarzen seien in der US-Gesellschaft buchstäblich *unsichtbar* –, rennt heute die offenen Türen von Benetton und Fliege ein. Wo es darauf ankäme, die Grenze, den Ausschluß selbst zu zeigen, als militärische Einrichtung wie als kulturell-psychologisches Dispositiv, zeigt die Populärkultur die Opfer in ihrer zweiten Rolle als Vertreter von Abenteuer, Gefahr und Schicksal – Außenperspektive ist begehrt. Aber das Zeigen von Gesichtern, auch in politisch bester Absicht, das Auffahren von *Vertretern* ist – im günstigsten Fall – nur ein Ausdruck der Hilflosigkeit bei der Suche nach politischen Subjekten. Dennoch bleibt unklar, ob man darauf verzichten kann. War es nicht immer – auch in anderen Kontexten als in Bürgerrechtsbewegungen – ein wichtiges Stadium auf dem Weg zur Handlungsfähigkeit einer Gruppe oder Minderheit, daß sie sich ein öffentliches *Bild* wenigstens von sich selbst machte? Daß die Gruppe sich selbst so als alternative Norm statt nur als Abweichung setzte und so den generellen Konsens andressierte und kritisierte? Die Subkultur-Fotografie, die mit solchen Selbstbildern als Repräsentation neuer Lebensformen anfing, bestimmt natürlich heute auch die ästhetischen Standards der Werbung. Diese verlagert tendenziell die – in solchen Selbstbildern enthaltene – Kritik des Konsens durch Gegen-Normen mit dem Anspruch auf eine gewisse Gültigkeit auf die Etablierung dieser Gegen-Normen als neue, käufliche Individualitätsnormen, die keine Gemeinsamkeit mehr adressieren. (Entscheidend für die Verwendbarkeit solcher Bilder auch in der Werbung ist allerdings, daß ihr alter Sinn noch mitschwingt und noch nicht ganz an die neue Funktion übergegangen ist – daher kann Werbung immer wieder auch ganz andere Effekte hervorrufen als die, die das kritische Bewußtsein pessimistisch von ihr erwartet).

Bei den meisten hier angesprochenen Fragen geht es um welt*anschauliche* Probleme im wahrsten Sinne des Wortes, bei denen es eben eine ästhetische und eine politische Dimension gibt: Wie schaut und zeigt man und wie einigt man sich auf einen Rahmen, der bestimmt, was von dem, was man sieht und zeigt, »Wirklichkeit« ist, also gemeinsame Grundlage? Der Streit darum spielt auf einer heuristischen Ebene – wie finde ich Wirklichkeit? – und auf einer den Begriff des Universalismus betreffenden: Wie können wir uns darauf einigen, was Eindrücke von Wirklichkeit zu gemeinsamer Wirklichkeit macht? Auch im Zuge dieser Verhandlungen und Konflikte, und sie sind vielleicht das zentrale Thema hier, geraten ästhetische und politische Kategorien in einer Weise durcheinander, die für die Lage charakteristisch ist. Begriffe wie Perspektive, Blickwinkel, *Bias*, Stereotyp etc. sind dabei, ihre metaphorische Rolle zu verlassen. Aus Metaphern für Subjektivität wird – aufgrund einer eigentlich zu begrüßenden technologisch beförderten Vervielfältigung der Blicke – televisueller, technischer und ästhetischer Standard. Überall wird die Welt aus immer radikaler subjektiven Blickwinkeln fotografiert, verfilmt und verdoppelt und dann wiederum von diesen schrägen, winkeligen und originellen Bildern dekoriert. Da man sowieso aus einer bestimmten Ecke *sieht* und dieses Sehen in unserer Alltags- und Medienerfahrung ästhetisch und technologisch immer mehr aufgesplittert und relativiert, seine Subjektivität verstärkt wird, scheint es, daß wir nicht einmal mehr dazu kommen, die erste Frage, deren Beantwortung doch Grundlage für die zweite sein müßte, in Angriff zu nehmen. Ist auf andere Sinne, andere Medienarchitekturen vielleicht mehr Verlaß?

Oder ist eine *politische* Diskussion und Auseinandersetzung in der Lage, die Probleme der Subjektivierung, Individualisierung und visueller Vervielfältigung und Zersplitterung aufzugreifen und anders zu fassen? Kann man die scheinbar vorgängigen heuristischen Probleme mit den Sinnen, ihrer Dressur, Schärfe und Gier, von der abstrakten Ebene der politischen und theoretischen Diskussion aus adressieren? Würde man diese Möglichkeit nicht wenigstens miteinbeziehen und entsprechende Begriffe entwickeln, würde man also nicht versuchen, einer sonst auf Sinnlichkeit allein angewiesenen Heuristik begriffliche Unterstützung zukommen zu lassen, die auch die impliziten ideologischen Voraussetzungen des Sehens (und Hörens) benennbar und kritisierbar macht, dann würde auch das Aufrufen der Stadt und der Pop-Musik als Brennpunkte dieser verschiedenen Dimensionen des Problems wenig nützen.

Pop und Stadt sind nun ja auch – als Diskussionsgegenstände wie als Lebensform – charakteristische Überlagerungen aus politischen und ästhetischen Bestimmungen. Deshalb sind sie der geeignete Ort für die Verhandlung wie auch gleichzeitig ihr Gegenstand. Beide, (Pop-)Musik und (Stadt-)Architektur, haben außerdem auch wieder mit »Künsten« zu tun. Da gelten dann, wenigstens in einer Perspektive, als Kriterium des Gelingens keine politischen Faktoren, sondern künstlerische und geschmackliche. Und das ist einerseits eine andere Welt, andererseits wieder eine, von der alle was (zu) verstehen (glauben), für die heute auch jeder zuständig ist. Vielleicht ist diese vielbeklagte billige Zuständigkeit von jedermann aber nicht das Schlechteste im Interesse dieser Verhandlungen.

Zum bildungsbürgerlichen Bonmot wurde im Verlauf der letzten hundert Jahre der Schelling-Spruch, demzufolge Musik verflüssigte Architektur sei. Musik, konstruiert, benutzbar, wahr, aber immer wieder neu, auch in der gleichen Gestalt immer wieder neu, immer wieder anders, immer wieder flüchtig, wie das Leben selbst. Architektur dagegen hart wie die Institutionen, verputzt und gemauert, lauter Schleim der Geschichte, für ewig erstarrt in furchterregender Lächerlichkeit.

In den 90er Jahren spitzte sich die alte Opposition Musik gegen Architektur vor der Kulisse – oder vielleicht besser *in der* Kulisse – der wiedervereinigten Hauptstadt zu. Für flüchtige Beobachter schienen die beiden Pole sogar die Rollen zu tauschen: Musik erneuerte sich durch eine starre, repetitive Form – Techno –, die zwar eigentlich nur das »immer neu« jeder Musik in noch kleinere Perioden der minimalen Abweichung verlegt hatte, aber Außenstehenden zunächst wie ein grimmes, waffenstarrendes Gebäude einer entmenschten, stählernen neuen Jugend erschien. Einer Jugend, die nach dem Geschmack dieser Beobachter einerseits zu konsistent, zu körperlich und gleichzeitig zu unbestimmt und undefiniert war.

Umgekehrt schienen nach der Freigabe der großen, unbeschrifteten Territorien des östlichen Berlin die Steine und Balken, Gläser und Wände, aus denen die Architektur besteht, vollständig durcheinandergepurzelt zu sein, und alles Feste war plötzlich weder niet- noch nagelfest (wie im Kommunistischen Manifest). Man hätte glauben können, daß all die abgerissenen Häuser und die verfallenen Häuser und die vielen Baustellen eine neue Stadt ergeben würden (wie bei Hindemith und Holger Hiller).

Doch selbst der Schein der abgetragenen Architektur trügt natürlich. Die romantische Substanz der von der (Staats-) Macht aufgegebenen Territorien war nur solange von Bestand, wie der Prozeß dauerte, die mit Befehlen vollgeschriebene Tafel auszuwischen, um sie dann mit Werbung neu zu beschriften. (Natürlich ist Werbung besser als ein Befehl). Doch es ist nichts Neues, daß man sich im Wimpernschlag zwischen zwei vollendeten schlechten Alternativen aufhält. Noch kriegt niemand die Stadt ganz unter Kontrolle. Allerdings taucht auch immer öfter eine dritte, noch schlechtere Möglichkeit auf. Da, wo *die Bullen* aufgegeben haben, halten mittlerweile auch Nazis die Kieze besetzt.

Vielleicht gab es aber auch den Hintergrund für den beliebten Gegensatz zwischen Flüssig und Fest, Lebendig und Tot, versteinerten und tanzenden Verhältnissen, Opposition und Macht so gar nicht mehr? Halten heute nicht flüssige Verhältnisse flüssige Subjekte so unter Kontrolle wie früher feste Verhältnisse feste Subjekte? Vielleicht hatte man sich als letzte Möglichkeit in diesen Gegensatz geflüchtet – als Weg, etwas über eine Welt zu erfahren, das sich längst erledigt oder verflüchtigt hatte?

War nicht vielleicht sogar die Stadt, die Architektur, schon immer eine letzte Hoffnung der Künstler und Intellektuellen, wenn sie die Welt der Kaufleute, Ingenieure und Politiker gerade mal wieder nicht mehr verstanden? Hier gab es Anschaulichkeit, Poesie, Lektüre und Metapher. Politik war hier immer auf dem Sprung ins Literarische. War nicht schon Benjamins Paris eben tatsächlich die »Hauptstadt des 19. Jahrhunderts«, wie er sie ja nannte, während ihm das 20. durch die Lappen ging? Und sind die letzten zehn Jahre neu belebter und politisierter Stadtdiskussion etwas anderes als die Flucht vor elektronischen Verhältnissen? Schon, auch. Aber dann war es doch das 20. Jahrhundert als Fortsetzung von Paris im 19., das man ohne Benjamins 19. Jahrhundert nie verstanden hätte.

Alte Stadt, eng verbunden mit neuen Medien als Lebensinteresse. Es ist eher die Unmöglichkeit bipolarer Beschreibungen, die man über die Schwierigkeiten mit den oben benutzten Gegensatzpaaren – flüssig/fest etc. – entdeckt, nicht unbedingt, daß die Register keine Gültigkeit mehr haben, aus denen sie entnommen sind. Es geht schon um Schönheit und Gerechtigkeit, Beweglichkeit und Gefängnis, nur konzentrieren sie sich nicht mehr an den zwei Endpunkten der Skalen. Kriegt man also, wie die Rolling Stones schon 1969 behaupteten, nicht das heraus, was man will, aber das, was man braucht? Vielleicht.

In Berlin gab es tatsächlich schon immer mehr billigen Wohnraum, mehr »alternative« Viertel als irgendwo sonst in Deutschland. 1980 fuhr ich mit einer West-Berliner New-Wave-Saxophonistin in einem alten Opel Diplomat durch den Osten, und sie schwärmte von jedem verfallenen Altbau und jeder unübersichtlichen, von keiner Werbebotschaft beschrifteten Ecke: »Was man da für Clubs machen könnte, was für Lofts besiedeln!« Und so sollte es kommen. Die Künstler und Bohemiens schienen in den endlosen Ruinen einer untergegangenen Welt mit billigen Mieten und auch in einer gewissen gebremsten und sicheren Sympathie für dieses untergegangene, aber doch immerhin antikapitalistische System endlos schwelgen zu können. Vast Territories. They could help us crying when we're alone late at night. Und noch mehr passierte mit der Nacht. Völlig neue Bewegungen und Klänge in Räumen, deren Zweckentfremdung – etwa als Tanzlokale – weit mehr Geschichte und Gegensätze überbrückte als die Ausrichtung von alternativen Kunstmessen und andere Zwischennutzungen in den Ruinen des westlichen Fordismus, wie wir sie bei uns in Köln hatten.

Natürlich wurden diese Territorien in die übliche staatlich-ökonomische Doppelzange von Repression und Gentrifizierung genommen. Besetzte Häuser wurden geräumt, öffentliche Plätze als »gefährliche Orte« eingestuft und die öffentlichen Ordnungskräfte und ihre neu hinzugekommenen privaten Kollegen mit treuen Hunden und besonderen Kompetenzen ausgestattet, so ziemlich jeden aus der U-Bahn und der Öffentlichkeit zu vertreiben, der ihnen nicht gefiel. Dafür wurden die Normen einer neuen Normalisierung in Anschlag gebracht, die sich gleich dreifach über neuen Staat, neue Hauptstadt und neue Verhältnisse im Zeitalter von Globalisierung und Weltkapitalismus legitimierten. Hunde und Hundeführer, immer schon wichtiger Bestandteil Berlins, übernahmen gänzlich die Stadt. Große Plätze und Knotenpunkte von Verkehrsadern – also alles, was durch besondere Kontingenz und verschärfte Zufallserzeugung für das großstädtische Gefühl der unbegrenzten Möglichkeiten stand – wurden unter spezielle Bewachung gestellt.

Dieser repressiven Seite der Normalisierung stehen die kosmopolitisch, transparent und bunt getünchten Wände der neuen Gastronomie von Mitte gegenüber. Was sauber und drogenfrei blieb und keine Essensreste im Goatee hängen hatte, durfte hier bleiben und plietsche Ideen für Flyer entwickeln. Was immer von den erprobten und international geschätzten neuen Lebensformen auf der Ebene von »Max«-Berichterstattung und »Newsweek«-Europa tragfähig war, sollte sich zeigen und konnte verwertet werden.

Im Zentrum der neuen Stadt also wurde ein großes schwarzes Loch errichtet, das Kunst und Politik, Gegenkultur und gutes Essen, Mode und Musik und wofür sich sonst zu leben lohnt, ansog, und, als Miniaturausgaben von sich selbst versteinert, wieder ausspuckte und in den Hacke'schen Höfen zum Verkauf anbot. An diesem Ort, Berlin-Mitte, errichtete das Kapital, inmitten seines beeindruckenden Theme-Parks »Metropole«, seinen repräsentativen sogenannten Potsdamer Platz, an dem es sich endlich benehmen konnte wie früher der Staat.[6] Die großen Gebäude im Zentrum des neuesten Nationalstaates repräsentieren nicht mehr Marken und Produkte, sondern Konzerne und Corporations, große, abstrakte Gebilde. Privatstaaten eben. Berlin heute: *Manager bauen Paläste, schützen ihre Interessen mit Schäferhunden, und arbeitslose Lumpenproleten bewaffnen sich mit Pitbulls und Rassismus.* Ausrufezeichen.

Dieses idyllische Feindbild für antikapitalistische Gegenkulturen ist nicht nur zu unwirklich intakt und unterkomplex, es legitimiert auch einen durch Ausweglosigkeit begründeten unpolitischen Radikalismus, der immer nur grundsätzliche Orientierungen entwickelt, statt in die konkreten politischen Situationen zu springen und etwa dem rapiden Abbau einst selbstverständlicher (Bürger-)Rechte und nicht kontrollierter Lebensmöglichkeiten angemessen entgegenzutreten. Dieser Radikalismus kennt überhaupt keine Heuristik, er interpretiert immer nur sich selbst.

Natürlich widerspricht es dem Weltbild dieses abstrakten Radikalismus kaum, daß in Berlin-Mitte jene kommerzialisierte »Gegenkultur« aus der historischen Substanz der alten Häuser gekitzelt wurde: Kinos-für-Sönke-Wortmann-Filme, Restaurants-zum-darüber-Sprechen und Berlin-Bücher, die das Nebeneinander von flexibilisierten Pizza-Boten, DJs, Flyer-Designern und pfiffigen Geschäftsideen-Übelkrähen bejubeln. Galerien-für-ganz-arme-projektorientierte-Kinder-Pop-Kunst verdecken bzw. verscherbeln als Mythos, daß und wie – z. B. um die Clubs und Kunsträume dieser Gegend herum – während der frühen 90er tatsächlich ein anderes Leben gelebt werden konnte.

Die Hoffnung, die in die dazugehörige Musik gesetzt wurde, sei es in der Massendimension einer Love Parade oder die für deutsche Verhältnisse recht unberechenbare und lebendige Club-Kultur, äußert sich nicht nur über die dazugehörigen Lebensformen, ihre immer noch wachsende Variationsbreite und nicht abreißenden Versuche neuer Abgrenzungen und Selbstbeschreibungen, sondern umgekehrt natürlich auch in einer hilflosen Berichterstattung von oder für außen – auch in den Organen, mit denen ich zu tun hatte.

Diese Musikkultur hatte intern den Anspruch, die Welt neu beginnen zu lassen. Sie wollte keine erkennbaren Klang-Referenzen – wie bei der Konkurrenz-Kultur HipHop. Sie berief sich auf den keinesfalls nur geträumten Moment des Neuanfangs, den berechtigten Traum, mit allem zu brechen. Zu beachten ist nur, daß man sich *in der Kunst* die Illusion, dies sei möglich, nicht nur leisten darf, sondern wenn man zu tragfähigen Darstellungen kommen will, auch leisten muß, während dies in der Politik fahrlässig ist. In den für mich besonders interessanten Feldern, wo sich beides nicht so leicht scheiden läßt, stehen immer wieder langwierige Verhandlungen an. Das nicht nur politische, sondern auch kulturell strategische Interesse an – je nachdem – genauen Referenzen oder entschiedener Referenzlosigkeit, Neuheit und unaufspürbaren Anfängen folgt anderen Gesetzen als die binnenästhetische Entscheidung, Fährten zu legen oder Spuren zu verwischen. Beide stehen aber in einem heißen, spannungsgeladenen Verhältnis zueinander.

Hoffnung und Neuanfangsgefühle spiegeln sich umgekehrt auch in der Aufgeschrecktheit von Texten, besonders oft Texten der Linken, die an Musikkulturen geknüpften Hoffnungen und Ideen mit deplazierter Vehemenz widersprechen, indem sie diesen Hoffnungen wie Argumenten begegnen, die sie natürlich nicht sind und sein wollen. Pop-Musik hat immer Lebensformen unterstützt, generiert, begleitet, mit emotionalem Material versorgt, die den offiziell vorgesehenen, auch den offiziell als gegenoffiziell vorgesehenen Formen vorübergehend etwas entgegensetzen konnten. Dies waren aber keine begrifflichen Argumente oder praktisch-politischen Vorschläge. Ja, oft waren es, bei näherem Hinsehen und begrifflich gelesen, besessene bis reaktionäre Anmaßungen, größenwahnsinnige Späße, die in der von ihnen angefeuerten und begleiteten Praxis dennoch ganz andere und viel bessere Effekte hatten.

Pop-Musik, speziell die Sorte, die ein kulturelles Umfeld bildet, soziale Verhältnisse benennen hilft und ko-strukturiert, spielt allerdings nicht nur auf einer rein ästhetischen Ebene. Immer wieder übertritt sie – auf unterschiedliche Weise und keineswegs nur auf der expliziten Seite von Texten und Titeln – die Grenze zur Alltagssprache, wird zum Sprechakt und verläßt den begrenzten Geltungsbereich des ästhetischen Rahmens. Sie lanciert Moden, schafft öffentliche Personen, die ihr Publikum im Klartext ansprechen, zu Handlungen und Haltungen auffordern, denen wirkliche Individuen im echten Leben nachkommen (oder nicht nachkommen). Oft schnappt sie auch genau dann zurück in den ästhetischen Modus, wenn man ihrer als Sprechakt habhaft werden will, wenn man sie beim Worte nimmt. Auch einen solchen Doppelcharakter teilt sie mit Architektur und Stadtplanung – zumindest, was die Darstellung im Diskurs betrifft. Auch in der Architektur werden ästhetische und funktionale Dimensionen oft in einer Weise gegeneinander ausgespielt, die auf der einen Ebene jeweils die Potentialitäten der anderen anspielt. Was »nur« ästhetisch war, hat plötzlich eine lebenspraktisch ernste und ökonomisch-politische Legitimation; was politisch ein Problem war, spielt plötzlich auf einer nur ästhetisch-geschmacklichen Ebene.

Im dazugehörigen Diskurs erscheinen die Welten der Pop-Musik wie die des Urbanismus zuweilen als wundervoll geheimnisvolle Sphären, in denen der Wechsel aus der ästhetischen in die politische Welt jederzeit möglich ist. Es ist kein Wunder, daß die Architektur- und die Pop-Musik-Diskussion mit dieser Überlagerung von ästhetischen und politischen Fragen von so vielen als der geeignete Ort empfunden wird, um die gegenwärtigen Entwicklungen, die z. B. an Berlin so anschaulich werden, intellektuell zu fassen. Anschaulich wird in beiden Fällen nämlich vieles, was anderweitig nur abstrakt als widersprüchlich oder hilflos gegenwartsdiagnostisch als Tendenz beschrieben werden kann. In der Umklammerung dieser Konkretheit des Anschaulichen hält sich dann ein oft ebenso heillos illusorischer Glaube an Eingriffsmöglichkeiten, etwa durch eine alternative Politik der Lebensform, am Leben.

Daß solche Vorstellungen aber überhaupt überleben, hat den Vorteil, daß die in ihrem Einzugsgebiet Lebenden für Entwicklungen mobilisierbar bleiben, mit denen man nicht rechnen konnte (siehe z.B. die Reaktion auf »Chance 2000«!). Zum anderen können Ideen dieses Typus eine Rolle im Kampf um kulturelle Hegemonie spielen, bei dem nämlich auch einer Politik der Wünsche, selbst wenn sie komplett illusorisch oder auch vollständig warenförmig geworden sein sollte, eine Bedeutung bei der Verschiebung von Normen zukommt. Nach zwei Jahrzehnten sexuell-ambivalenter Popstars kann z. B. niemand mehr – trotz aller diesbezüglichen Bemühungen im Zuge der Kinderporno-Debatten – herkommen und eine Rückkehr zum heterosexuellen Normalitätsdispositiv durchsetzen.[7]

In diesem Buch geht es um die verschiedenen Investitionen in Stadtpolitik und Pop-Musik in den 90ern. Ein besonderer Schwerpunkt liegt auf der Frage der Heuristik, auf der These, daß sich alle linke und gegenkulturelle Politik heute gleichzeitig von der Möglichkeit realpolitischer wie radikaler Eingriffe leiten lassen muß, aber dabei die ganze Zeit eigentlich erst ermittelt, welche Daten, Fakten, Bilder und Zusammenhänge eigentlich Grundlage und Grenzen dieser Eingriffe bestimmen (was eben hier eigentlich los ist).

Wie kann einerseits das Leben mit Pop-Musik und intensivierter Stadtbeobachtung helfen, den neuen Verhältnissen so auf die Spur zu kommen, daß das, was man weiß und täglich erlebt, auch politisch praktisch wird? Und wem kann das helfen? Mir, der Journaille, der Polizei, der Verwaltung oder der

Kulturindustrie? Wie kann Pop-Musik und die sie umgebende Kultur noch immer ein praktisches und politisch einsetzbares Wissen neuester Verhältnisse artikulieren, wenn genau das in der Gegenüberstellung Pop-Musik gegen Architektur formulierte Verhältnis womöglich so gar nicht mehr existiert? Wie kann sich oppositionelles Denken und Leben schließlich aus den Denkformen und Datenerhebungsroutinen der Verschwörungstheorie oder der Tendenzbeobachtung befreien, durchdringen zu einem angemessenen Realismus?

II. Existentielles Besserwissen: Bohème und Subkultur

»They sentenced me to twenty years of boredom
For trying to change the system from within«
Leonard Cohen

Ob man die Gruppe von ihrem geschichtlichen Anspruch her Avantgarde, von ihrer der Soziologie zugewandten Seite Subkultur, von ihrem ethisch-politischen Anspruch her Gegenkultur oder Alternativ-Kultur nennt (oder von ihrer kulturgeschichtlichen Rolle aus Bohème) – diese sich überschneidenden Begriffe und Gegenstände haben eines gemeinsam: Sie legitimieren sich durch den Anspruch ihrer Vertreterinnen und Vertreter, ein besseres, richtigeres Leben zu führen. Egal, ob das bessere Leben ein intensiveres, gerechteres, experimentelleres, spontaneres, gewaltfreieres oder entschlosseneres Leben ist. Ob es künstlerisch, politisch, ökologisch oder psychologisch besser ist – es ist besser. Egal, ob es erst im Vergleich mit dem vorgefundenen, spießigen, konventionellen, traditionellen, institutionalisierten, patriarchalischen, langweiligen, bürgerlichen oder alltäglichen Leben besser wird. Und egal auch, was für Verbesserungsvorschläge aus so einem Lebensentwurf hervorgehen – das alles tritt gegenüber der Gemeinsamkeit zurück, die alle eint, zu wissen, daß sie besser leben.

Besser leben ist nicht besser sein. Es handelt sich durchaus um einen elitären Anspruch, aber nicht um einen aristokratischen. Das bessere Leben ist erworben, nicht ererbt, es ist eine Frage der Einstellung, und – auch das haben alle oben umrissenen Gruppen gemeinsam –, im Prinzip kann jeder zu ihr konvertieren, auch wenn die Initiation mitunter schwierig ist und sein muß. Es handelt sich selten um ganz in sich geschlossene Kreise, sie stehen meist anderen größeren künstlerischen, politischen und jugendkulturellen Bewegungen nahe (Cool Jazz, Trotzkismus, Hippies).

Nun ist aber mit dem Anspruch, ein besseres Leben zu führen, in allen Fällen der zweite Anspruch verbunden, dadurch auch *besser zu wissen*. Auch dieser Anspruch kennt die verschiedensten Fassungen. Es kann sich darum handeln, besser über gewisse geheime oder kanonische Fakten Bescheid zu wissen, durch ein offeneres, improvisierteres Leben mit einer größeren Menge gesellschaftlicher Daten in Kontakt zu kommen, es kann heißen, mit einem qua künstlerischer Lebensweise genaueren introspektiven Sensorium ausgestattet zu sein oder aber eine spezielle Lebensform mit hohem Wahrheits- oder Erkenntnisanspruch in bezug auf das Soziale zu pflegen. Es kann heißen, grundsätzlich andere – z. B. nichtsprachliche – Formen von Wissen erworben zu haben und zu pflegen. Es kann heißen, die wahre politische Dimension unserer Lebensform deswegen besser zu kennen, weil man sich bewußt der Verfolgung durch diejenigen aussetzt, die den Status Quo aufrecht erhalten wollen. Oder von Musik mehr zu verstehen, weil man sie unter dem Einfluß bestimmter Drogen gehört hat.

Ich nenne diesen Anspruch, um den es mir vor allem geht, den des existentiellen Besserwissens. Denn die Existenz ermöglicht erst das bessere Wissen. Und dieses bessere Wissen wird auch eher durch eine Lebensweise ausgedrückt, weniger durch veröffentlichte Argumente. Aus der öffentlichen Vorführung dieser Lebensweise entstehen dann die verschiedensten Formen von (konzeptualisierten) Lebenshaltungen, wie wir sie alle kennen und – in wie verdinglichter und dekontextualisierter Form auch immer – selber zur Anwendung bringen: Coolness, Hipness, Correctness, Gelassenheit, Weisheit, Sensibilität, Unerschrockenheit, Hart-drauf-Sein, existentielle Ironie etc.

Nicht nur die aus ihrem (gegen)kulturellen Kontext herausgelösten Haltungen, sondern auch die komplette Praxis im oben beschriebenen Sinne spielt heute noch eine Rolle: ProduzentInnen und Insider-Rezipienten neuer elektronischer Musik, alte und neue Kulturen um alternative Lebensformen, vom selbstreflexiven, migrationspolitischen AktivistInnen-Verbund bis zu Veganern, von der Sportswear-Eckensteher-Schläger-Elite bis zu ihrer HipHop-Jungs-Fraktion, von den losen HackerInnen-Verbünden und ihren mal elektronisch, mal physisch präsenten Diskussionsrunden zu postfordistischer Ökonomie bis zum klassischen, unsterblichen Künstlertum mit Rotwein, Performance, Narzißmus, Politik-vs.-Kunst-Debatten und Initiationsritualen – es gibt sie noch alle.

Und alle wissen immer noch besser, weil sie anders leben. Alle sind immer noch eine Elite, aber keine Aristokratie. Und alle sind und wissen in einem Sinne besser, der von den offiziellen Institutionen, die sonst gut und besser unterscheiden, nicht gekannt und akzeptiert wird. Der trotz der Öffnung aller möglichen Anstalten, Institutionen und Tageszeitungen für Pop und Subkultur nicht verstanden, nicht diskutiert und überprüft wird. Dafür wird das Bild all dieser Aktivitäten mit gesteigertem Interesse und professionalisierter Beschleunigung als Kulturware verwertet.[8]

Wenn man nun heute von einer Krise der oben erwähnten sozialen Formationen und der sie beschreibenden Redeweisen sprechen kann, so betrifft dies nicht nur den unmittelbar gesellschaftlichen Bestand solcher Lebensformen in ihrer klassischen Form. Die Dörfer in den Städten mit ihren billigen Mieten und einer Infrastruktur, die solche Lebensformen zuließen, verschwinden zunehmend; das späte Aufstehen ist nicht mehr gewählt, sondern durch Dauerarbeitslosigkeit zur Gewohnheit geworden. (Wer geht schon noch freiwillig das Risiko prekärer Lebensformen ein, wenn er es auch sicherer haben kann?) Die Lebensformen und ihre Ausstrahlungen sind schon so oft verwertet und ausgebeutet worden, daß nicht nur ihre konkreten Erscheinungsformen längst ausgeschöpft sind, sondern auch der Struktur nach brüchig geworden ist. Nicht nur die Minen sind leer, das ganze Prinzip des Bergbau ist veraltet.

Ein ähnliches Dilemma wie das der Produktion eines besseren Wissens betrifft dann auch die *Legitimierung* durch ein existentielles Besserwissen. Die Kunst, ihre besondere Existenz und die Rede, die sich darauf bezieht, ist als Legitimierung von Lebensformen weitgehend diskreditiert. Nicht zuletzt, weil auch Künstler als Avantgarde der Unternehmen, Lebensrevoluzzer als Avantgarde kapitalistischer Modernisierung und Bohemiens als Avantgarde neuer Arbeitnehmertypen in die Pflicht genommen werden von der neuen Unausweichlichkeit der kapitalistischen Lösung. Was im übrigen Thomas Frank und der BDI, also beide Seiten, die kritische wie die affirmative, des Gegensatzes Sponsorkapital und Kunstarbeit nicht müde werden uns zu verklickern.

Das Milieu war zuvor schon beschädigt. Seiner bornierten Selbstsicherheit des Besserwissens war die Komplexität realer Machtverhältnisse und Zwänge entgangen. Weil alles Wissen über das Leben, das man in diesen Kreisen qua intensiver Existenz erwarb, als Wissen über Institutionen und moderne, vermittelte Verhältnisse fehlte. Die Wissensformen stießen an ihre eigenen existentialistischen Grenzen, ja so manche intensive

Großstadtexistenz konnte sich ein Leben bei Nacht und unter Drogen in den frühen 90ern so einrichten, daß seine vermeintlich existentielle Dichte schließlich auch das Leben selbst ausblendete. Gleichzeitig wurde diese Existenzform weiterhin politisch bekämpft, ökonomisch erschwert und war als Warenzeichen – Slacker, Raver – begehrt wie noch nie. (Trotzdem ist natürlich so eine Woche ohne Tageslicht und Nüchternheit auch immer noch ganz unschlagbar).

Wieso ist das also noch besser, was wir qua Lebensform rauskriegen? Wissen die anderen das nicht auch? Kann man das nicht einfach auch kaufen, und wofür sollen wir es wissen? Ist das Besserwissen der Bohemiens nicht einfach eine falsche Umkehrung der eh falschen Doktrin, das Proletariat wisse es besser, weil es unterdrückt sei? Wie läßt sich das Besserwissen noch vom kulturellen Kapital im Konkurrenzkampf unterscheiden – jetzt, wo die ganze Produktion immer mehr zur Symbolproduktion wird? Wie läßt sich das über besseres Wissen legitimierte Leben mit seinen Ausschlüssen noch von anderen unterscheiden?

Der Zweifel, den diese Fragen zum Ausdruck bringen, betrifft also auch die Bezugnahme von Kunstformen, Musik, Philosophie und eben Essayistik auf dieses Wissen. Gerade in diesen Bereichen ist die Krise des coolen Wissens,[9] des Wissenserwerbs qua Lebensweise allen Beteiligten schon so nahegerückt, daß die 90er Jahre bereits als ein Jahrzehnt gelten können, das von Aufarbeitungen und Gegenmaßnahmen rund um diese Krise geprägt war, während gleichzeitig die Verwertung der intern zerrütteten und von Selbstzweifel befallenen Lebensformen ungerührt voranschritt. Selbst die noch funktionierenden Gruppen und Kreise bilden nicht nur eine postmoderne – also selbstreflexive, mitunter über ihren Charakter als soziales Zitat aus der Moderne aufgeklärte, über Medien zu ihren Ideen gekommene, international vernetzte – Version solcher Gruppen wie in den 80ern. Sie sind auch schon von einer defensiven Haltung geprägt. Die Mekons nannten in den frühen 90ern eine ihrer Platten »Retreat From Memphis«, und dieser Rückzug aus diesem einst mit Elvis' Eroberung der Zitadelle Memphis begonnenen Feldzug der Gegenkulturen findet tatsächlich statt. Unklar bleibt nur, ob es sich dabei um einen endgültigen Rückzug der gegenkulturellen Lebensform aus dem Anspruch auf »Opposition«, »Dissidenz« und »Subversion« an sich handelt oder nur eine Ablösung untauglicher, besiegter Formen durch neue stattfindet.

Größere Öffentlichkeit verhandelt immer nur Gegenstände, die gerade schon nicht mehr richtig lebendig sind, aber noch nicht ganz tot, so daß sie eben noch verwendet und verwertet werden können. Ohne gefährlich zu werden, aber noch in der Lage, die Löcher derer zu stopfen, die schon lange keine eigene Welt mehr entwickeln und doch, wie Presse und Massenmedien, so dringend Material und Stoff brauchen. Eines der Anzeichen dafür, daß die Krise zumindest schon halbbewußt wurde, zeigt sich daran, wie sehr Bohème, Subkultur, Gegenmilieu und Hipster-Welten in den 90ern zum Thema außerhalb ihres gewachsenen Einzugsbereiches geworden sind: Kulturwissenschaften entdeckten sie unter allen möglichen Aspekten. Die Linke sah in ihnen plötzlich einen nun gefährdeten Freund – oder eben alten Feind, der die Jugend davon abhielt, Wesentlicheres zu studieren. Und die Kulturindustrie, der man immer vorwarf (und also zugetraut hatte), Moden zu *lancieren*, obwohl sie doch immer nur Fertiges verwertete und oft lange warten mußte, bis sich etwas verwerten ließ (was sie womöglich noch vorfinanziert hatte), konnte in den 90ern erstmalig ziemlich kontrolliert und fast im Alleingang Sub-Milieus und ihre Mythen wie Grunge und Seattle stiften, die neue Kaffeehausketten und einen selbstausbeuterischen Kleinunternehmerboom im US-amerikanischen Nordwesten nach sich zogen, ohne daß irgend jemand mehr über Ausverkauf jammerte. Allen Beteiligten war die

Mechanik von Hipness und Industrie schon von vornherein klar.

Gleichzeitig konnte man jede Menge neue institutionelle, theoretische und emotionale Investitionen in die Gegenstände Pop-Musik (1) und Urbanismus(-Kritik) (2) beobachten: (1) einerseits immer mehr Institutionen wie Pop-Archive, einen Kölner Pop-Dom, ein Berliner Archiv der Jugendkulturen, ein Jahrbuch der Pop-Kultur mit Grußworten von Kohl und Schröder, riesige Pop-Messen und -Feste, Pop-Umzüge und -Paraden, eine Pop-Begriffs-Inflation und Instant-Entwicklungen ohne Ende, andererseits eine nicht abreißende Geburtswelle immer neuer, kleiner, kurzlebiger Undergrounds, verbunden mit existentieller Begeisterung; (2) Situationismus-Revival auf allen Ebenen, Stadtdiskussionen, aktivistische Innenstadt-Aktionen, Baustellen-Tourismus, Architektenausstellungen in Kunstgalerien, endloses Durchnudeln der immer gleichen Urbanismen an milde ungeeigneten Orten wie Kunstvereinssymposien, Übertragung bis Abwälzung zahlreicher politischer Auseinandersetzungen – z. B. Drogenpolitik, Abbau des Sozialstaates und Einteilung der Subjekte in »Leistungsträger und Versager« (Habermas), Privatisierung öffentlicher Einrichtungen, Plätze etc. – auf die Stadtpolitik-Auseinandersetzung; Stadtsoziologie erreicht die Heitmeyer-Galaxis, und Architektur-Coffee-Tables und Kunstbücher stapeln sich im Taschen-Verlag-Kosmos neben Edel- und Szene-Pornos, Rem Koolhaas und 1000 Nackte.

Diese neuen Investitionen kommen jeweils von außen, also entweder von oben, von Institutionen, Markt und Verwertern, oder von AktivistInnen, Jugendlichen oder bisher nicht mit diesen Gegenständen befaßten Novizen, also AkteurInnen, die mir von dem Interesse geleitet zu sein scheinen, die existentielle Dimension – in welchem Interesse auch immer – zurückzugewinnen und sie zunächst einmal dort zu suchen, wo sie sich früher als emotionale Substanz und heiße Empirie von den Wänden kratzen ließ: in der Stadt und im Sound. Und Investitionen kommen auch von anderen Oppositionellen: Ein nicht unbeträchtlicher Teil der verbliebenen linken Energie wird zur Zeit in die sogenannte Innenstadt-Aktion und andere stadtpolitisch interessierte Interventionen gesteckt.

Mir geht es darum, diese Suche, natürlich aus der Position des Sympathisanten bis Beteiligten, ebenso zu beobachten wie im gewissen Sinne zu unterstützen – nicht zuletzt auch, weil mir nichts Besseres einfällt. Die besagten Investitionen in Pop und Stadt sind schichtenweise pure Ideologie. Aber dann ist es immer wieder unglaublich, wie leicht plötzlich der Ausbruch aus deren Gefängnissen in der Pop-Kultur momenthaft gelingt.[10]

Es macht mehr Spaß, in diesem Geflecht zu unterscheiden, zu kritisieren und zu entwickeln, als sich damit abzufinden, daß wir in finsteren Zeiten leben. (Und das ist nicht nur interessanter, sondern auch ehrenwerter als das Verhalten eines agnostischen Radikalismus, der an kulturellen Erscheinungen immer nur ableiten will, was er politisch eh schon weiß.) Natürlich wird man dabei im Hinblick auf Interventionen nicht weit kommen, vielleicht aber im Hinblick auf verbesserte Empirie und verbesserte Artikulation. Politische Aktivität verbessert zur Zeit bestenfalls den politischen Diskurs und die Datenlage, auf die er sich bezieht. Ob man sich bei so einem halb verstrickten, halb selbstreflexiv-kritischen Mitmachen im Stadt/Pop-Dispositiv in letzter Instanz von dessen Logik der Symptome begrenzen läßt oder eher zu einer Kritik des Subkulturmoleküls und seiner Bestandteile vordringt und seine Krise und deren Symptome eher nutzt, um es theoretisch auseinanderzunehmen und vielleicht neuen Konstellationen zuzuarbeiten, muß einstweilen unentschieden und offen bleiben.

In Stadt und Pop treffen sich einerseits die Nachkriegs-BRD mit Westbindung (Pop) und andererseits der Pathos der neuen

Berliner Republik und seiner Gründungsphantasmen und Träume von einer Relokalisierung des neuen Staates und seiner Hauptstadt (Stadt) in einem kulturellen und politischen historischen Kontinuum. In ihrer am wenigsten unerträglichen Variante schwärmen die Vertreter dieses Phantasmas nur vom Theater der Weimarer Republik. Motive der amerikanischen Moderne (Pop, Freiheit, Konsum) und die unerledigten oder vorübergehend entschlafenen Motive der Vorkriegsmoderne einschließlich ihrer faschistischen Version kehren zurück oder wachen auf, in seltsamen Konstellationen und Verschränkungen.

Auch das existentielle Besserwissen war eine Konstante der gesamten Moderne, die sich aus vielen ihrer Motive zusammensetzte und gleichzeitig über diese hinaus wollte. Der Bohemien war meistens nur denkbar als der bessere und verbesserte oder ideale Bürger. So war die Kritik meist schon den Figuren vertraut, die von den besserwissenden Gegenkulturen angegriffen wurden. Die Sozialdemokraten verstanden die linksradikale Kritik, weil sie selber mal linksradikal waren. Die etablierten Künstler die Kritik der noch nicht etablierten, weil sie selbst einmal gegen die Etablierten angetreten waren. Die Lost Generation die der Beatniks, weil sie auch einmal eine verlorene Generation waren, die in Paris statt in Mexiko, aber doch Ähnliches suchte. Die Hippies schließlich verstanden die Punks, denn deren Hauptkritik war ja, daß die Hippies ihre Ideale verraten hätten, nicht oder erst zweitens, daß es die falschen Ideale gewesen wären. Und sogar Horst Herold verstand Andreas Baader, schließlich waren beide Linke. Alle Verräter eines Ideals der Moderne konnten den Vorwurf des Verrats verstehen, weil sie eben auch einmal diesem Ideal verpflichtet gewesen sein mußten, um es verraten zu können.

Heute, wo das Gegenüber einer solchen immanenten Kritik sich oft nicht mehr den gleichen Idealen verpflichtet fühlt oder sich wenigstens an sie erinnert, zerfällt die Kritik der existentiell

Besserwissenden in drei Typen, die sie selbst meist nicht unterscheiden. Zum einen bleibt sie eine immanente Kritik, die immer noch so tut, als könnte man das in den unterschiedlichen Bereichen Herrschende und andere Gegner auf gemeinsame (moderne) Werte verpflichten und ihnen Verrat vorwerfen. Zum zweiten wirft man den und dem Herrschenden vor, sich sozusagen von der Moderne weg in eine ganz falsche Richtung zu bewegen – und nimmt daher selbst mehr oder weniger notgedrungen die Position der Moderne ein. Oder – zum dritten – wirft man dem oder den Herrschenden vor, aus den Fehlern der Moderne nicht gelernt zu haben und immer noch die unkorrigierte Moderne zu vertreten, während man selber darüber längst hinaus ist. Diese drei Konstellationen stehen aber noch einmal einer anderen, intern aus dem Pop-Dispositiv der Nachkriegszeit hervorgegangenen Dialektik gegenüber.

Denn es gibt auch diesen anderen historischen Bezug, eine interne Genealogie des Pop-Dispositivs, sozusagen neben oder unterhalb der Moderne. In seine Vergangenheit, genau genommen in die 60er projiziert man von diesem Dispositiv aus – nicht ganz zu Unrecht – eine »Ursuppe«, wo Pop von einer *radikalen Kritik* und einer überschwenglichen *Liebe zu den Phänomenen* zugleich getragen wurde: also von einem zugleich decouvrierenden und Oberflächen affirmierenden Ansatz. Dies konnte funktionieren, weil gerade die Oberflächen und die Phänomene für eine radikal andere Welt standen und doch schon sichtbar (und käuflich waren). Die radikale Kritik wollte für Momente genau dasselbe wie die avanciertesten Produkte oder ihr Design.[11] Kapitalismus kann nicht nur seine Negation aufkaufen und verwerten, sondern auch formulieren, bevor diese Negation seinen Gegnern dämmert. Man kann sie zuweilen ihm selbst ablesen, wenn man seine glänzenden Oberflächen abtastet.

Dieses doppelt bestimmte Pop-Molekül zerfiel, und von nun an setzten sich an unterschiedlichen Orten und Epochen immer mal die eine oder die andere Seite durch. Nur solange es aber die jeweils unterworfene noch gab, handelte es sich noch um Pop – anderenfalls wurde es reine (oft akademische) Kritik/Politik oder reine Kommerzialität. In diesem Sinne waren die 70er das Jahrzehnt der Kritik, in den 80ern war eine Liebe zu den Phänomenen hegemonial. In den 90ern wurde das ganze Dispositiv nun vor allem selbstreflexiv, wodurch einerseits beide Seiten noch einmal verbunden werden konnten. Aber dafür ging andererseits ihre Grundvoraussetzung, die Bindung an populäre und nichtakademische Kultur, verloren: Cultural Studies essen Seele auf. Nun ergibt sich die Not, diese Bindung neu zu finden oder zu fassen: jene existentielle und soziale Wirklichkeit, die alle anderen ja auch schon längst verloren haben und gerade durch Pop zurückzugewinnen versuchen.

So gerät Pop und darin der Strang des existentiellen Besserwissens aus internen Gründen und durch externes Begehren, durch Projektionen, Anknüpfungsversuche und Investitionen in ein Spannungsfeld, das von den Anschaulichkeitsdefiziten und heuristischen Problemen der anderen und der eigenen Legitimationskrise bestimmt wird. Auf diese Weise verändert sich das Pop-Dispositiv intern, nimmt aber auch seinerseits Kontakte zu anderen Feldern auf, so wie früher schon immer wieder zur Bildenden Kunst, seit einiger Zeit neuen elektronischen Medien und deren Theorie, zur Restlinken und nun vor allem zu den verschiedenen Formen des Stadt-Dispositivs, das ebenfalls ähnlich gebaut ist und es auf ähnliche Weise mit einer neuen Außensteuerung und Projektionsenergien zu tun bekommt wie Pop.

Beide wiederum sind Kandidaten, zwei großen, miteinander verbundenen Problemen abzuhelfen: zum einen der Vertrauenskrise des Visuellen, wie sie sich u.a. durch neue Typen von Fernsehbildern, einer neuen »atmosphärischen« Fotografie und digitalen Bildbearbeitung im Verhältnis zur enorm beschleunigten Verwertung von Lebensformen über ihr Bild ausgelöst wurde (und auf den gut vorbereiteten Boden sowohl linker Anschaulichkeitsskepsis als auch konservativ-kulturpessimistischer »Bilderflut«-Panik fiel). Eher nüchtern ästhetisch-politische Probleme mit bestimmten visuellen Regimes, jene erwähnten, ideologischen zeitgenössischen Bilderfeindschaften und ein traditionelles, metaphysisches Privilegieren des Ohrs gegenüber dem leicht zu täuschenden Auge – »You must learn to listen, because by listening you will learn to see with your mind's eye« (Sun Ra) – begegnen sich in dieser immer häufiger artikulierten Vertrauenskrise.

Zum anderen aber sollen Sound und Stadt, Straße und Stimme in der Krise der Repräsentation des Besonderen im Allgemeinen als Problem von Demokratie einerseits und Massenkultur andererseits Linderung verschaffen. Sound und Stimme sollen immer noch wahr sein, wo Bilder lügen, manipulieren und manipuliert sind. Der in der Stadt gemachte Sound, die in der Stadt erhobene Stimme soll noch wahrsprechen, demokratisch repräsentieren, wo Repräsentation überall sonst – und vor allem im Visuellen – zur Freakshow ausgestellter und ausgebeuteter Differenz oder hegemonialer, phallischer Potsdamer-Platz-Architektur verkommen ist. Diese überfordernde Hoffnung auf den Sound und die Stimme wird gerade in der Phase von musikalischen Esoterikern und symbolischen Politikern ausgesprochen, wo die Pop-Musik längst ein Bestandteil jener visuellen Kultur und Repräsentationsordnung geworden ist – gegen die sie einen existentiell begründeten, wahrhaftigen Widerspruch von außen leisten soll. Pop-Musik und Stadt-Kritik werden auch hier nichts von alleine bewirken. Aber vielleicht kann man etwas gewinnen, wenn man von seinen Projektionen auf beide ableitet, was man will; wenn man aus den in und über Musik formulierten Ideen ihr generelles Substrat zieht. Das könnte man dann in jedem Sinne zur Diskussion stellen.

Es kursieren im Pop und in der Stadt noch immer viele utopische und politische Phantasien, die mit der Begrifflichkeit der Politisierten in keiner Verbindung mehr stehen. Diese müssen trotz aller damit verbundenen Verluste wieder einen Namen bekommen. Der Tendenz wiederum fast aller kulturellen und linksradikalen Politisierten, sich in einer formalistischen Strategie-Mathematik zu verlieren, in einem ganz abstrakt gewordenen Spiel von Subversion und Vereinnahmung, von Zuschreibungsabwehr und Bilderhoheit, wäre die nicht unutopische, aber naheliegende Forderung entgegenzuhalten, positiv die Ziele und das Wissen zu benennen, in deren Namen man nicht verwertet werden will. Wenn dies nur im Rekurs auf einen abstrakten Antikapitalismus möglich ist, dann wäre meine gewerkschaftlich orientierte Gegen-Empfehlung eher die, sich doch wenigstens dem eigenen Interesse entsprechend – »gewerkschaftlich« organisiert – optimal »verwerten« zu lassen.

III. Der Schein der Stadt: Clubs, Aktionen und Abenteuer

»When the mode of the music changes
The walls of the city shake«
Tuli Kupferberg

Die Stadt Berlin entwickelte sich nicht nur aus deutscher Perspektive in den 90er Jahren zum Mittelpunkt und schwarzen Loch all dieser Entwicklungen. Zum einen schien sie dem Underground ungeahnte Möglichkeiten zu bieten, und tatsächlich entwickelte sich in den Clubs von Berlin-Mitte die erste deutsche Nachtlebenszene, die an internationale Entwicklungen nicht nur angeschlossen war, sondern diese mitprägte.[12] Zum anderen war diese subkulturelle Entwicklung weder ein Hindernis beim Abbau und der Bekämpfung des politischen Widerstands in Ost und West noch bei dessen zeitweiligem Abrutschen ins komplett Sektenhafte.

Die zwei Entwicklungen waren weniger miteinander verbunden als Politik und Subkultur bei vorherigen Szene-Paradigmen. In einem bestimmten Stadium war Techno eher ein Bestandteil der Hauptstadtwerbung und durchaus erwünschtes Element eines Gesichts, das ansonsten von Daimler Benz und Deutsche Bank geprägt war. Doch diese Allianz stellte nur eine Seite dieser Entwicklung dar, und sie bot wiederum den schläfrigsten linken Reflexen gegen neue Sprachen neuer Leute die üblichen und üblen Vorwände: Die Rave- und Club-Welt konnte in dieselbe Verscheußlichung der Welt eingetragen werden wie Potsdamer Platz, Räumung der Mainzer Straße, Spekulation, Kommerzialisierung von Mitte.

Das tat nicht nur der tatsächlich unbeschriebenen und unverstandenen Neuheit der Club-Kultur unrecht, diese Perspektive fiel auch auf die schlechte Seite der Anschaulichkeit der Stadt-Debatte. Denn war das, was man so klar sehen konnte, in Form von Bauplänen, von Computer-animierten Stadtszenen auf Videobeam-Projektionen in der Infobox am Potsdamer Platz, in den üblen Gesichtern der Politiker, an den Fliegen, Krawatten und generischen Brillengestellen der Architekten tatsächlich das neue Bekämpfenswerte, und hatte man es schon verstanden? War die vermeintliche Anschaulichkeit des Falschen in der Architektur nicht einfach nur eine Variante der spießigen Aggression gegen jeden Neubau, die einer linken Perspektive hier den Gefallen tat, tatsächlich von einer Allianz zwischen Staat und Kapital durchgesetzt worden zu sein? Das heißt nicht, daß man mit der Kritik an der Bebauung des Potsdamer Platzes vorsichtiger sein sollte, noch mit der Darstellung ihrer machtpolitischen Hintergründe, wohl aber mit dem Vertrauen auf die heuristische Verläßlichkeit der

Architektur- und Stadt-Kritik als Mittel zur Erkenntnis aktueller und neuer offizieller Politik.

Natürlich haben sich die Stadt-Kritik und die daran angeschlossenen Aktionen nicht darauf verlassen, daß ihre Klientel nur irgendwie hippiehaft gegen Neubauten ist, aber ihre politisch richtigen Einwände gegen Stadtpolitik – gegen Privatisierung öffentlicher Räume, Urbanisierung des Rassismus und Rassifizierung des Urbanen im Umgang mit Migranten, Privatisierung der Exekutive und Repressionspolitik gegen Obdachlose und Junkies – konnten immer mit einer konsensuellen Bereitschaft rechnen, diese neuen Entwicklungen nicht nur aufgrund ihres Unrechts, sondern auch – identifikatorisch – wegen eigener Vorstellungen eines alternativen Lebens abzulehnen, die sich aus einem bestimmten ungeklärten und unausgesprochenen Verhältnis zur Stadt ergaben. Bei Angriffen gegen Junkies und Obdachlose fühlte man sich auf eine unreflektierte Weise auch dann irgendwie mitgemeint, wenn man gut untergebracht war.

Die Stadt ist in diesen Vorstellungen entweder ein Ort, den man niemals als Ganzes akzeptiert, sondern der immer nur eine Nische hat, so etwas wie ein selbstverwaltetes Gebiet, politisch von »uns« kontrolliert wie einst Kreuzberg, das Hamburger Schanzenviertel und entsprechende Orte in Amsterdam, Kopenhagen oder Madrid. Oder aber man wünscht sich von der Stadt nicht so sehr eine selbstbestimmte Nische als vielmehr eine Vielzahl von Versprechungen und Atmosphären; Dinge, für die man nicht unbedingt verantwortlich eintreten will, aber die das Leben, insbesondere seine soziale Seite, als tendenziell offen erscheinen lassen, Situationen aller Art möglich machen.

Diese beiden Interessen sind jeweils für sich berechtigt. Aber im Widerstand gegen Gentrifizierung, die das Abenteuer *und* die Selbstverwaltung tötet, die entzaubert *und* ökonomisiert, kommen damit zwei Motive städtischer Oppositionalität zusammen, die nicht unbedingt von sich aus etwas miteinander zu tun haben müssen. Denn wer das Abenteuer sucht, wäre in letzter Instanz auch mit einer glamourösen, aber alles andere als selbstverwalteten Stadt zufrieden, nennen wir sie Paris oder Tokio. Wer dagegen die Selbstverwaltung will, wäre in letzter Instanz auch zufrieden, wenn man aus dem Schanzenviertel ein Dorf weit vor den Toren der Stadt machen würde.

Auch wenn sich in der Wirklichkeit diese Motive meist sehr viel mehr überschneiden, sind sie doch eigentlich Gegensätze: hier eine alternative oder verbesserte Demokratie und damit Bemühungen um aktive Selbstbestimmung, dort das Bedürfnis, die Stadt wie die *Welt* zu erleben, ihr zu begegnen, von ihr – in letzter Instanz passiv – überrascht zu werden. Man kritisiert an der neuen Stadt also einerseits ihren tatsächlich geführten Krieg gegen Kreuzberg und andere Kieze, andererseits die Langeweile, die sie verbreitet. Das Situationismus-Revival und andere Versöhnungsversuche von linker Politik mit Hedonismus und/oder Intensitäts-Weltanschauungen täuschen über diesen Gegensatz hinweg und bringen oft in beide Richtungen – Erlebnisintensität und Politik – unbrauchbare Begriffshybride zustande.

Andererseits ist das Bündnis dieser zwei eigentlich gegensätzlichen Bedürfnisse oder Positionen fruchtbar. Es bündelt Energien, die im Prinzip beide recht haben, aber sich in letzter Instanz auf unterschiedliche Weise Befriedigung verschaffen müssen. In der Vergangenheit sind individualistisches Abenteurertum und politisches Engagement sowohl von bürgerlich-konservativer Seite wie von orthodox-linker als Gegensätze gegeneinander ausgespielt worden. Konkrete Individuen, die sich diese Gegensatzbildung als dramatische Wendungen in ihre Biographie gewoben haben, legen beredtes Zeugnis von der Wirksamkeit dieser Doktrin ab. Es schien ein Fortschritt zu sein, als man in den 90ern durch die Rückbesinnung auf situationistische und andere stadtbezogene linke Bewegungen die Bekämpfung der Langeweile und der sozialen Ungleichheit wieder zu *einem* Projekt zusammenziehen konnte.

Tatsächlich waren ja dem Abenteuer verpflichtete Lebensformen – Drogen nehmen, Obdachlos sein, sich Freiheiten herausnehmen, öffentliche Verkehrsmittel umsonst benutzen, überhaupt: punktuell und persönlich Widerstand leisten – von der neuen Repression unter anderem auch durch die Privatisierung öffentlicher Räume bedroht. »*Would you like to know a secret just between you and me? I don't know where I am going, I don't know who I am going to be! That's the other side of this life*«.[13] Aber es gehörte schon ein mit sozialer Sehnsucht nach Solidaritätspartnern vernebelter, unbeteiligt dandyistischer Blick dazu, in den Opfern dieser Repression in erster Linie Verbündete auf der Suche nach Abenteuern zu suchen, nicht die Opfer einer verfehlten und unsozialen Politik, die sich tatsächlich an der abenteuerlustigen Ethik des Kapitals orientiert.[14]

Und politisch noch illusorischer als alte anarchistische Verkennungen der Bohème ist heute die Idee, die Konfrontationen und Repressionen, die ein anarchoider Lifestyle heute abbekommt, mit den Konfrontationslinien postfordistischer Politik zu verwechseln und sich an diese Front zu träumen. Andererseits sollte man nicht vergessen, daß am Anfang so manch eines Weges, der irgendwann nur noch in seiner Summe als soziales Elend gesehen wird, eine Erhebung gegen Langeweile, Ordnung, Ideologie, Institutionen stand, die sich in allerletzter Instanz gegen dasselbe System, nämlich dessen staatliche, ideologisch anrufende Seite richtet, das auf der anderen Seite die soziale Unsicherheit produziert, dessen Opfer man am Ende wird.

Dieser größere Zusammenhang wird aber unpraktisch, wenn man tatsächlich auf der Ebene der Stadt Politik machen will. *Reclaim the streets* – ein im letzten Jahr international laut gewordener Ruf, sich, also den Gegenmilieus, aber auch den existentiellen Besserwissern den öffentlichen Raum zurückzuholen – ist eine ebenso richtige Parole auf der einen Ebene, genauso wie das Ausnutzen von Sperrstunden-Diskussionen, um auf die Ungeheuerlichkeit der Praxis des Platzverbots hinzuweisen, auf der anderen Ebene entspringt er einer Begriffsverwirrung, für die ein bestimmter Blick, der im Urbanen das Gesellschaftliche schlechthin sieht, mitverantwortlich ist.

Auf der ersten Ebene erscheint es aus propagandistischen, solidarischen und politischen Gründen sinnvoll, Koalitionen von »Elenden und Erlebenden« zu bilden, auf der nächsten ist es Unsinn, die Probleme, die mit schlechter staatlicher Gesundheitsversorgung, beknackten Drogengesetzen, Abbau des Sozialstaates und der Krise der Arbeitsgesellschaft zusammenhängen, über situationistische Romantik mit denen von Künstlern und Essayistinnen, die aufregend leben und existentiell erkennen und (auch das Politische, klar) verstehen wollen, auf einem Level anzusetzen. Dazu allerdings verführt präzise die vermeintliche Anschaulichkeit des Politischen in der Stadt.

Was in Berlin anschaulich versaubeutelt wird, ist nicht der ideale Signifikant dessen, was politisch im Kapitalismus allgemein und in dem komischen neuen deutschen Nationalstaat im besonderen geschieht – darum, daß diese Dinge einigermaßen kongruent sind, bemüht sich ja vor allem die andere Seite. Daß die Stadt so aussieht, wie die Welt ist, gleicht einem vertrackten, grandiosen Effekt, den man ausnutzen, genießen und von dem man sich erschüttern lassen kann. Aber man sollte ihm nicht auf den Leim gehen. Wie jeder andere Text, so ist auch die Stadt als Repräsentant von etwas anderem äußerst prekär und unzuverlässig.

IV. Pop-Musik als umgestülpte Urbanität: Inner Cities und Inner Spaces

»No, it ain't World War Three, no, it ain't Armageddon
Just the Apple stretching and yawning
Just morning: New York putting its feet on the ground«
Melvin Van Peebles (zitiert nach Grace Jones)

Pop-Musik ist ein kultureller Raum, in dem innere Zustände und Gefühle direkter als anderswo in nachvollziehbare, verständliche und teilweise auch genau codierte Zeichen übersetzt oder »geprägt« werden. Dieser Vorgang spielt in einem öffentlichen, dezidiert städtischen Zusammenhang. Die Pop-Musik hat dies selbst ständig thematisiert: Es gibt zahlreiche Beispiele, in denen sich die Musik aus Stadtgeräuschen herausschält und wieder in sie versinkt und sich auf andere Weise als einen unter vielen urbanen Sounds inszeniert. Der Sound der Pop-Musik hat freilich nicht nur eine Bedeutung im urbanen Alltag, dem ich ausweichen muß, den ich einholen oder dem ich entkommen muß, sondern stellt eine Verbindung zu einer inneren Dimension meiner Existenz her. So daß diese in der Öffentlichkeit ausgestellt, nachvollziehbar und mitvollziehbar, aber auch begehrenswert für andere gemacht, objektiviert wird.

Andererseits spielt der Sound daheim, ganz innen, nur für mich. Die Stimme spricht direkt mich an, singt nur für mich. Dieser Gesang wird überhaupt nur sinnvoll, wenn er sich exklusiv an mich richtet. Dieser Sound bettet nur meine Seele in der ihr gemäßen Stimmung. Diese Intimität mit dem Sound und der Stimme ist aber auch wiederum Voraussetzung für die Vergesellschaftung der inneren Zustände, denn die Pop-Musik muß immer an beiden Fronten arbeiten: öffentliches Territorium markieren und sich als privat-intimes Gegenmittel zur Verfügung halten. Nur weil sie das Eine kann, kann sie auch das Andere. Die feindliche Öffentlichkeit markiert sie mit meiner Intimität, meiner Eingeschlossenheit im Selbst stellt sie wunderbare Auswege zur Verfügung.

Walkman-NutzerInnen zeigen allen anderen, wie sie sich akustisch abkoppeln: durch nur für sie bestimmte Musik, deren Genre wir in U-Bahn und Bussen aber durchaus noch ahnen können. Die beats per minute sind noch zählbar, und die generelle Soundfärbung bleibt auch kenntlich, wenn sie als Schallabfall in den Straßenschmutz fällt. Wir sehen unseren Mitmenschen bei ihren Intimitäts-Vollzügen zu, zuweilen peinlich berührt, als würden sie eine Notdurft verrichten, zuweilen fasziniert und neugierig. Die Sphäre dieses Kunstgenusses ist nicht abgetrennt vom öffentlichen Leben, aber das Aufteilen in Innen und Außen, Intim und Öffentlich, Seelisch und Sachlich geschieht immer noch die ganze Zeit, nur in geringeren Intervallen, ohne klar abgegrenzte, dafür zuständige Räume, obwohl auch diese immer wieder hergestellt werden, in sich überlagernden Situationen.

Als Charlie Gillett seinen Klassiker über die Geschichte der schwarzen Pop-Musik, die Geschichte des R'n'B schrieb, nannte er sein Buch »The Sound of the City«. Soul und R'n'B, elektrische Gitarren, Hammond-Orgeln, Walls of Sound, gedrungene, drastische Orchester, Bläsersätze, Background-Vocals – das war der Sound der Stadt. Historisch-politisch ist das die Musik, die nach der großen Migration der AfroamerikanerInnen in die Industriestädte des Nordens entstanden und verbunden war mit den Emanzipations-Hoffnungen der Bürgerrechtsbewegung, an die sich die ersten vorwiegend weißen Jugendkulturen bald anschließen sollten. Technologisch ist das der Sound verstärkter Instrumente und bestimmter Studios, geprägt von Arrangeuren, Komponisten und Studio-Musikern, die dafür sorgten, daß nicht einzelne Künstler, sondern Detroit, Memphis und Philadelphia klanglich wiedererkennbar wurden. Diese Musik von Städten handelte nicht nur von Erfahrungen in der Stadt, repräsentierte den Sound einer Stadt, sondern war darüber hinaus auch eine Musik der Öffentlichkeit, »Dancing in the Streets«. Man konnte sie auf der Straße aus offenen Fenstern, Geschäften etc., hören und wissen, *was hier los ist.* Nicht zuletzt markierte sie ein Territorium.

Darin hat die Rap-Kultur sie beerbt. In noch stärkerem Maße ist HipHop mit seiner öffentlichen Rezeption verbunden. Mit seinem Aufstieg begann der Aufstieg des Ghetto-Blasters, der tragbaren Stereo-Anlage, dem Gegenstück zu der *Anlage*, um die der bürgerliche mitteleuropäische Jugendliche seit den 70ern seine Einrichtungsgegenstände herum gruppiert. Der Unterschied der Musik aus den Blasters zu früheren öffentlichen schwarzen Sounds lag sicher in der Mobilität der Abspielgeräte. Es war nicht mehr so sehr der Sound der Community, den er verbreitete, sondern der Sound kleiner Gruppen von mobilen, urbanen *Warriors.* Daß man durch ein öffentliches, markierendes und demonstrierendes Hören anderen etwas zeigen und sich als Hörende darstellen kann, ist nie so manifest geworden wie in den letzten 20 Jahren durch den Gebrauch von Walkman und Ghetto-Blaster. Jeder in der Stadt konnte diesem Prozeß der Verwandlung von öffentlichem Material in privates und privatem Material in öffentliches, von seelischem in gesellschaftliches und zurück zuschauen und Pop-Musik als nimmermüde Mühle dieser Verwandlung beobachten.

Für das intime Hören zu Hause waren auch in der Pop-Musik noch Jahrzehnte die ausgesprochen anti-städtischen Instrumente der Folklore (Gitarre) oder die anti-öffentlichen Instrumente der bürgerlichen Hausmusik (Klavier, kleine Streicherensembles) zuständig. Singer/Songwriter führten ihr Drama des bürgerlichen Subjekts genau mit diesem Instrumentarium auf. Bis vor ca.15 Jahren stellte auch die Linie von dieser Singer/Songwriter-Musik zum Indie-Rock ungebrochen ein Kontinuum der behüteten Kinderzimmer-Kultur dar, der verschiedene Straßen- und Club-Sounds gegenüberstanden. Das veränderte sich spätestens in den 90ern. Einerseits wurde das Produzieren in elektronischer Einsamkeit, also ohne Band und Studio, allein im Schlaf- oder Kinderzimmer, aber umgeben von allem denkbaren Soundquellen, Zitiermaschinen und einem endlos nachgiebigen digitalen Klang-Material zum Normalfall. Andererseits ließ das Dub- und Remix-Paradigma ein endloses Hin- und Herschieben niemals abgeschlossener Klangteile zur musikalischen Maxime werden.

Dies verlagerte gerade die strukturellen Merkmale der kollektiven, städtischen R'n'B- bis HipHop-Kultur – Simultaneität, Heterogenität der Quellen, Vielstimmigkeit, Hektik – auf von einzelnen Nerds zu Hause produzierte Tracks, die ästhetisch aus der öffentlichen und Stadt-Musik hervorgegangen waren, aber zunehmend von *inner spaces* handelten. Das Innenleben war schließlich strukturiert wie eine Stadt, immer mehr elektronische Platten gaben sich als Reisen durch *inner spaces* aus, obwohl sie sich dafür die urbanen Elemente von HipHop und Soul und die Simultaneitäts- und Überlagerungsästhetik städtischer und kollektiver Popmusik zunutze machten.

Das Genre TripHop steht für ein ästhetisches Paradigma als Ergebnis dieses Prozesses. Es reicht von einer Band wie Portishead, die mit von kollektiven und städtischen Musiken wie Dub und HipHop entlehnten Soundvorstellungen Musik für die Zielgruppe und die spezifischen suburbanen, pubertären Identitätsnöte macht, die früher Folk-Rock und dann Nick Cave bedient hätte, bis zu einem Doctor L. Im Paradigma der Sample- und Loop-Ästhetik hat er aus lauter eindringlichen, psychologisch aufgeheizten, durch Repetition und Überlagerung hochgetunten, hektischen Stadtsituationen ein Album komponiert, das er als eine Reise nach Innen ausgibt. Kodwo Eshun argumentiert parallel, daß die Festlegung auf Straße, Kollektivität und Humanismus schon eine ideologische

Stereotypisierung schwarzer Musik darstelle, und stellt dem eine afrofuturistische Gegengeschichte entgegen, die an Zeitreisenden, Maschinenmenschen, Aliens und psychotropen Musiken der Innenwelt entlangführt.[15]

Während also in der avancierten Pop-Musik der Gegenwart das Innenleben, die Welt des Psychischen, des Privaten und des Persönlichen sich in städtischen Bildern ergeht, versorgt uns die urbane Öffentlichkeit immer häufiger mit Zwangsintimität. Nicht mehr marktschreierisch, dialogisch und eben »öffentlich« geriert sich öffentliche Musik, ebensowenig trifft mehr das alte Anti-Muzak-Klischee zu, die Musik des öffentlichen Raums sei steril, subtil und hypnotisch-manipulativ ohne irgendeinen Inhalt. Statt dessen begegnen uns fast überall sehr spezifische Musikstile, die passende Pop-Musik in den entsprechenden Boutiquen und auch sonst fast überall spezielle Songs, die aber eine Mehrheit kennt, mit denen die einzelnen eine wie auch immer bewußte Geschichte verbinden, eine individuelle Geschichte.[16]

Als genau dieses Individuum wird man – im Sinne des Althusserschen Begriffs – »angerufen«, wenn man abends auf einem kalten, leeren Bahnsteig des Frankfurter Hauptbahnhofs, auf den Nachtzug nach Berlin wartend, aus kaum lokalisierbaren Lautsprechern gepflegte Songs von Sting vorgespielt bekommt. Diese Songs sind bekannte bis vertraute Konfigurationen von Stimmungen und Erinnerungen an Stimmungen, die das Individuum sich und der eigenen Biographie zurechnet. Inmitten der städtischen Wildnis des Hauptbahnhofs, dem Inbegriff der Atmosphäre des urbanen Abenteuers, der Erwartbarkeit des Unerwarteten, der Kontingenz und des Aufbruchs, die standardisiertesten Momente der eigenen Biographie um die Ohren geschlagen zu bekommen, tötet den womöglich letzten atmosphärischen Ort Frankfurts.

Das korrespondiert vielleicht tatsächlich damit, daß im Zuge derselben Maßnahme, die diese Musik auf den Bahnsteigen installiert hat, Junkies und Obdachlose vom Bahnhof vertrieben wurden, Graffiti-Sprayer von neugebildeten Kunstkenner-SoKos verfolgt und die hektische Simultaneität, die in der Öffentlichkeit für Gesellschaft steht, zu Songs und ihrer sentimentalen Rolle in individuellen Biographien vereinheitlicht wird. Gesellschaft soll wieder in Biographie zurückschnappen. Gesellschaft kehrt zurück in der Ästhetik von Popmusik, die sich selbst auf alte, ganzheitlich-individuelle Weise als innerlich codiert hat. (Wir Kinder von Marx und Matt Bianco.)

V. Atmosphären und Situationen, Melodien und Groove

»These cities may change, but there always remains my obsession«
Bryan Ferry

Wenn die Beschäftigung mit der Stadt als anschaulich gewordener Politik und der Musik als sinnlich gewordener Gegensubjektivität sich auf der inhaltlichen Ebene auf je eigene und unterschiedliche Weise zu Politik – im weitesten Sinne – verhält und alle Probleme, die wir besprochen haben, an diesem Verhältnis sichtbar werden, so muß es eine strukturelle Gegen-Ebene geben, auf der sich (Pop-)Musik und Stadt begegnen. Die Gegen-Ebene zur politischen Ebene der Verwirklichung, Konsequenz und der geregelten Abläufe. Wir haben ja gesehen, daß die Koalition von Abenteuerlust und Armutsbekämpfung in einem mehr als strategischen Sinne notwendig ist, aber politisch unkorrekt zwei zutiefst unterschiedliche Interessenslagen vermischt. Wie verhält es sich sozusagen auf einer zunächst nicht politischen Ebene mit dem Material, aus dem der Stadt-Musik-Komplex stammt? Und was trägt das zu unserer Frage nach einer Verbesserung der linken Heuristik bei?

Ich schlage zwei Begriffspaare vor: Atmosphäre und Situation, Melodie und Groove (Repetition). Atmosphäre wäre das, was man in der Stadt sucht und vor allem da, wo sie sozusagen der Tradition ihrer literarischen Beschreibung zufolge am städtischsten ist, auf Bahnhöfen und in Rotlichtvierteln. *Atmosphäre* heißt: eine Konstellation steckt voller Möglichkeiten, denen aber nicht das zentrale, sozusagen offizielle Interesse, die Beleuchtung gilt. *There are eight million stories in the Naked City, this is only one.*[17] Und diese eine wird dann auch erzählt, aber immer in dem Kontext, daß daneben acht Millionen andere Geschichten passieren. Atmosphäre ist die Situation, in der ein großer Zweck (Transport, Verkauf, Handel und Wandel etc.) ein Licht wirft, dessen Schatten groß ist: hier tummeln sich viele und Vielheiten, die der Anlaß zusammengeführt hat, die aber eigentlich was anderes wollen und machen; ein nichtbeleuchteter Teil einer im Licht der Morgendämmerung teilweise glänzenden Landschaft.[18]

Die Hingabe an dieses Dunkel ist das Gegenteil der Kontrolle einer Situation. *Situation* bedeutet immer, über eine Atmosphäre Kontrolle und Herrschaft zu gewinnen oder auch selbst den Lichtkegel zu verschieben. Die Atmosphäre in der Stadt ist so faszinierend, weil sie einerseits im Unbeleuchteten spielt, es dort aber gerade Menschen sind, nicht Naturereignisse, die das Unerwartete, Überraschende und Überwältigende versprechen. Und Menschen kennt das Subjekt, das es zur Atmosphäre treibt, auch wenn es im Dunkeln nicht sehen kann. Es ist selber ein Mensch, dem sich nun ganz andere Möglichkeiten auftun, einer zu sein.

In der Situation ist die Atmosphäre geortet und strategisch ausgelotet. Jetzt gilt es zu handeln, spontan oder geplant, politisch oder individual-anarchistisch. Hier erweist sich das souveräne Subjekt, das eingespielte Kollektiv. Die Situation ist kein langweiliger Standard, sie erfordert Geschick im Handeln und Weitblick bei der Datenerhebung. Aber sie ist im Prinzip intelligibel, dem Kenner bleibt nichts verborgen oder dunkel. Man kann sie überblicken, wenn man nur versteht, sich in die geeignete Beobachterposition zu bringen. Das blitzschnelle Überführen von Kontingenz in Bestimmtheit kennzeichnet das erfolgreiche Umgehen mit der Situation.

Die gleichnamige Bewegung nannte sich vielleicht auch deswegen so, weil sie für sich in Anspruch nahm, eben dies zu beherrschen. Im spektakulären Chaos der Bilder und Spiegelungen die Situationen zu erkennen, wäre ein linker heuristischer Anspruch im oben beschriebenen Sinne. Brian DePalma zeigt immer wieder Helden der Heuristik, Detektive, die in den postmodernsten und verspiegeltsten Räumen die Situation erkennen. Nicht uninteressant, daß dieser Anspruch in der Praxis zu unüberbrückbaren Konflikten zwischen Schreibern und Bildkünstlern führte.[19] Beide wollten schließlich auch Situation in etwas überführen, in Bild oder Text. Wer ersteres tat, hieß es, unterlag dem »Spektakel«, das ja gerade auf Bildern aufgebaut war; wer letzteres tat, erlag der Illusion eines alles schon sicher bannenden Drehbuchs der Geschichte. (Asger Jorns Idee von Malerei als einem Weg zu einer besseren – visuellen – Erkenntnis versus Guy Debords logozentrischem Hegelianismus.)

Die Umwandlung von Kontingenz in Situation beendet jedesmal eine atmosphärische Konstellation und macht aus ihr eine Situation, die man bearbeiten kann: Praxis. Die Situationisten brauchten aber den Aggregatzustand des Kontingenten, den wir Atmosphäre nennen, um die Situation überblicken zu können. Sie war der Rohstoff, aus dem man erst eine Situation gewinnen konnte. (Die irreversible Umwandlung von Atmosphäre in eine starre Situation ist dagegen die Praxis des Feindes, des ganz gewöhnlichen Urbanismus.) Ohne Atmosphäre wäre das Spektakel zu total gewesen. Daher gilt heute, wo diese bedroht ist, so viel Aufmerksamkeit ihrem Erhalt, ihrer Gewinnung und Entdeckung.[20]

Doch das geschieht heute kaum noch, um aus dem Schutz der Atmosphäre heraus zu operieren, weder heuristisch noch interventionistisch, sondern um sich ihrer Möglichkeit zu vergewissern. Wie geht Atmosphäre in den Städten von heute? Und da ist Berlin natürlich einerseits ein Musterbeispiel, weil nirgendwo soviel und brutal Atmosphäre-Wald abgeholzt und der industriellen Produktion von Geheimnislosigkeit zugeführt wird, aber andererseits sehr viele atmosphärische Ecken in einem ganz alten, anachronistischen Sinne noch vorhanden sind. Hier könnte man sehr viel lernen: über romantisch-anachronistische Reste in so vielen linken Epistemen; über die etwaigen Vorteile dieser Reste als Bestandteile neuer Moleküle; und schließlich über die Frage nach der Möglichkeit von Atmosphäre in einer ICE-3-Welt, deren vorläufige Beantwortung Kraftwerks »TransEuropExpress«, von Düsseldorf aus, Deutschlands erfolgreichster Hipness-Export-Artikel seit über 20 Jahren ist.

In der Pop-Musik entspricht die *Melodie* – jene berühmte britische Melodie des »perfect pop-song« – der Situation. Sie steht an der Schwelle von Erkenntnis und Handeln, von einer passiven, sinnvollen Beziehung zu einem aktiven Eingriff. Sie geht immer von hier nach da, legt einen Weg zurück. Und doch ist sie wiederholbar und abrufbar, anwendbar wie der Situationsbegriff. So wie die Situation immer eine Machtübernahme im kleinen einschließt, so steht die Melodie des Pop-Songs für eine Bewegung nach oben, ist *uplifting*. Wie die Situation könnte sie nach dem Ende der Hoffnung auf einen Weg nach oben obsolet geworden sein. Die meisten neuen Brit-Pop-Bands verhalten sich in genau demselben verlogenen bis nur unschuldig nostalgischen Sinne zu ihr, wie sich die diese Musik so liebenden sozialdemokratischen Politiker zu Sozialismus oder auch nur Sozialdemokratie verhalten.

Wie die Atmosphäre, der Zustand der Möglichkeit, die Voraussetzung für die Situation, so ist der *Groove*, das rhythmische

Geflecht – Backbeats, Synkopen, Funk – die Voraussetzung für die Melodie des Pop-Songs: Aus ihm erhebt sie sich. Die Melodie aber beschneidet, vereindeutigt den Groove, aktualisiert seine attraktiv endlose Virtualität, wie die Situation einen erhellenden Lichtkegel in die Atmosphäre wirft. Heute versucht man den Groove – mit immensen Erfolgen – zu verbessern, zu erweitern, zu verfeinern, zu diversifizieren. Im Groove sind alle Beziehungen immanent: Jeder Ton verweist auf seinen minimal differenten Vorgänger innerhalb des Tracks. Die Melodie ist transzendent: Sie kommt von woanders, nämlich von dort, wo ich sie das letzte Mal gehört habe. Ich verstehe sie nur als Melodie, wenn ich sie mindestens einmal vorher gehört habe. Daher ist sie immer mit früheren und anderen Orten verbunden. Sie verweist auf diesen Ort wie auf die Möglichkeit eines nächsten Mals, eines anderen Ortes. Die Immanenz des Grooves entspricht dagegen der Eingeschlossenheit in subkulturelle und psychologische Schutzräume, in eine Community, zeigt aber auch ihre gewachsene Feinheit, Zähigkeit, Differenziertheit. Der Groove hat es in der Welt der Musik ebenso schwer wie die Atmosphäre in der Stadt, ihre jeweilige Dimension des Potentiellen zu erhalten. Aber der Groove ist es auch, der in den namenlosen und oft auch utopisch als autorlos gedachten Musikformen von heute als letzte Bezeichnung eines Ursprungs den Namen einer Stadt einträgt. Alle großen anti-individualistischen Anti-Autor-Musiken heißen nach einer Stadt.

VI. Anti-Odysseus: Tendenzen, Verschwörungen, Theorien

Viele haben schon von der spezifisch linken zeitdiagnostischen Blindheit gesprochen. Diese hat natürlich einen Helden. Es handelt sich um den Odysseus der »Dialektik der Aufklärung«, der seiner Mannschaft die Ohren verstopft und sich an den Mast binden läßt, um nicht von den Pop-Songs der Sirenen verführt zu werden. Odysseus' List gegen den Sound der Welt, der zum Vergessen oder zum Verlust der Identität in ewiger Vergangenheit führt, ist allerdings keine positive, sondern *die* dialektische Figur. Mit ihr beginne die Dialektik der Aufklärung, so argumentiert das gleichnamige Traktat, in dem Sinne, daß der Mythos schon Aufklärung sei und Aufklärung immer wieder mythisch werde. Mythisch und aufklärerisch zugleich ist Pop-Musik in einem durchaus ähnlichen Sinne. Ihr zu vertrauen wäre genau so falsch, wie sich die Ohren zu verbinden.

Odysseus wollte nun wenigstens noch hören, was da los war, um dem Gehörten dann aber wider alle sinnliche Vernunft aus höheren Gründen nicht zu folgen. Er gleicht damit jenen linken Experten für Populärkultur, die in ihre Kritik der Kulturindustrie nie den Effekt der eigenen Fasziniertheit eintragen können, der sie aber doch überhaupt erst zu ihrem Gegenstand geführt hat. Die Nachfolger dieses Odysseus wollten aber oft nicht einmal mehr fasziniert sein. So wurde aus dem Ohrenzubinden tatsächlich das Urbild der mißglückten zeitdiagnostischen und zeitgenossenschaftlichen Heuristik der deutschen Nachkriegslinken.[21]

Die anderen wiederum, die irgendwann diesem Odysseus nicht mehr nacheifern wollten und sich unter Getöse von ihm emanzipierten, verfielen in diverse undialektische Kultur-Affirmationsposen und benahmen sich wie ungezogene Kinder der großen Frankfurter. Noch heute ist die eher nicht-adornitische Feuilleton-Welt von »FAZ« bis »taz« und ganz besonders bei den Stichwortgebern des »Merkur« begeistert von ihrer frechen, absichtlich unkritischen Gegnerschaft gegen den Alten. Wie auf der anderen Seite – etwa bei »FR« und »Zeit« – den Gegnern von Kabelfernsehen und Talk-Shows, auch und gerade von rechter oder konservativer Seite, immer wieder nichts anderes einfällt, als an die alte Kulturindustrie-These zu erinnern.

Anti-Odysseus reist jenseits von diesem Gegensatz. Dennoch steckt er mittendrin und mußte deswegen ein Unterscheidungsvermögen entwickeln, das hilft, zwischen den guten und bösen, langweiligen und unterhaltsamen Gesängen dieser und anderer Sirenen zu differenzieren. Er weiß, was los ist, aber er kann dieses Wissen nicht anschließen, nicht mit denen diskutieren, die noch immer von Odysseus kommen. Denn sie sind nicht nur taub, sondern auch noch an den Mast gebunden. Und mit den anderen, die sich zwar nicht mehr die Ohren zuhalten, aber gar nichts anderes mehr als den Gesang der Sirenen hören können und Kritik nur noch schmähen, wenn sie sie nicht längst vergessen haben, geht es auch nicht.

Odysseische ebenso wie anti-odysseische Linke leben also in verschiedenen (Lebens-)Welten und können sich nur mühsam über Abstraktionen und Theorien verständigen. In dieser Lage verschwindet die Welt ein zweites Mal, wenn nämlich keine Öffentlichkeit da ist, sich über sie auszutauschen. An ihre Stelle tritt die *Verschwörung* – das wäre die Hypothese, daß alles, was ich sehe und nicht verstehe, miteinander zusammenhängt, oder die *Tendenz* – das wäre die These, daß alles, was ich zwar als neu erkennen, aber nicht bewerten und einsortieren kann, nicht zusammenhängt, aber sich schon bald mit sich selbst zu einem Faktum addiert haben wird.[22]

Solange ich mit anderen Linken, also Leuten, die zwar meine politischen Grundvorstellungen teilen, sonst nur über Abstraktionen von diesen Grundwerten, angewandt auf Abstraktionen von sozialen und kulturellen Daten, diskutieren kann, über die keine Einigkeit besteht, kann man's vergessen. Oder es kommt zu den schon erwähnten spiralistischen Strategiedebatten ohne politisches Fleisch. Da bieten dann Zusammenschlüsse unter Pop- und Stadt-Voraussetzungen wenigstens den Vorteil, daß man sich – nun allerdings außerhalb irgendwelcher grundsätzlichen Einigkeit in der Welt der Ideen – wenigstens über Schallplatten, U-Bahnhöfe, Plätze und Alleen als Gegenstand der Erfahrung einigen kann.

Es gibt aber für beide Seiten – begriffslose Realitätsfanatiker wie gegenwartsblinde Abstraktionslinke – keine andere Wahl, als miteinander zu verhandeln. Nur wer ohne Datenerhebung, nur aufgrund fertiger philosophischer Systeme schon weiß, wo es langgeht, ist nicht gezwungen, den letzten verbliebenen Spuren einer Artikulation der Leute, also der Pop-Kultur seine Aufmerksamkeit zu schenken. Diese nur um ihrer selbst willen zu feiern, trägt bestenfalls zur dekorativen Verdichtung der Welt bei, nicht zu ihrem Verständnis. Der junge Mann, der neulich schrieb, Globalisierung und Warenform stellten ihn vor eine politisch ausweglose Situation, da wolle er aber wenigstens in seiner linksradikalen Begriffswelt richtig denken, vollzieht indessen endgültig die Rolle rückwärts der deutschen Linksradikalen zum deutschen Idealismus. Raus aus der Verwirklichung, der Veränderung, rein in die Interpretation, die Idee.

Vier Theorien waren in den Kreisen der sogenannten *Pop-Linken* – einer Schnittmenge aus besserwisserischer Bohème, Anti-Odysseus, verstreuten ganz neuen Linken, several party people – während der 90er im Einsatz, um ein bißchen Abhilfe von diesen wechselseitig einander verkennenden Blindheiten zu schaffen. Dabei handelte es sich um auf Gegenwartskultur und Pop angewandte Thesen aus den Werken von Althusser, Bourdieu, Deleuze und de Certeau. Mit ihnen suchte man einen Weg aus der falschen Alternative von Kulturpessimismus und Status-Quo-Affirmation.

Der von dem strukturalistischen Marxisten Louis Althusser übernommene Begriff der *Ideologischen Staats Apparate* schien in einer Zeit vielversprechend, wo man – wie vor allem in der ersten Hälfte der 90er – den Umschlag im Kampf um kulturelle Hegemonie mit bloßen Händen greifen konnte. Diese Ideologischen Staats Apparate (ISA) konstituieren, so Althusser, die Subjekte auf ideologische Weise ebenso wie sie die Arenen darstellen, auf denen gesellschaftliche Auseinandersetzungen, Klassenkämpfe stattfinden. Das waren zu Althussers Zeiten – er entwickelte seine Thesen um 1970 – Kirche, Gewerkschaften, Justiz und vor allem Schule und Ausbildungsinstitutionen. Nur am Rande kommt ein Kommunikations-ISA vor. Die neue Hausse des Pop-Begriffs könnte auf Pop-Kultur als einen ISA verweisen, der die Einfluß-Verluste der anderen ISAs, postfordistischen und postindustriellen Verhältnissen entsprechend übernimmt. Keine Frage, daß von Pop-Kultur ideologische Kontrollformen ausgehen – Spaß, Fitness, Selbstkontrolle. Doch müßte die neuartige Art, wie im Pop-Universum Werte in die Welt gesetzt, korrigiert werden und zuweilen auch im Sinne der Interessen der unterworfenen Subjekte zur Geltung kommen, berücksichtigt werden. Darüber hinaus müßte diese Berücksichtigung den zuweilen abenteuerlichen Ideologie-Begriff Althussers selbst – es gibt im Prinzip nur Ideologie oder Wissenschaft – tangieren und dazu beitragen, Althussers Determinismus zu revidieren.

Ebenfalls anregend und in der intellektuellen Pop-Kritik dieser Tage enorm populär, wenn auch nur begrenzt einsetzbar, ist der Versuch, Pierre Bourdieus leider ebenfalls schon knapp 30 Jahre alte Soziologie des Geschmacks auf heutige Tendenzen zu übertragen. Bourdieus Bild eines Klassen- und Konkurrenzkampfes, der über kulturelle Präferenzen und klassenspezifisch habituelle, ästhetische Dispositionen ausgetragen wird, trifft sicherlich einige Formen der Inklusions/Exklusions-Logik, stellt sich aber die Verhältnisse unter postfordistischen, freizeitgesellschaftlichen Bedingungen zu vertikal hierarchisch vor. Ob tatsächlich jedes horizontale Manöver (Differenzierungen der Szenen, Geschmackssubkulturen etc.) in letzter Instanz auf ein Ziel in der vertikalen Hierarchie

(Karriere, Macht) hin gerichtet ist, kann man diskutieren. Auffällig an den neuen Ausdifferenzierungen ist mindestens aber auch eine immense horizontale Breite. Die Bourdieu-Rezeption hat darüber hinaus zu einer weiteren, strukturell mit der Verschwörungstheorie und dem Tendenzismus vergleichbaren Erscheinung geführt, der Unterstellung nämlich, jeder Schritt, jedes Manöver, jedes Argument, sein Parfüm und die Frisur meines Gegenübers seien nichts als Mittel zum Zweck der Vorteilsverschaffung. Die Individuen seien quasi vorgängig über ihre objektiven Ziele im Konkurrenzkampf determiniert, sie führen immer etwas im Schilde.

Auch die von Gilles Deleuze getroffene Unterscheidung zwischen Kontroll- und Disziplinargesellschaften – vor allem von Holert/Terkessidis[23] reformuliert – wirkte zeitweilig produktiv. War die Pop-Kultur früher noch ein Kind des Widerstandes gegen die alten, fordistisch produzierenden Disziplinargesellschaften, so arbeitet sie heute, mit all ihren ausdifferenzierten Angeboten, u. a. Gemeinschaften für Individualisierte zu stiften, den Verhältnissen zu. In diesen Gemeinschaften und über neue »Techniken des Selbst« und der Verfeinerung entwickeln die Individuen »freiwillig« jene Persönlichkeiten und Charaktereigenschaften als Kultur, die für die von Symbol- und Stimulanzproduktion immer mehr bestimmte, flexibilisiert und »lean« produzierende Wirtschaft im Inneren der ersten Welt vonnöten sind. Gleichzeitig werden aber auch die Unerwünschten (MigrantInnen, zuweilen Jugendliche etc.) über ihre Kultur identifizierbar und kontrollierbar. Heutige Pop-Kultur stellt mit ihren vielen, kleinen, sich überlagernden und ständig beweglichen, kulturell codierten Soziotopen ein ideales Reservoir an Reserve-Stigmata zur Verfügung, die sich flexibel zu Ausschluß-Zwecken ebenso einsetzen lassen wie zur Selbstdisziplin garantierenden »Selbstverwirklichung« von den neuen Kreativen und Flexiblen im Extremsport oder im Meditationscamp.

Der Nachteil dieses Ansatzes ist seine Tendenz zur Totalisierung. Man kann damit im Prinzip jede »Technik des Selbst« auf ihre selbstkontrollierende und damit unterwerfende Funktion verkürzen und jede Rezeption von marginaler und marginalisierter Kultur als detektivischen Versuch, kulturelle Stigmata zu ermitteln, denunzieren. Tatsächlich sind Techniken des Selbst mitunter sehr geil, die neuen Selbstkontroll- und Beobachtungsmöglichkeiten bergen Genußmöglichkeiten, die unabhängig von einer berechenbaren Funktion bleiben können. Und wenn man die Kritik an selbstbestimmenden und selbsterfahrenden Techniken so in Bausch und Bogen auf eine zugespitzte kulturelle und politische Ruhigstell-Funktion hinführt, kann man, zu Ende gedacht, auch (notwendige) Elemente des Feminismus und andere Formen der *gender und sexual politics* miteinschließen.

Umgekehrt könnte auch die These von Michel de Certeau, Konsumenten seien alles andere als passiv, die Praxis der Zeitgenossen angemessen treffen. In seiner »Kunst des Handelns« beschreibt er den Konsum als aktive kulturelle, produktive und in gewissen Sinne auch politische Praxis der Beherrschten und nimmt darin vieles vom Erfindungsreichtum und generell den besseren Seiten von Pop-Kultur vorweg. Diesmal besteht der Nachteil des Ansatzes in seiner Tendenz zur Anthropologisierung: Pop-Kultur wäre für de Certeau nicht als neues Phänomen interessant gewesen, sondern als Beleg für die These, daß Beherrschte immer schon Mittel und Wege gefunden hätten, sich listenreich und mit eigener Kultur gegen Herrschende zur Wehr zu setzen. Diese Mittel und Wege haben eine gewisse ahistorische Statik. Sie erscheinen wie eine physikalische Funktion von Macht, ähnlich wie in Foucaults Modell von Macht und Gegenmacht. Wozu dann noch Politik und Kampf um Umgestaltung?

Man sieht, daß all diese Ansätze, die ich hier nur sehr andeutungsweise darstellen kann und die auch verschiedene Texte in diesem Buch teilweise prägen, an eine jeweilige Grenze stoßen. Sie sind geprägt von der Vereinsamung in der Abstraktion. Zumindest in ihrer Auslegung in den Diskussionen der 90er waren sie alle auch von dem Interesse geprägt, die politische Relevanz von Kultur und Ideologie und die ästhetisch-kulturelle Dimension von Politik nachzuweisen. Sie fungierten als Legitimationsdiskurse von »Kulturlinken« und »(Sub-) Cultural Studies«.

Doch sollte dies mittlerweile selbstverständlich sein: Politik ist ohne eine ästhetische Artikulations- und Darstellungsebene, die für Hegemoniebildung und Durchführbarkeit von Politik entscheidend ist, undenkbar. Und es gibt kein kulturelles Produkt, kein Kunstwerk und keine Mode, die nicht in vielfältiger, oft widersprüchlicher und paradoxer Weise in diese Prozesse verwickelt sind. Den aktuellen Theorien, die ja auch den Anspruch haben sollten, Theorien des Aktuellen zu sein, diesen Anspruch immer wieder aufzubürden, quasi als Bringschuld gegenüber konventionelleren politischen Orientierungen dieses Verhältnis grundsätzlich darzustellen, statt sich der Kritik und der Beobachtung seiner aktuellen Fälle zu widmen, ist ein Erbe einer unnötigen oder zumindest doch obsolet gewordenen Auseinandersetzung mit einer eigentlich längst vergessenen linken Orthodoxie, die allerdings aus vielen Gründen in den 90ern noch einmal attraktiv werden konnte.

Jetzt könnte es vielmehr auch darum gehen, jenseits der genannten Selbstverständlichkeiten eines »kulturlinken« oder Cultural-Studies-Ansatzes, Kultur und Politik partiell zu entkoppeln, um die entsprechenden neuen Erfahrungen zu machen und Daten zu erheben. Wie funktioniert Pop-Musik wirklich – semiotisch, musikalisch, visuell, literarisch und auch, aber nicht in erster Linie, soziologisch –, wie die neuen politischen Prozesse jenseits der primitiven Gewißheit, daß »the good guys lost« (L. Cohen). Was sind die eigenen Inhalte, und wie kann ich sie in einer Sprache formulieren, die jenseits von Strategie-Bedenken und Medienpolitik, sich an alle richtet, Verhandlungen führt und Konflikte austrägt? Viele der produktivsten Momente in den 90ern blieben Momente, konnten nicht weitergeführt, nicht angeschlossen werden. Erfahrungen blieben ungenutzt, bis nur ihre Form als reine Erfahrung um ihrer selbst willen übrig blieb – und dies schließlich normal wurde.

Der Anfang jeder falschen Heuristik ist es indes, irgendeinen Sinn auf Dauer auszusperren – auch den einer solchen, bloß aufs Private gerichteten, »leeren« Erfahrung. Autistisch ist es demgegenüber, nur alles aufzusperren, ohne einen pragmatischen Begriff davon, wo wir sind und was hier eigentlich los ist.

Ein blinder Fleck meines Diskurses ist nun aber, daß ich zuweilen voraussetze, daß erstens Einsamkeit auf jeden Fall falsch ist und zweitens die jeweils politisch oder ästhetisch richtige Lösung auch die ist, die mich – im weitesten Sinne – auch unterhält, die mir interessant erscheint. In letzter Instanz kritisiere ich Einfallslosigkeit und Häßlichkeit. Und wenn ich etwas gegen Spaß habe, dann meistens nur, daß mir dieser spezielle Spaß schon keinen Spaß mehr macht, mich langweilt. Dafür, daß diese Prämissen richtig sind, habe ich keine Beweise. Ich habe sogar viele Fälle beschrieben, wo die Ineinssetzung der unterhaltsam-abenteuerlichen mit der politisch richtigen Lösung ein schwerer Fehler war. Und vielleicht kann ja auch eine, womöglich vorübergehende, Isolation biographisch in Bewegung bringen, was sozial ins Stocken geriet?

Denn was heißt es, wenn Jonathan Richman sagt, daß die Straßen uns beim Weinen helfen, wenn wir nachts allein sind? Nun, nur die Straße, die für das Zusammentreffen von vielen gemacht worden ist, kann mich daran erinnern, daß die, für die sie gemacht sind, nicht da sind. Und das heißt, daß mir deren Unterhaltung entgeht. Das Schlimme am Alleinsein ist ja die Langeweile. So daß ich, wenn ich wegen meiner Einsamkeit heulen muß auf der Straße, dies ein Anfang wäre, wenigstens zu erkennen, in welcher Weise man einsam ist oder was einen daran stört; wie nicht allein oder einsam sein zu wollen und nicht gelangweilt werden zu wollen auf dasselbe hinausläuft. Darum geht's.

Oder man erkennt, daß man zwar einsam und alleine gerade nicht ist, aber sich vielleicht sogar wünscht, für sich zu sein. Man hat die vielen anderen im Blick und kann sie dennoch leicht abschütteln. Gerade auf der Straße und in der besonderen Einsamkeit, die sie als Unterbrechung einer oft erzwungenen, falschen Kollektivität auch zu bieten hat, kann man vielleicht lernen, von sich ausgehend die freiwillige Kollektivität zeitgemäßer und zeitgenössischer Einzelner neu zu denken.

1998

2. Der Sound …

Ein Disco-Bauhaus – Erinnerung an Bernard Edwards

Der bekannteste Baßlauf aller Zeiten. Möglicherweise ein Baßlauf, der nicht nur bekannt ist, sondern Beginn und Ende aller möglichen Produktionsweisen von Musik markiert. Wie dem auch immer sei: Sein Urheber – auch wenn Autorschaft im nachhinein gerade durch die Verwender und Erben dieses Baßlaufs einen andern Status erhielt – ist tot. Bernard Edwards starb 43jährig völlig überraschend 1996 in einem Hotelzimmer in Tokio.

Chic, deren eine Hälfte Edwards war, haben Musik wie Architektur, wie etwas Bewohnbares, Benutzbares, Gestaltbares behandelt – ohne deren Fluß wirklich erstarren zu lassen – und damit für die heute natürlich weitaus radikaler vorgehende Dancefloor- und Ambient-Ästhetik gegen Narrativität und Inhaltlichkeit den Boden bereitet. Chic wurden von der Rock-Seite als angepaßte und Lifestyle-Musik verabscheut, von der anderen Seite als transgressive Hedonisten und Auflöser von macho-subjektivistischer Sinn-Musik verstanden. Heute muß man wohl vor allem betonen, daß es ihnen überhaupt gelungen ist, individualistisch und expressiv geprägte Pop-Musik als wohnlich, als über Repetition, Klangfarben, »Sound-Design« funktionsfähig, als transsubjektiv und struktural zu etablieren.

Dabei gibt es die konkreten Wirkungen und Zeugen an ihrem Wegesrand natürlich auch: Als sie die ersten beiden Chic- und Sister-Sledge-Alben mit der bis dato erhabensten, offensten, Himmel und Horizonte aufreißendsten Tanzmusik vorstellten – Chic war die eigene Band, Sister Sledge die mit Kompositionen und Produktion versorgte fremde Gruppe (die später zu ihrem Schaden mit anderen arbeitete) –, war das gleichzeitig die Geburtsstunde des Markenbewußtseins: Zur Designer-Namen-Hommage in »He's The Greatest Dancer« (»Halston! Gucci! Fiorucci!«) schrieen Millionen von Poppern, aber auch Transen und Proto-Voguern aus einer Kehle: »Fiorucci!«

Mit der dritten LP, »Good Times« (1979), und ihrem Titelsong kam der bekannteste Baßlauf aller Zeiten auf die Welt. Überhaupt, was für ein Ereignis: ein Baßlauf, der als solcher Prominenz erreicht! Es brauchte ein weiteres Jahrzehnt, bis das in der fragmentierten Sample-Welt von heute, wo Millionen gelernt haben, in Takten, Figuren, Morphemen und anderen kleineren, oft auch nichtsprachähnlichen Einheiten zu denken, gang und gäbe wurde.

Der Baßlauf am Grunde von »Good Times« fand zunächst Verwendung in dem ersten Rap-Hit aller Zeiten, »Rapper's Delight« von der Sugarhill Gang, im ersten auf Schallplatte festgehaltenen »Megamix« und überhaupt Dokument von DJ-Kunst, nämlich in Grandmaster Flashs »The Adventures of Grandmaster Flash on the Wheels of Steel« und wurde schließlich auch von Queen für »Another One Bites the Dust« leicht abgewandelt geklaut.

Zehn Jahre später saß ich mal mit einigen Leuten für ein Kunstprojekt in einem Studio. Wir sampelten, spaßeshalber, dieses Vorbild aller Samples, jenen Baßlauf eben, und bauten ein Stück drumherum. Wir hatten den freistehenden Baßlauf natürlich aus dem Intro entnommen. Dann ging das Sample verloren, und wir holten uns denselben Baßlauf aus einem freistehenden Teil im hinteren Teil des Stücks (aus lässiger Rückspul-Faulheit), schon davon ausgehend, daß der unmöglich in unser schon fertiges Arrangement passen würde. Jedoch: Der Lauf war auf die Nanosekunde gleich lang. Das muß man sich vorstellen, acht Minuten später spiele ich einen komplexen Baßlauf auf die Nanosekunde gleich schnell. Das widersprach jedem Unzulänglichkeits- und Menschlichkeitsideal von Musikern, obwohl es doch eigentlich nur bewies, daß, wenn ein Mensch die innere und äußere Freiheit besitzt, besonders abstrakt und relaxt zu grooven, dieser eben präziser wird als eine Maschine.

Edwards sah immer ziemlich glücklich aus bei der Ausführung seiner sehr perfekten Musik. Ihr Höhepunkt – künstlerisch wie kommerziell – war wahrscheinlich die Produktion und Komposition von Diana Ross'»Diana« mit u.a. »Upside Down« – »upside down you turnin me, you're doing that distinctively«. Wohl wahr. Very distinctively. Projekte seines Kumpels Nile Rodgers nahmen während der 80er zu, von ihm selbst hörte man weniger, obwohl er solo nach meinem Dafürhalten besser war. Beide erreichten den Standard der ersten vier Chic, der ersten beiden Sister Sledge und der »Diana« nie wieder. Auch nicht mit Bowie, Debbie Harry, diversen Chic-Reunions und anderen Projekten. Sie verloren nicht ihre Entspanntheit und ihre Eleganz, aber sie hatten irgendwann aufgehört, die »Chic Organization« zu sein, so was wie das Bauhaus, die Ulmer Gestaltung oder Bang & Olufsen, ein wider alle Logik und wider besseres Wissen funktionierender Funktionalismus, eine nichtrepressive Subjektüberwindung, eine Plattenbausiedlung oder Trabantenstadt von Gucci und Fiorucci. These were the Good Times.
1996

House 95

Problem

Alles ist anders, und alles ist dasselbe. Die Welt vor elektronischer Tanzmusik und die Welt danach unterscheiden sich so massiv wie die Welt vor und nach den Beatles (und doch hört sich ein Bericht über Clubs in London formal so an wie 1983:

Dienstags geht man ins X, das ist im Y, wo sonntags das Z stattfindet). Ein fassungsloser Autor einer seinerzeit angesagten medienkritischen Zeitschrift, der »Filmkritik«, dibbert mit einem schnell gefaßten Kollegen darüber, ob Ornette Colemans Drummer Billy Higgins oder Ringo Starr besser ist. So was hat es damals tatsächlich gegeben. Es ist nicht ganz derselbe Konflikt wie der zwischen Tanzmusik und Zimmermusik, zwischen physisch-manueller und digitaler Produktion, aber manche dieser Debatten, die heute geführt werden, meist unterschwellig, werden uns bald so absurd erscheinen wie der Versuch, diese beiden Menschen über das unpassende *tertium comparationis* »Drummer« zu vergleichen. Die massiven, Untergründe, Hauptströme, Minder- und Mehrheiten ergreifenden Umwälzungen seit den Triumphen der elektronischen Tanzmusik, also seit knapp zehn Jahren, haben auch die Verteilung des kulturellen Kapitals in der Welt der Interpreten und Händler erfaßt und Machtkämpfe entfesselt, die um so verbissener geführt werden, desto kleiner die Kuchenstücke sind, um die es geht. Die Panik des Jazz-Fans angesichts der Beatles wiederholt sich bei Hippies angesichts von Punk, bei Alternativ-Kultur wg. Popism, bei Independent-Rock gegenüber Dance, unterscheidet sich aber auch wenig von der Unzugänglichkeits- und Elitismus-Verschärfung, die an Universitäten immer dann zu beobachten war, wenn neue Massen oder neue Sorten Studierender auftauchten. Dem gegenüber stehen Leute, die ihre Investitionen über einige Zeit und einige Umwertungen hinweg stabil halten und im richtigen Moment reinvestieren können.

Popism und Danceism in ihren Epochen

Popism (1982 ff.) war eine wortlastige, narrative, mythenverliebte Bewegung, Danceism (88 ff.) ist eher sprachlos und physisch orientiert, teilt aber mit Popism einige Gegner (Rock, Machos, Authentizismus, Heterosexismus, »Altlinke«), Werte (Party, Style, Hipness, Eleganz, Leichtlebigkeit) und Szenen

(»visuell orientierte« Leute, apolitische Typen, andererseits Style-Ideologen, mehr Frauen – zumindest im Publikum, weniger bei den Machern –, schwule Männer, Großstädter, jeunesse dorée). Es war also möglich, die Aktien rüberzuschieben. In dem Maße, in dem Tanzmusik sich auch mit klassischen politischen Subjekten oder polit-verdächtigen Szenen und Themen einließ, war es auch für Indie- und HC-Typen leichter, Kapital und Kompetenz zu konvertieren (besonders immer dann, wenn Reggae- oder HipHop-Formen im Spiel waren). Dann kamen Raves, Massenkultur, Maydays, Techno, großes Geld und Charts und das Versprechen/die Drohung einer Inklusion, die alle Wechselkurse und Aktien crashen lassen würde. In dieser Situation haben alle ein Problem, die weder »ausverkaufen« noch – popistisch geschult – in die alte Underground-Arroganz progressiver Popmusiken verfallen wollen.

Lösungen

Das Whirlpool-Album* beginnt mit einer engen, leicht spröde-abweisenden, leicht edel-elitären, sehr schönen Streichermusik (zwischen Michael Nyman und Moonshake), die sich plötzlich wie eine Tür öffnet, um durch ein fulminantes, schätzungsweise Barry-White- oder Gamble/Huff-Sample einen weiten, sofortige Befriedigung versprechenden Innenraum zu zeigen, das Paradies der Club-Ideologie, der aber nicht nur weit genug erscheint, um allen Platz zu bieten. Sie zelebriert ein offen-leeres, nur mit physischen Reizen gefülltes Anderssein, das sich eben nicht durch irgendwas Externes (Sprache, Haltung, Ränge, Beziehungen) rechtfertigen muß. Neutral geil: wie das Metall, aus dem der Schmuck gemacht ist, keine Präferenzen für bestimmte Körper- oder -Stellen kennt. Alle Körper sind eingeladen.

---

* Whirlpool Productions, »Brian DePalma«, Ladomat 1995

Intimschmuck?

Doch die Lösung dieses noch gar nicht richtig beschriebenen Problems der Ein- und Ausschlüsse führt die Musik nicht einfach über ein paar attraktive Analogien zu ein paar mysteriösen Metaphern herbei. Ich habe nach dem ersten »Brian DePalma«-Hören »The Big Shorty Rogers Express« von Shorty Rogers and his Giants aufgelegt: aus einer anderen Zeit (50er) und einem anderen Ort (LA) genau derselbe universelle, mitreißende Baß, der ungeduldig eine träge Zeit durchquert und eine Tür aufstoßen will. Wir haben es mit Grundsubstanzen von Musik, die wir lieben, zu tun, und wir sollten uns nicht schämen, sie nicht nur aus strategischen Gründen nicht benennen zu wollen, nicht imstande zu sein, dem Moment einen Namen zu geben, wo jeder willkommen ist und gerade dadurch die unversöhnlichste Differenz zu einer falschen Welt zur Sprache gebracht wird. Letztlich ist schon ein Versprechen exzessiver Körperlichkeit mehr, als übliche westliche kapitalistische Wesen ertragen können (ohne Rituale). Selbstverständlich folgt auf Versprechen und Genuß ein Rückzieher, natürlich klappt das alles nicht, aber egal.

Wir, die wir …

Immerzu spürt man zu Recht das Gefühl, die allzu flagranten Fehler und die Folter der Fälschungen beenden oder ausschließen zu wollen. Die Träger dieser Verfälschungen sind Menschen, die einem auf den Sack gehen. Wenn man sich über das eigene Problem nicht im klaren ist, will man nicht nur die falschen Leute ausschließen, sondern macht den generellen Fehler, die Leute, nicht die in ihren Reden und Körpern zum Ausdruck gebrachten Verhältnisse zu negieren. Ein einziger Ton Ornette Colemans reicht aus, um ihn, den Ornette, weißt Du, zu erkennen, drückt eine Freundlichkeit aus, die so viele, die freundlich sein wollten, nicht aufbringen konnten. Whirlpool haben viele winzige (und einige größere) Elemente in ihre aus lauter rhythmischen Perioden bestehenden Nummern hineingesampelt, die fast alle in dieser enormen Integrität eines Coleman-Altsaxophon-Tones aufrichtig von sich erzählen, vollkommen in ihrem Glanz und ihrer Würde erhalten bleiben, ohne zum Ornament oder zur Hip-Legitimation abzusacken. Überaus erquickend ist der stete Wechsel zwischen – oder die Koexistenz von – humanoid (soulful, jazzy, blue notes) und technoid codierten Mustern.

... konnten selber ...

Der merkwürdig verwirrt-gestörte Narzißmus in so vielen Texten zu geliebter Musik hat mit der Verwechslung der allerdings leicht zu verwechselnden Territorien des Gefühls und des Rechts zu tun. Ein geiles Gefühl bewegt sich immer auf dem Plateau einer grenzenlosen Rechtmäßigkeit. Es wird noch größer, wenn es noch an den Moment erinnert, als man sich dieses Recht zum ersten Mal nahm, against all odds. Das Gefühl erstirbt, wenn es sich verteidigen will oder muß.

Hipness und Differenz

Es wäre vielleicht an der Zeit, trotz allem 1995 mal wieder für Differenz zu sprechen, gerade weil ich hier der Inklusion das Wort rede. Ich rede der Inklusion das Wort, weil es ein Irrtum ist, auf das Problem, vereinnahmt werden zu können (durch Warenästhetik, Plattenfirmen, die eichne Bleedheid, andrer Leute Blödheit, egal) zu reagieren, indem man die gewendete Gegengeste anwendet. Eine falsche Tür geht auf, und ich mache die richtige Tür zu: so nicht. Differenz war ein Kampfbegriff derjenigen, die auch als historische Subjekte ihren Teil vom großen Brotlaib der Spielfilminszenierung Geschichte sich schneiden wollten. Das war utopisch, und geschenkt gab es dafür nur ein paar Brosamen aktueller Verhältnisse, wo man als Differenz ein nützlicher Idiot in Segregierungsplänen sein durfte. Du bist also anders? Prima, du darfst. Ich denke aber, daß diese Diskreditierung der Differenz nur vorübergehend bleiben wird. Daß sie in die Pläne Rechter (Ethnopluralismus) und Konservativer (Fortbestehenlassen und Naturalisieren aller möglichen vorhandenen Segregationen) paßte, lag nur daran, daß niemand gesagt hatte, wovon Differenz unterscheidet: jeweils vom jeweils Nächstbesten? Von allem? Vom Ganzen? Vom selben oder vom anderen? Differenz müßte (und war es auch ursprünglich in den 70ern) der Name einer Strategie sein, sich vom immer schon zweiteiligen System aus Zwangstrennung und Zwangsidentifikation zu unterscheiden. Hier haben mir immer Kunstformen gefallen, die aus unversöhnlichen Teilen bestanden, wie Text und Musik. Aus dieser Unversöhntheit entstand eine Haltung, die hieß Hipness und ist im Laufe der Zeit blind geworden (unter anderem für sich selbst). Leeres Andershandeln (ohne Hipness) ist immer noch das zweitbeste gegen global-einheitlich-falsche Verhältnisse. Gold wird gerade nicht vergeben. Viele bauen sich heute ihre Differenzmaschinen nur noch aus anderer Musik und anderem Text.

»Brian DePalma«

Es geht aber auch anders: Der Name der Whirlpool-Platte »Brian DePalma« könnte auf Räumlichkeit und Vielschichtigkeit verweisen, den beiden Domänen des gleichnamigen Meisters. Von beidem hat die Platte im strengen Sinne nicht viel: Eher hat sie ein Paradigma, das wie der Song oder die räumliche Darstellung oder der Groove irre viel aufnehmen kann, ohne daß dessen Eigenlogik Schaden nimmt. (Justus Köhncke nennt dieses Paradigma »die Leinwand«, Hans Nieswandt ergänzt, es sei »House, aber nicht als Jugendbewegung, sondern als ein Tempo, auf das man sich einigen kann und das irre viel aufnehmen kann«). Dieses musikalische Paradigma besteht aus einerseits den üblichen, leicht erweiterten Tanzbeats (ist insofern noch nichts Neues, zeigt aber neue Wege, das schon Vorhandene zu nutzen), und andererseits einer Kohärenz der Freundlichkeit: Die Bereitschaft, »auf den Hörer zuzugehen« (Schleswig-Holstein Musikfestival), erscheint verläßlich über die Platte verteilt und von innerer Logik bestimmt. Die gelegentlich auftauchenden, fast dummen Witze (Außenweltzitate) bleiben undumm, indem sie einfach nur nett sind. Die rasant-progressistischen Tracks (die Sebi Zabel an Neu nicht zu Unrecht haben denken lassen) laden aber auch zu einer anderen, organischen Deutung ein: Durch sie bleibt noch ein anderer Außenbezug der Platte klar, eine Art bedrohliche Kälte der Geschichte. Das bringt uns noch enger zusammen. Aber wir wissen jetzt auch, warum.

Erlebnisse, die sich nicht als Kriege erinnern lassen

Von Hans und Justus weiß man, eher als von Eric, daß sie in Hipness *und* Popism investiert hatten. Ich hatte immer Probleme mit dem popistischen Anteil an Dance, weil er mir nicht aus der Geschichte des Popism und seinen Niederlagen – die mittleren 80er, Eurhythmics, Britpop – gelernt zu haben scheint. Umgekehrt könnte man mir vorwerfen, aus diesem Scheitern nur die Konsequenz gezogen zu haben, mich an den verglimmenden Feuern vorangegangener Modelle (Song, Punk, Jazz, Politik) zu wärmen. So sehr ich dies bestreiten würde, so sehr kann man doch beiden Positionen vorwerfen, sie seien in ihrer Strategizität locker an einigen zeitgenössischen Phänomenen vorbeigerauscht. Ich hatte zwar noch nie Spaß daran, vom allerersten Moment an bei einer Bewegung dabei zu sein (weil ich meine literarische Absicherung in Form von eigenen oder fremden Regieanweisungen brauche, bevor ich eine Szene genießen kann), aber das Dabeiseinkönnen braucht natürlich die ganze Utopiefähigkeit. Diese Fähigkeit ist auch der Rohstoff von Hipness in ihrer alten, klassisch-schönen Funktion als Differenzmaschine. Sie stellt eine Differenz dar, auf die man stolz sein darf, weil sie die Fähigkeit zur vollständigen Negation in einem utopischen Moment, als menschliches Potential darstellt. Der Stolz, bei etwas dabeigewesen zu sein, ist gleichzeitig aber schon der Kern des Untergangs jeden politischen Denkens: Wer etwas erlebt hat, glaubt in der Regel, das Erlebnis sei aussagekräftiger als intellektuell erschließbare Zusammenhänge. Hipness ist also eine gefährliche, gleichzeitig potentiell funktionstüchtige, wunderbar formschöne Differenzmaschine. Heute ist sie als solche untergegangen. Hipness produziert immerzu dieselbe Struktur. Clubs, ihre Parteilokale, die immergleiche Sozialität. Dabei wäre eine Differenzmaschine, so wie sie heute gebraucht wird, welche die gigantischen Inklusionsbewegungen, die Techno und Rave verursacht haben, mitbedenkt, unbedingt nötig. Weder der Zigarettenindustrie klein beigeben noch diese gigantischen Energieströme auf der anderen Seite der Differenz die Teppichböden der Trübtassigkeit durchfeuchten lassen! Von der Whirlpool-Platte geht einerseits das Signal aus, daß jetzt auch Collectionen von Dance-Stücken in Alben ausgegeben werden (es ist ja nicht das erste Beispiel), und andererseits sophisticatede, Album-orientierte Tanzmusik immer noch ihre Kicks von inklusionistischen Ideen bezieht. Wenn die Differenz zum alles regulierenden segregationistischen Prinzip die totale Inklusion wäre, dann wäre Differenz endlich da angekommen und aufgehoben, wo wir sie haben wollten, in einer Bewegung gegen das Bestehende, die sich nicht mit erträglichen Distanzen zu unerträglichen Menschen und Fakten im Vorläufigen zufrieden gibt. Dann könnte sogar das Kleinbürgerkind, das seinen ganzen Stolz auf sein natürlich unmögliches Anderssein begründet, für eine Weile sein Bedürfnis befriedigen, indem es alle von Abschiebung Verfolgten in seinen Plüsch-Clubs unterbringt. Sisters and Brothers. Ich halte Whirlpool zugute, daß sie, obwohl sie alle einseitig dem Uplifting-Aspekt von Musik zuneigen (der ja auch dringend Stärkung benötigt), keine

Hymnen geschrieben haben. Ihre Platte klingt eher angemessen befreiend und angemessen frei: Nur so kommt man wirklich dahin, wo nicht wieder nur Erlebnisse entstehen, die eines Tages wieder nur als Ersatz für Kriegserinnerungen erzählt werden.

Archiv und Körper

»I don't want no retrospective« (Ed Ruscha). Hipness, die Easy-Listening-Retros hervorbringt, ist diese rein formale Wiederholung einer Struktur, ein sinnentleertes Schauspiel, das ein immer größeres und immer zugänglicheres Archiv (eine an sich ganz besonders feine Sache!) in nächster Zeit immer häufiger und immer leerer neu hervorbringen wird, so wie sich ein voller Darm auch dann noch gelegentlich entleert, wenn die anderen Körperfunktionen erloschen sind (jedenfalls bei der, dem Konsumisten unserer Tage ja eh besonders ähnlichen Seegurke). Diese Hipness reißt keine Mauern ein und baut andere auf, schafft Distanzen und Annäherungen, Liebe und Haß, sondern verschafft nur den ohnehin stattfindenden klassenspezifischen Ausdifferenzierungen in bestimmten Lebensphasen leicht begehbare Trampelpfade. Was, Sie haben immer noch keinen Geschmack? Hier wäre etwas »Stil« und auch das andere, das Sie so gerne haben, »Attitude«! Was aber kann man sonst mit dem riesigen Archiv machen, wenn nicht *retrospektieren*? Das Gegenmodell zu dessen endloser Zugänglichkeit und dem Sich Weiden an seinen Schätzen wäre ja ein Zurück zu dem, was wir uns nicht aussuchen können: Was wäre das? Unser Körper? Irgendwann landen bekanntlich alle Identitätspolitiken an diesem Punkt, das heißt dann Geschlecht, sexuelle Identität, Ethnie, »Rasse« oder sonstwas. Vergiß es! So verständlich und begrenzt richtig das sein kann, sich in bestimmten Lagen auf das, was man sich – politisch – nicht aussuchen kann, politisch zu beziehen. Um unsere Differenzmaschine zu bauen, die weder leer-warenförmig und unpolitisch-clubbistisch noch borniert-arrogant-bildungsbürgerlich sein soll, brauchen wir nicht irgendeinen gegebenen Körper, keines der schon feststehenden Urteile, die andere über uns fällen, sondern das Potential, sich gerade per endloses Archiv auch neue Körper zu bauen. Musik, wie Whirlpool sie machen, war in diesen Breiten bis vor kurzer Zeit total unglaubwürdig. Selbst die Beteiligung von Amerikanern, wie hier Eric D. Clark, hätte normalerweise nicht davor geschützt, daß Tanzmusik aus Deutschland niemals amtlich, sondern immer nur zickig, anders, deutsch, eckig war. Das Höchste der Gefühle war es, diese Manki positiv zu wenden, wie die Linie Kraftwerk-DAF-Brettertechno versuchte. Was jetzt möglich ist, klingt wie der Traum jedes Plattensammlers und Punkrockers: Das Beherrschen des Archivs macht dich zum amtlichen Benutzer deines Körpers. Du swingst wegen auswendiggelernter *recording dates*. Und ich sage euch, »Brian DePalma« swingt. Keine natürliche Grazie und keine Fitneßstudios, weder Sex- noch Dribbelkünste entscheiden über deinen Groove, sondern einzig die Frage, wie Archiv-wise du bist.

Warum ich so gute Platten höre

Tja, schön wär's. Bzw. grauenvoll. Es geht aber vielmehr darum, die wichtigen und wichtig bleibenden Platten des Archivs (also Ornette Coleman) und die unwichtig-kuriosen, kontingenten Sounds (Easy Listening) zu mischen, einen Sinn zu haben für die Koexistenz von Hierarchie und Antihierarchie. Nicht abschaffen, was als Gott der Geschichte Plätze verteilt hat, die auch zukünftige Bedeutungen von Sounds und Samples regeln. Und doch etwas dagegen tun. Wichtig und Unwichtig genauso gleich behandeln wie entgegengesetzte Bedeutungen von historisch codierten Sounds, aber nicht nivellieren. Hans sagt auch, sie wollten im Grunde die Leute darauf hinweisen, was für tolle Musik die noch nicht kennen.

Die Platte ist trotz aller Neuartigkeit so wieder eine DJ-Platte im allerältesten Sinne von Plattenplauderer.

Wie man mit dem Hammer samplet

Das heißt nicht, wer das meiste kennt und wer am abgedrehtesten zusammensucht, hat gewonnen, sondern der, der endlich aufhört, Retrospektiven zu inszenieren, um Bilder und Dramen und andere Totalitäten rüberzuretten und statt dessen anfängt, die Daten in ihrer Mischung aus reiner Kontingenz und irrer (und irre wichtiger) Historizität würdig zu behandeln. Nach Ordnungen, die nicht einfach nur verweisend, hierarchisch etc. sind. Das Archiv gehört zum Körper. Der weiß das, der kennt seine Geschichte, der braucht die Rationalisierungen irgendwelcher Epochen und anderer hierarchischer Periodisierungen nicht. Dem reicht's schon lange. Und das heißt nicht, daß er jetzt nur noch nächtelang zur Erschöpfung getrieben werden möchte. Whirlpool reden viel von Disco, das sie Disko schreiben. Warum das, das gibt's doch gar nicht mehr? Doch, als Erinnerung, als Ort der Unschuld und als Ort großer gestorbener Produzenten wie Larry Levan, Dan Hartman etc. Disco also als das Folk von House.

Spaß Perfect 6.0

Das Auftauchen und Entstehen dieser Whirlpool-Platte in D-Land ist komplementär zum Auftauchen des ersten Lebenszeichen von Blumfeld vor ein paar Jahren zu sehen. Damals war deren Erfindung des Begriffs »Spaßtyrann« und die entschlossene Bereitschaft zum Widerstand gegen sein Regime für mich das zentrale Ereignis. Wahrlich, dieser Kerl hatte lange genug ein bodenlos-unpolitisch bedenkenloses Gefasel gefördert und belohnt. Heute läßt sich die Situation zwar nicht einfach umdrehen und analog der Kopf des Reflexionstyrannen fordern: Dafür ist auch die Whirlpool-Platte viel zu sehr »Diskurs-Disco«. Aber daß einer gewissen ebenso bodenlosen, endlosen um sich selbst kreisenden Reflexion ohne Publikum, ohne Anliegen, ja eben auch trotz aller gegenteiligen Bekundungen: ohne Politik, wieder etwas gegenübergestellt, ergänzt, hinzugefügt werden muß, ist tatsächlich ein Gebot der Stunde.

Jacuzzi
Dann haben sie eine Thanks-Liste, die die befreundete Menschheit hierarchisch in »Disco«, »Superdisco« etc. einsortiert. Und widmen die Platte allen alten und neuen Kindern. Nichts gegen die neuen, die nichts dafür können, aber Kinder im Manne? Lieber nicht. Ich widme diesen Text den Freunden und Nachbarn. Aber was sage ich? Dieser Text hat absolut keinen Wert, wenn man ihn mit dem Booklet von Felix Reidenbach vergleicht. Das ist wirklich eine präzise, visuelle Darstellung von allem, was diese Platte enthalten und auslösen könnte. Ja, diese Hülle enthält sogar, würde ich sagen, Lob und Kritik. Was kann man da noch schreiben?

Schwimmbad
Ich finde, der Whirlpool ist ein einsamer, luxuriöser Ort schnafter Verschwendung, aber keine gute Metapher für gute, neue soziale Orte. Eher halte ich das normale Hallenbad für eine geeignete Metapher: Hier schwimmen alle Schichten und Klassen, aber doch durchaus immer deren, aus welchen Gründen auch immer etwas extremeren, tätowierteren, Tanga tragenderen VetreterInnen. Sie schaffen sich ohne viel äußere Anleitung Gesetze, wie sie miteinander umgehen. Und das in Momenten größter körperlicher Verausgabung und allfälliger ozeanischer Gefühle! Dig it? Sie kommen sich in die Quere, ins Gehege und ins Gemächt, stellen einander Beine in Momenten höchster Lust und Konzentration und Kraftanstrengung. Nur selten rammen sich zwei frontal. Erstaunt sieht man sich an, ein bißchen wutentbrannt, aber vor allem entsetzt, daß das selbstverständ-

liche Aneinandervorbeischwimmen einmal nicht geklappt hat. Die Hierarchien der Kraft, der Körpergröße, des Selbstbewußtseins, der Übersicht, des Alters, der Geschlechter etc. sind durchaus auch hier noch vorhanden, aber sie regeln nicht (allein) das Miteinander. Das Wasser spielt eine Rolle und auch der je unterschiedliche Umgang mit der eigenen Verausgabung. Neue Harmonien werden ausprobiert. Kinder verstehen das nicht (wollen immer nur Arschbombe).

Für die Musik (speziell die von Whirlpool) aber, finde ich, ist der Whirlpool ein schönes Bild. Das Verwirbeln von kleinen, erkennbaren Einheiten, Tropfen und Abertropfen in eine bei aller Mannigfaltigkeit sehr eindeutige, lineare Bewegung ist genau das, was auf »Brian DePalma« passiert. Dann erhebt sich eine Welle, die Bewegungsrichtung geht verloren, etwas wird aus Schaum geboren. Das haben sie vermutlich so gewollt.

1995

Die Musik der mittleren 90er

Die alte Abstract'n'Roll-Bewegung der Jahrzehntwende – mit Napalm-Death-Ablegern, SST-Instrumentalisten und nicht zuletzt den Melvins und Steel Pole Bathtub – hat sich ja rasant zu einem Flügel einer neuen, Techno- und Noise-geläuterten »Rückkehr zur Avantgarde« entwickelt, wo plötzlich wieder ehemalige Tänzer und ehemalige Gitarristen dieselben Stockhausen-Platten entdecken und dieselben Alt-Heroes (hier: Tony Conrad) ausgraben. Dabei war es eigentlich immer ein entscheidendes Verdienst von David Grubbs und Jim O'Rourke, also dem Kern von Bastro und Gastr Del Sol, nicht zur alten Avantgarde zurückkehren zu wollen, sondern andere Ziele zu verfolgen, deren konzeptuelle Dimension sich auch aus der Beschäftigung mit Bildender Kunst und einer Rock-Vergangenheit ergeben hatte.

Auf O'Rourkes* neuem Solo-Album versucht das 26jährige Wunderkind erneut, ein Grundproblem von Musik-Musik (im Gegensatz zu solcher, die sich durch Bild, Text und Kontext maßgeblich unterstützen läßt) zu lösen: den kleinbürgerlichen Wunsch, Musik entweder – verklemmt – ganz sprach-analog zu denken oder – kitschig-entgrenzt – um jeden Preis jeder Sprach- und Symbolsystem-Analogie zu entfliehen und z. B. »die Stille hörbar zu machen«, wie seit 25 Jahren ECM-Chef Manfred Eicher unter dem Beifall von »Zeit« und ZDF. Beide Wünsche haben ein Problem mit etwas, nennen wir es Sex, einem unkontrollierbaren Übergang zwischen Sprache und Nichtsprache, der nie verläßlich auf eine Seite führt: Ich nenne es mal Musik. Es ist ein kaum zu beschreibender (sic!) Genuß, wenn O'Rourke wieder und wieder nicht nur Klänge mit grundsätzlich verschiedenem Status einander, nennen wir es: berühren (um »konfrontieren« zu vermeiden) läßt, etwa einen lauten, kurzen Schlag auf den Corpus einer akustischen Gitarre und einen lang anschwellenden, mäandernden elektronischen Ton, sondern auch trotz der extremen Kälte und Durchdachtheit dieser Berührung (Messer auf Haut) die gegebenen potentiellen Romantizitäten dieser Klänge nicht umkommen läßt und ihnen Raum gibt (Oh, Haut! Ja, Messer!). Musik läßt sich nicht mehr entpopularisieren (und damit auch nicht entlinguistifizieren, entimagisieren). Diese fundamentale Erkenntnis verhindert nicht abstrakte Musik, A- oder E-Musik, aber sie verbietet jene naive Rückkehr zu »Klang«. Zum »Klang« trägt nur noch einer wie O'Rourke bei, der genau das weiß.

Tony Conrad ist nicht nur ein Begründer der legendären Proto-Velvet-Band The Dream Syndicate (mit John Cale, La Monte Young, Marian Zazeela und dem ersten Velvet-Schlag-

* Jim O'Rourke, »Terminal Pharmacy«, TZADIK 1996

zeuger Angus MacLise), die den (musikalischen) Minimalismus quasi »erfand«. Er wirkte als Komponist, Musiker und Aktivist in der Umgebung des (bildkünstlerischen) Minimalismus, arbeitete mit Künstlern aller Avantgarde-Sparten von Walter DeMaria bis Jack Smith, war Video-Künstler, aber auch Polit-Aktivist, nahm in den 70ern eine Platte mit Faust auf und kehrt für das schon wegen seiner sensationellen Cover bekannte Table-Of-Elements-Label (jede Platte ist einem anderen chemischen Element gewidmet) ins Tonstudio zurück.*

Ausgehend von der Behauptung, daß das pythagoräische Konzept von Mathematik und Philosophie noch heute unsere Vorstellungen von Wissen und Theorie prägt und seinerseits aus dem Versuch entstanden sei, über ein, seinerzeit esoterisch wirkendes, seine Quellen nicht offen legendes Wissen eine aristokratische Hegemonie über die beginnende griechische Demokratie-Bewegung zurückzugewinnen, hat sich Conrad entschlossen, es Pythagoras musikalisch heimzuzahlen. Dazu dient ihm ein Streicher-Geschrammel über Intervalle, die aus dem pythagoräischen Konzept von Harmonie qua bestimmter Relation zwischen Tönen herausfallen, un- oder schwer kontrollierbare mitschwingende Töne, eine Monotonie ohne Repetition. So soll die Ordnungsvorstellung, die seitdem »chaotisch-demokratische« Bewegungen zu dominieren sucht, aufgeweicht, zurückgewiesen und unterminiert werden.

Seine Waffen sind meist leicht beschädigte Oktaven und ein dichter Wald von Obertönen. Für diese politisierte Rückkehr zum Minimalismus bleiben die beiden Kompositionen allerdings beim bloßen Schwelgen in diesen »anderen« Intervallen der nicht wohl-temperierten »just intonation« ebenso statisch hängen wie das Sonnensystem in seiner undemokratischen Sternen- und Sphärenharmonie. Sie kennen keinen

---

* Tony Conrad, »Slapping Pythagoras«, Table Of The Elements 1996

Rhythmus. Hat nicht Charles Mingus Pythagoras und Plato längst pulverisiert? Man kann nicht alles haben. Erst müssen, wie es die Fugs es bekanntlich immer schon wußten, die »modes« der Musik sich ändern – worum es hier geht –, dann können die Mauern der Städte zittern. Und dafür ist, so könnte man mit Conrads angenehm unnarkotisch meditativen Werk argumentieren, eine rein harmonisch-statische Insistenz, ein Kampf auf dem Feld des Gegners eben, notwendige Voraussetzung.

Auf demselben Label erschien die »Goldene« * (Booklet ist nur golden, keine Infos) von Gastr Del Sol: Anders als bei O'Rourke solo treten bei seiner gemeinsam mit David Grubbs geleiteten Band die ganzen diskreten musikalischen Events und Verläufe separat auf. Das knapp 20-minütige Stück erweckt zunächst den Eindruck einer typischen modernistischen Opern-Ouvertüre, bis es plötzlich ein Song wird und damit nochmal eine – nun eher Grubbs-typische – Pointe über Kontexte preisgibt. In die düstere Atmosphärik, die man fast schon für bare Münze genommen hätte, nämlich in der Währung synästhetischer Illusions-Dollars, tritt ein Wyattesk-Thompsonesker, unperfekt vorgetragener, leicht ironischer Polit-Song, der nicht das Vorangegangene entwertet, sondern durch die bewiesene Möglichkeit dieser Koexistenz beiden Teilen andere, unbeschädigtere, reflektiertere Romantikmöglichkeiten einer höheren Ordnung zuweist. Danach kommt ein europäisches, wohltemperiertes, trauriges Piano und freut sich daran, traurig sein zu dürfen, in seinem vorübergehend befreiten Symbolsandkasten richtiger Zeichen für richtige Dinge. Ja, Kinder, dat jeht ab.

1996

* Gastr Del Sol, »The Harp Factory on Lake Street«, Table Of The Elements 1996

Hardcore als Genre und reine Musik

Die Behauptung der Herausgeber dieses Dokuments* führt in die Irre: Diese Aufnahmen von 1979 beweisen nicht, daß die Bad Brains damit für die nächsten Jahre Hardcore definiert hätten. Sie zeigen im Gegenteil zwei Eigenschaften der Bad Brains, die Hardcore die nächsten fünf bis acht Jahre vermissen ließ; nämlich ein Gefühl für schwierige, Jazz- oder Reggae-gesättigte Melodien (im Herzen des Chaos) und ein unübliches Herausstellen von Einzelleistungen im Zentrum des kollektiven Durchdrehens: Gitarrensoli, eine veritable *Sing*stimme statt des üblichen Shouten, ein hyperaktiver, individualistischer Drummer. Sie kamen halt vom Jazzrock und waren unterwegs zum Roots-Reggae. In beiden Bereichen blieben sie genauso Fremdkörper wie zwischendurch in der HC-Welt, in der sie berühmt geworden sind. Diese sieben schon gehörten und neun noch nie gehörten Nummern aus jenen legendären Momenten der Gründung der Washington-DC-Szene zeigen eher, daß die überwältigenden und transgressiven Seiten eines Genres immer schon nur von denen richtig ausgereizt werden konnten, die sich mit diesem nicht 100%ig identifizierten. Wie es geklungen hätte, wenn die Bad Brains an Punk geglaubt hätten wie andere, kann man in »Redbone In The City« hören, wo H. R. eine Johnny-Rotten-Imitation genau zwischen ehrlicher Begeisterung und distanziert-befremdeter Parodie gibt. Diese Band war bei aller Mimesis an genau definierte Stile und Stammesmusiken immer näher an einer »reinen Musik«, die halt mehr wirkt (und »reiner« ist), wenn sie sich nicht als rein offenbart und statt dessen mit einer außermusikalisch codierten Musik Pakte schließt.

1996

---

* Bad Brains, »Black Dots«, Caroline Records 1996

Das Herz der Bewegung

Man macht sich das kaum klar, aber: Keine Musik ist heute so verbreitet, so ruling, so allumfassend, für Tiefenstrukturen so prägend wie für rhythmische Floskeln und Phrasen maßgeblich und überhaupt so paradigmatisch wie Reggae. Wenn das virtuosistische Jazzrock-Geknatter von Drum & Bass sich nicht in Beliebigkeitsspiralen verliert, sondern uns inspiriert, dann vor allem deshalb, weil in den Molekülen der Struktur Reggae wohnt. Wenn überall Raum und Stille hörbar gemacht werden soll, und das nicht mehr mystisch und new-ageig klingt, dann besonders deshalb, weil das Produktionsmodell dafür vom Dub und damit vom Reggae kommt. Wenn überall virtuose, komplex verschachtelte und mehrfach codierte Laute menschlicher *Sprech*stimmen die Lokalisierung der Gefühle in Tonhöhenmanipulationen und im Brustkorb von Opernsängern als Modell abgelöst haben, verdanken wir das der zuerst im Reggae eingeführten Form *musikalischen Sprechens*, dem Toasten. Wenn wir nach Jazz und Blues ein neues, zeitgemäßes musikalisches Modell für die soziale Synchronisierung synkopiert schlagender Herzen, sprich eine Utopie haben, dann kommt sie aus den hybriden karibischen Beats, deren Gesamtheit wir Reggae nennen.

Daß dies, seit gleichzeitig Hippies Bob Marley als Massenphänomen und britische Punks Dub als Underground-Sound entdeckten (1977), in steigendem Maße überall im Westen, aber auch in Sierra Leone, Südafrika und Japan so ist, auch wenn die vielen Varianten und Applikationen mittlerweile vom Modell so weit weg sind wie – im Falle des Blues – etwa Grateful Deads »Dark Star« von Sam »Lightnin« Hopkins, ist mehr denn je das Thema von Rockers HiFi.

Sie haben nämlich diesem Umstand mit diesem Album*

* Rockers HiFi, »Mish Mash«, WEA 1996

sein »Sgt. Pepper« geschenkt. Ihr Interesse gilt nicht einer Schule, sondern gerade der Vielfalt des Reggae-Einflusses in heutiger Musik. Doch ihre Platte klingt weder zwangs-eklektizistisch, noch nach bemühtem Crossover oder Working Week in Dub, sondern wie das völlig organische Museum menschlicher Echos, Breakbeats und Bässe, das mit Kraftwerk und Bach sogar zwei typische Vertreter unseres Sprachraums mühelos mit aufnimmt. Dies ist das typische Werk von älteren Säcken meiner Generation, deren Horizont vom Dub-beeinflußten britischen Post-Punk der Pop Group und dem frühen Dennis Bovell bis zum Squarepusher reicht. Dazu gehört auch, daß es seine Arme den CD-Album-orientierten Erwachsenen öffnet, was einigen 12inch-Vinyl-orientierten Jungerwachsenen unkosher vorkommen könnte. Klar, die Beatles konnten nicht ? & The Mysterians sein, aber sie konnten gute und schlechte Platten machen. Diese hier hat bestimmt »Revolver«-Format. (Das ist die, die besser war als »Sgt. Pepper«!).
1996

Distanzieren und Definieren: Jungs unter sich

Wenn das Unter-sich-Sein nicht als Problem empfunden wird, sondern gute Laune auslöst. Ein weiteres Mal schwelgen G. Love & Special Sauce * geschmackvoll und dennoch ausgelassen in Pub-Musiken des Planeten. Aufbauend auf dem Blues, der nicht nur nie »empfunden« (was mir egal wäre), sondern wie schon von Generationen weißer Pub-Rocker vor ihnen (Ausnahme: Violent Femmes) als Folie für eine schunkelige Gemütlichkeit mißbraucht wird, widmen sie sich kenntnisreich coolen Folk- und Roots-Musiken, die sie zelebrieren wie

* G. Love & Special Sauce, »Coast to Coast Motel«, Sony 1995

ein Kenner seinen Keller: als allzeit verfügbare schöne Stücke, in die man sich nach Lust und Laune reingrooven kann. Und das machen sie geschickt, nichts poltert oder stumpft hier, nichts rockt unhip, alles groovt, staubt cool und begießt sich mit Miller Light. Die Stimme könnte so cool wie ein früher Jonathan Richman auf Rädern klingen, nur will ihr Eigentümer niemanden bewegen. Er will cool sein, cool endgültig als Inszenierung von Genuß als Distanz.

In dem für diesbezügliche Diskussionen entscheidenden Hintergrundtext[1] beschreibt Kerstin Grether Ausschließungsmechanismen, mit denen Jungs/Männer sich Frauen vom Leib halten, wenn diese sich in ihrem Rock-Kosmos aufhalten. Sie verwirft die viel bemühte Kastrationsangst als Motiv und entscheidet sich für das reine Erhaltenwollen und daher Verteidigen eines Territoriums. Doch wäre dafür nicht unbedingt die Geschlechterdifferenz als Ausschließungsgrund zwingend. Mit dem Derrida-Wort vom »konstitutiven Außen« beschreibt sie das Wesentliche dieser Männer-Strategie. »Im Außen«, fährt sie fort, dürften »Mädchen alles«. Männer schließen nämlich Frauen aus der Welt »ihrer Kunst« nicht in erster Linie aus, weil sie Konkurrenz fürchten oder etwas nur so für sich haben wollen, sondern um genau die ausgeschlossenen Mädchen besser definieren zu können. Egal ob sich das als verliebtes Träumen oder konkrete Sexphantasie gestaltet: Niemand stört dabei bekanntlich so wie die echte Person. Erotische Projektion und Kampf um Definitionsmacht liegen nahe beieinander.

Dieses Problem teilt die Rockmusik mit anderen Künsten und es gibt dies auch, wenn auch seltener, in Fällen, wo Sexismus keine Rolle spielt. Beim Träumen, Projizieren und Definieren stört stets die Anwesenheit seines Gegenstands, muß dieser ausgeschlossen werden. Lieber ein Pin Up als eine Frau. Lieber eine kritische Theorie als eine Politik. Lieber eine Multikultur als offene Grenzen. Die wenigsten Songs halten die

Anwesenheit des anderen wirklich aus: Manchmal vermögen dies gerade irgendwelche narzißtischen, alten Machos wie Leonard Cohen oder Jim Morrison, manchmal Dünnhäutige wie Jonathan Richman, Dino Valente, Jochen Distelmeyer, Annette Peacock und die Go-Betweens. Aber selbst die sonst so bewundernswerten Soulsänger Kevin Rowland, Bob Dylan und Green Gartside nie (letzterer kennt aber das Problem und arbeitet darüber). Ich empfehle Julie Driscolls Version von »Light My Fire« und erneut Allen Ravenstines Fiepgeräusche: wo ein Du so beschworen wird, daß man nicht mehr wegsehen kann.

Diese Platte hingegen verbreitet die Atmosphäre dieser neoamerikanophilen US-Restaurants in deutschen Großstädten: Kompetent werden die Hamburger gebraten, der kalifornische Rotwein stimmt, die Soßen sind lecker, sogar die Guacamole läßt sich essen. Und trotzdem ist das alles nicht mal Trash. Es fehlt dieser Platte bei aller kundigen Schnaftizität sogar das, was Trash möglich und durch Trash andere Öffnungen möglich macht: das Aufgeben der Distanz als ästhetischer Haltung.

1995

Repräsentieren, Marschieren, Assoziieren: Busta Rhymes

Man könnte sagen, der Wert »einmaliger« Orte und Gegenden steigt in dem Maße, in dem Kapitalismus und Kolonialismus, Tourismus und Ausbeutung diese in ihrer (vermeintlichen) Ursprünglichkeit zerstören und das leer gewordene Territorium in ein System globaler, funktionalistischer Gleichartigkeit einsortieren. Dem entsprechen all die Kommunikationsutopien (»Netz«, »Rave«) etc., die Ortsanbindung gar nicht mehr brauchen, sondern tendenziell ortlos und endlos mobil überall und nirgends stattfinden können und ebenso tendenziell endlos zugänglich sind – jenseits der Behinderungen, die die neuen spatialistischen, auf den Raum bezogenen Herrschaftsformen rund um das Problem Aufenthaltsort organisieren. Von anderen Behinderungen ganz zu schweigen. Und dann gibt es Versuche, inmitten des längst gleichförmig Gewordenen »besondere« Orte zu behaupten; und zwar ohne inhaltliche, kulturelle und andere, gar folkloristische Zuschreibungen. Vielmehr einfach den Ort, der dadurch definiert wird, daß ich/wir hier leben und der allein schon deswegen ein besonderer ist. Weitere Gründe sind nicht nötig oder austauschbar. (Es ist hier so rough, so sonnig, so hart, so kalt, so warm etc.). Gesagt werden soll – so berechtigt wie tautologisch –: Dieser Ort ist besonders, weil seine Bewohner eine Würde haben, und sie haben diese Würde, weil sie an diesem Ort wohnen, der dadurch auch eine Würde hat. Neue soziale Bewegungen beginnen gerne mit einem territorialen Claim.

Das gilt natürlich auch und ganz besonders für HipHop. Busta Rhymes hat speziell zu dieser Politik eine Menge zu sagen, aber auch zu ihren Grenzen. Seine Karriere beginnt mit einer merkwürdigen Bezugnahme auf eine Tradition öffentlichen Sprechens. Die heute als Chicago bekannte Band hieß noch Chicago Transit Authority, als sie für ihr erstes Doppelalbum (1969) einen Song (»Someday«) mit einem Mitschnitt der Parolen beginnen ließen, die die Demonstranten beim berühmten 1968er-Parteikonvent der Demokraten skandierten: »The whole world's watching«. Als Bustas Band, die Leaders Of The New School, 1991 ihr erstes Album herausbrachten, eröffnen sie es mit einem Sample aus diesem Demo-Mitschnitt, der exakt bis zu dem ersten Chicago-Klavierakkord dauert. Eine schwer bepackte symbolische Aktion für eine Band von Neunzehnjährigen: Neunzehnhundertachtundsechzig! Chicago! Und der medienpolitisch siebenfach deutbare, alle Verhältnisse nussig verpackende Satz: »The whole world is watching!« Wer? Nam June Paik? Michel Foucault? Der CIA? McLuhan?

»Ja, das ist schon wahr, uns war schon klar, daß da viel dranhing. Es ging uns aber darum, unsere ungeheure Euphorie zu beschreiben. Wir hatten jetzt Zugang zu allen Medien, wir dachten, wir könnten die ganze Welt erreichen, die ganze Welt sieht uns zu. Schallplatte, Fernsehen, Video, Film. Daran haben wir gedacht.«

Gute Pop-Kunst erkennt eben ein attraktiv bedeutungsschweres Element, setzt es nach einer Überprüfung der überprüfbaren Bedeutungen für sich ein und stellt dann fest, daß die restlichen Bedeutungen auch prima passen. Das geschieht nicht ganz zufällig, da spielt ein Wissen von Zeichenkarrieren unter Medienbedingungen eine Rolle, das ohne sich seiner eingesetzten analytischen Techniken immer bewußt zu sein, das richtige Sample ergreift, wie – sagen wir – ein Klarinettist vom Schlage Eric Dolphy seine komischen Klappen bedient. In demselben Register ist der Einsatz jenes blöden Carmina-Burana-Pomp-Samples, das man von vergessenen Paarlaufküren vergessener Winterspiele und als Eröffnungsmusik deutschstämmiger Heavy-Metal-Bands kennt, auf der ansonsten makellosen Busta-Rhymes-Solo-Platte »The Coming« ein glatter Fehler.

Die Leaders Of The New School existieren heute noch. Busta Rhymes betont, daß sie weiterhin seine *Unit* seien, und die Flipmode Squad, die ihn hier begleitet, nur eine weitere Unit. Und er mußte jetzt einfach mal »repräsentieren«! Also sich repräsentieren, also eine Solo-Platte machen. Nach diversen Gastauftritten war sogar schon das Gerücht im Umlauf, Busta Rhymes würde nicht »repräsentieren« – wie das Schlüsselwort heutiger HipHop-Debatten nun mal heißt. Auch wieder erstaunlich, wie nach »Signifyin(g)« schon wieder ein Schlüsselbegriff (post)strukturalistischer, vor allem aber Foucaultscher, ja auch Marxscher Begrifflichkeit Karriere im Rap gemacht hat. Auch hier wieder die instinktiv richtige Wahl eines Begriffs mit dem großen und umkämpften Bedeutungshof. Die restlichen, nicht intendierten Bedeutungen liefern nicht nur mir Stoff und Amüsement, sie passen auch.

Die Leaders Of The New School erwarben sich mit ihrer ersten, erst recht mit ihrer zweiten und bis heute letzten Platte den Ruf früh vollendeter Virtuosität, inhaltlichen Reichtums und schlechter Verkäuflichkeit. Sie gerieten mit ihrer verspielten, ausladenden Rede voller Schönheit und Überschwang mitten in die Baisse des East-Coast-HipHop und kamen mit so vielversprechenden Albumtiteln wie »T.I.M.E. – The Inner Mind's Eye – The Endless Dispute With Reality« nicht gegen die einfachen, coolen G-Dinger an, mit denen in jenen Jahren die endlose Bespielung von Autocassettenrecordern durch West-Coast-HipHop begann. Ihre Mischung aus 5%er-Mystik [2] und selbstgemachter Linguistik hatte längst eine vollständig entwickelte, aufgeregte, selbstreflexive Blüte erreicht, die sich nicht mit dem smoothen Neo-Primitivismus jener Zeit vertrug: *»Peace to all it's the plural oral B the/ Urban rural publicity Afrocentricity/ Satellites coincide unifying it's time/ To climb avidly apparently reality/ Below zero it makes you pale no color/ For the bleach for seasons many reasons/ Equinox equator now who's the raider/ And who's the soul who stole the surface?/ Sacrifice slice commanding/ I'm demanding official awareness we/ Share this common understanding.«*

Heute hat Busta wieder eine bessere Konjunktur auf seiner Seite. Durch die unangefochtene Hegemonie des Wu-Tang-Clan ist ja nicht nur seine gut abgedrechselte 5%er-Geheimlehren-Sprache wieder mit »harten« Attitüden kompatibel geworden – daß es bei der Hälfte der Wu-Tang-Sprache sich nur um die aktuelle Version dieser sich stets erneuernden Geheimsprache handelt, hat sich langsam herumgesprochen –, es ist auch der individuelle, der exzentrische, der exaltierte und theatralische Rapper zurückgekommen. Darauf aufbauend verbindet Busta alt und neu. Er sammelt um sich die, denen er immer mit Gast-Raps (Q-Tip von A Tribe Called Quest z. B.) geholfen hatte und schart andererseits neues Talent um sich (das er produzieren und verlegen will: Rampage, The Last Boyscout, Lord Have Mercy u. a.). Dem entspricht eine Berücksichtigung der Lage an der Reimfront nach dem letzten Innovationsschub durch Ol' Dirty Bastard bei gleichzeitiger Bezugnahme auf eine Traditionslinie, die bis zur ersten Tribe Called Quest zurückreicht.

Ohne Übertreibung kann man »The Coming« als den endgültigen Durchbruch eines dritten (oder vierten) Rap-Stils beschreiben: Nach dem lauten – »Meine Waffe ist das Wort« – Stil der Old School, der durch die meisten Polit-Rapper, von KRS One bis Chuck D. zwar weiterentwickelt, aber im Prinzip fortgesetzt wurde, nach dem dann von Rakim, später von Q-Tip und anderen vertretenen leiseren, introvertierteren und verspielteren Stil – die West Coast lassen wir mal außen vor – kommt jetzt, klar durch die diversen Wu-Tangs vorbereitet, Lautstärke und Wort-auf-der-Spitze-der-Zunge zurück, aber nun um Verspieltheit und Virtuosität erweitert, zum theatralisch-muskulösen-überdrehten Spät- und Hauptstil geworden, dem Bebop unter den HipHops, dem Barock unter den Body-Rocks.

Busta Rhymes ist 23 Jahre alt und wirkt eher wie 30. Er hat an der einen Seite des Konferenztisches der Firma Elektra Platz genommen, seine Flipmode-Squad, teilweise schlafend, teilweise äußerst kooperativ das Interview mitgestaltend, auf der anderen. Noch telefoniert Rhymes und behandelt dabei eine frische Tätowierung auf den muskulösen Oberarmen mit einem Desinfektionsmittel. Ein freundliches, aber bestimmtes »Peace!« wird ausgetauscht. Es kann losgehen.

Yusuf Nuriddin ist ein sunnitischer Moslem aus Bedford-Stuyvesant, einem der berüchtigteren Teile Brooklyns. Der

Herausgeber von »Timbuktu – A Journal of Contemporary African American Muslim Thought« lehrt Soziologie am New Yorker City College. Unter anderem der häufige Ärger zwischen den sunnitischen Moslems in seiner Gegend und jungen 5%ern bewog ihn dazu, sich per Feldforschung und Lektüre verstaubter Sakro-Zines mit dieser von Father Clarence 13X begründeten Bewegung auseinanderzusetzen, die seit den späten 80ern im HipHop so einflußreich ist. Sein Text »A Teenage Nation of Gods and Earths« [3] ist in seiner gut abgeschmeckten Mischung aus Erstaunen, Deskription, Faszination und Befremden eine der interessantesten Studien zu dieser »Sekte« geworden, der auch Busta Rhymes auf den Credits der letzten L.O.N.S.-Platte noch alle Ehren erweist. Nuriddin legt das Gewicht nicht so sehr auf die mehr oder weniger aus den groteskesten Texten der Nation of Islam übernommenen Glaubensgrundsätze wie auf die Techniken des »Breaking Down«, der »True Mathematics« und der assoziativen – Nuruddin nennt sie »laterale« – Gedankenverknüpfungen in der Rede der 5%er. Rhymes, der sich mittlerweile als »jenseits aller Gruppen« stehendes Individuum bezeichnet, hat von dieser spielerisch-assoziativen, aber geregelten Technik, mit Worten und Ziffern zu jonglieren, nicht nur viel in seinen mit angespannter Nacken- und Rückenmuskulatur nach vorn gepreßten Reim-Eruptionen aufbewahrt, er liebt es auch, Issues, Fragen, Themen nach einer Art inneren Checkliste geregelt-ungeregelt durchzusprechen, »niederzubrechen«.

»Zu Hause habe ich ein Pre-Production-Studio. Da entstehen einige meiner Ideen. Aber bei mir muß es friedvoll zugehen: Da wohnen schließlich meine Verlobte *(auf der letzten L.O.N.S.-Platte noch seine »Earth«)* und mein Sohn. Da kann ich nicht die Straße hineinlassen. Dann gibt es meine Crew. Ich gehe nie ohne meine Crew ins Studio, denn sie geben mir den Vibe zurück, wenn mein Shit richtig liegt. Meine Crew kennt meine Stärke und weiß, wie ich mein Talent repräsentieren muß. Außerdem kennen sie meine Arbeit, sie können mein Erinnerungsvermögen aufbessern, mich daran erinnern, wie ich bestimmte Ideen in einer bestimmten Situation schon mal weiterentwickelt hatte. Sie erkennen eine Idee als solche. Ich gehe nie alleine ins Studio. Nun besteht meine Crew aber zum größten Teil aus Künstlern, die Kritik *(»Critique«, nicht »Criticism« – DD)* von Künstlern ist wichtig, aber sie ist nicht das einzige, deswegen gibt es in meinem Team auch Repräsentanten der Straße, der Fan-Basis, denn ich kann mich *da* nicht mehr ständig selber aufhalten. Es ist aber wichtig, was diese Leute denken, denn sie haben einen anderen Zugang als Künstler, die selber aktiv sind.«

So muß der Flow durch Ringe von Zonen, die – ganz im Einklang mit den patriarchalen Lehren, an die er einst geglaubt hat – um das häuslich lokalisierte Selbst des Künstlers und Familienvaters, der den Lärm der Straße von Frau und Kind fernhalten will, und sein Pre-Production-Studio herum angelegt ist. Zonen von jeweils nur situativen Wahrheiten und spezifischen Stadien des Gelingens, Zwischenstadien, die durch wieder andere Tests, Kontexte und Reaktionsweisen hindurch müssen, um ... nicht universell, aber doch vielfach einsetzbar, »wahr« zu werden und an Horizont zu gewinnen: optimaler, nach vorne drängender, weltneuer HipHop, aber eben doch ganz klar ... HIPHOP. Mit der topologischen Check-Liste in der Hand setzt Busta Rhymes nicht zur Veränderung dieser Orte an, er verflüssigt nicht ihre Grenzen, wie die Theoretiker und Praktiker von Hybridität ein wenig von oben herab fordern (denn wer das kann, hat es eigentlich nicht mehr nötig). Aber weder ignoriert noch totalisiert er die Spezifika dieser Orte, dieser Arbeits-, Rezeptions- und Produktivitätszonen. Er nennt sie besonders, nicht um daraus höhere »ghettopolitische«, Straßenecken-zentristische Wahrheiten abzuleiten, sondern weil ihnen das zusteht, wie jeder Ecke, über die man sprechen will.

Wenn man von einer Verschwörungstheorie geprägt ist und nun, älter und nüchterner geworden, daraus eine ganz normale Skepsis wird, die sich nicht von Evidenzen narren läßt, war die Teenager-Nation von Göttern und Erden vielleicht doch nicht der schlechteste Ort, um eine Pubertät durchzustehen: »Der ganze Scheiß, der von den Medien so breitgetreten wird, daß es nämlich einen Streit zwischen East und West Coast gibt, ist doch vor allem blöd. Immer dieser Quatsch, daß man seine Hood repräsentieren müsse. Du lieber Gott!. Was ist denn das bitte? Ein paar Backsteinhäuser, die dir noch nicht einmal gehören. Was sollst du denn da repräsentieren? Natürlich mußt du deine Herkunft reflektieren, denn das, was du gesehen hast, die Erfahrungen, die du gemacht hast, prägen dich schließlich. Aber abgesehen davon, abgesehen von deiner sicher sehr wichtigen Geschichte und deinen Freunden, was sollst du da repräsentieren? Ich repräsentiere lieber etwas Intergalaktisches, das Universum oder mich selbst.«

Wer repräsentiert oder vertritt eigentlich wen, in den imaginären Parlamenten des HipHop? Sich selbst repräsentieren bekanntlich Millionen von Talk-Show-Gästen gerade im US-TV die ganze Zeit. HipHopper repräsentieren sich aber nicht nur selbst, sondern immer als etwas, zunächst meistens als schwarze Männer im rassistischen AmeriKKKa. Vor kurzem waren eine Million schwarzer Männer in Washington, DC und repräsentierten, wie vor allem die linke Kritik nicht zu Unrecht vorbringt, wirklich nicht viel mehr als sich selbst als schwarze Männer. Und hörten teilweise endlosen Sermonen von Leuten wie Jesse Jackson und natürlich Louis B. Farrakhan zu, der zu dieser Demonstration aufgerufen hatte. Frauen waren nicht eingeladen – außer aufs Podium –, und andere schwarze Verbände wie etwa die Organisation schwarzer schwuler Männer diskutierten lange, ob sie sich erwünscht fühlen sollen, und wenn nicht, ob sie trotzdem oder sichtbar nicht hingehen sollen. Die offizielle Begründung für die Nicht-

Anwesenheit schwarzer Frauen lautete, daß die Männer auch zusammenkommen, um sich für Fehlverhalten zu entschuldigen, um zu bereuen.

Dies, Familien-Werte und anderer religiöser Quatsch haben dem Marsch gerade von linken und feministischen Schwarzen viel berechtigte Kritik eingebracht. Andererseits ist auch nicht ganz wegzuwischen, daß der Marsch besser als gar nichts war. Klar, Farrakhan werde von einem *»Trio von Schuften geführt, deren Namen Prophetischer Mystizismus, Politischer Konservatismus und gemeindehaft beschränkter Blick lauten. Daß der Million Man March Frauen hätte einschließen müssen, braucht man nicht zu erwähnen, daß er konkrete soziale Themen hätte benennen müssen, ist eine Binsenwahrheit, aber diese Beschränktheiten haben auch keinen irreparablen Schaden angerichtet. Laßt uns also Minister Farrakhan für seinen großartigen Beitrag zur Repolitisierung des afrikanischen Amerika danken und ganz schnell seine beschränkte Vorstellung vom Universum hinter uns lassen und die Energien dieses Marsches auf eine perfekteren Einheit schwarzer Männer und Frauen im Interesse voller politischer und ökonomischer Gleichberechtigung in dieser (...) Wildnis namens Nordamerika konzentrieren«* (deutsch von DD), schreibt z.B. Ernest Allen jr., der Herausgeber von »Contributions in Black Studies« in der Million-Men-March-Nummer der Standard-Zeitschrift »The Black Scholar«.[4]

HipHop-Theoretiker und -Chronist Greg Tate beklagte sich, daß keine Rapper auf dem Marsch dabeigewesen wären. Busta Rhymes widerspricht: »Mein Mann muß von der Menge Menschen geblendet gewesen sein, daß er mich nicht gesehen hat. Ich war da, meine Flipmode Squad war da, ich habe Speech von Arrested Development gesehen, Ice-T, sogar MC Hammer, Charlie Brown, D-Knowledge, mit dem ich in ›Higher Learning‹ gespielt habe und so weiter.« Er meinte wohl eher, daß keine Rapper auf dem Podium waren. »Das war doch gar nicht nötig«, findet Busta: »Warum sollen Rapper immerzu Verantwortung übernehmen, warum sollen wir immer so tun, als ständen wir in der Schuld von allen? Außerdem übernehmen wir schon die ganze Zeit Verantwortung. Niemand berichtet schließlich so ausführlich darüber, was es heißt, jung und schwarz zu sein, wie wir. Wir sind schwarz, und also erzählen wir davon, nicht weil wir uns das ausgesucht hätten, sondern weil deine Erfahrungen nun mal so geprägt sind. Ich kann nicht sagen, wie es ist, als Chinese oder als Weißer aufzuwachsen. Du kommst durch diese ganzen kulturellen Differenzen nicht hindurch. Also bleibt alles, was wir tun können, unsere Zustände und Lebensbedingungen zu reflektieren, mehr können wir nicht tun, schließlich kontrollieren wir unsere Lebensbedingungen nicht. Ich stamme nicht aus einer Welt, die zur westlichen Zivilisation gehört, trotzdem muß ich Englisch sprechen. Ich kann mir das nicht einmal aussuchen. Man hat mir mein Geburtsrecht aberkannt, und ich weiß nicht einmal warum. Und das ist nicht nur eine alte Geschichte, sondern das prägt die Lage, die Bedingungen, das System. Das System kontrolliert alles, es prägt die Leute, entscheidet darüber, wer arm und wer reich ist, und so weiter.«

Und da kann man nichts anderes machen, als sich und seine Lage zu repräsentieren? Zeugnis ablegen und Repräsentieren?

»Man kann was machen. Man muß die Wahrheit dechiffrieren. Die Leute laufen rum und wissen nicht, wer sie wirklich sind, sie müssen nur herausfinden, wer sie wirklich sind, dann wird sich etwas ändern.«

Dieses »wahre« Wesen der Leute benennt er nicht näher. Es gehört wahrscheinlich zu jenen »wahren« Eigenschaften, die man sich notwendig und logischerweise zuschreibt, wenn man nur eines mit Sicherheit weiß – betrogen, belogen und beraubt worden zu sein. Daß er dem, was ihm geraubt wurde, keinen konkreten Namen gibt, spricht auch für die Einsicht, daß eben das die heutige Lage nicht nur Schwarzer in den USA ist: als

Folge einer primären Beraubung und Unterwerfung wird erinnert, was im Zuge der Permanenz rassistischer Alltagsverhältnisse wie übergeordneter kultureller und ökonomischer Verhältnisse zu einer ganz normalen Entfremdung geworden ist, die nicht mehr viel mit ursprünglicher Verschleppung und dem dadurch Verlorengegangenen zu tun hat. Aber die Identifikation mit Diaspora und babylonischer Gefangenschaft offeriert immerhin ein nicht zu unterschätzendes Zuhause in großen Erzählungen. Und diese spenden immer noch reichlich Metaphern – etwa die biblisch inspirierte »Wildnis«-Rede, die sich auf die babylonische Gefangenschaft bezieht – für die zeitgenössischen besonderen Entfremdungsverhältnisse, unter denen z. B. die meisten US-Schwarzen leben. Metaphern, denen es an Plausibilität nicht mangelt. Die Beraubung, soviel steht fest, hat stattgefunden, denn ich habe ja keinen Einfluß und keinen Besitz und hatte auch nie welchen. Also hat sie vor meiner Geburt stattgefunden und wird als irgendwie primär erinnert, als kolonialistische Urszene. Sie fühlt sich mittlerweile aber truthful und treffend auch für all die anderen an, die zwar noch die »Wildnis« im Urlaub suchen, aber die erzwungene Verwilderung ihrer Existenz auch immer schlechter ertragen, die restlichen Kapitalismus-Opfer nämlich.

Jeder Schritt von der Konkretheit irgendwelcher Abstammungs-Mystik zur Abstraktheit einer politischen Erkenntnis ist da ein Schritt in die richtige Richtung, und der Fall, daß diese Schritte von Rappern im Kontext ihrer Kunst vorgenommen werden, weist die Kritik an Abstammungsmythen als Ausgangspunkt solcher Reflexion in ihre Grenzen. Rapper mit Herbert Hupka zu vergleichen, ist aus vielen Gründen infam; wenn es aber auf irgendeinem Level Berührungspunkte gibt, auf die eine europäische, altlinke HipHop-Kritik ja immer wieder zurückkommt, muß sie klar unterscheiden, ob solche Heimatbezüge als Ausgangspunkte oder als Fixierungen auftreten. Das gilt besonders dann, wenn man sich die von

HipHop beeinflußten jungen Leute, wieder hauptsächlich Männer, in deutschen Großstädten und ihre teilweise nur noch Pitbull-Besitzer-Version von Territorialitätsideen und Identifikation mit diasporischen Geschichten ansieht. Dennoch gibt es auch da, vor allem natürlich bei Migrantenjugendlichen, beides – Ausgangspunkt und Fixierung.

Am Ende des Interviews steigert sich Busta in dräuende Andeutungen des nahen Endes. Gut verschwörungstheoretisch-millenaristisch liest er die Zeichen an der Wand, die Jahreszahlen, die Prophezeiungen, das Ende des Jahrtausends etc. Schließlich frage ich, was es denn nun sei, das kommen werde, was er da die ganze Zeit andeutet?

»Busta Rhymes' neue Solo-Platte natürlich, was denn sonst!«

1996

Identitätspolitik und Soulpolitik

Was haben Janet Jackson, Erykah Badu, Lil'Kim, Mary J. Blige und Missy Elliott gemeinsam? Richtig, alle sind mit Alben des Jahres 1997 in den Jahresbestenlisten der »Spex«-KritikerInnen vertreten. Alle sind im weitesten Sinne dem Genre R'n'B zuzuordnen. Alle sind schwarz. Alle haben einen US-Paß. Alle sind Frauen. Und alle diese Gemeinsamkeiten könnten bedeutsam werden, um zu erklären, warum diese Vokalistinnen ziemlich plötzlich in die geschlossenen Geschmacksphalanxen der »Spex«-Welt einbrechen konnten. Wo sonst Instrumentalmusik, abstrakte Musik, elektronische Musik und »anonyme« Musik – Compilations, KünstlerInnen ohne Gesicht und mit Pseudonym, Labelsounds – jeweils in verschiedenen Gattungen und aus unterschiedlichen Traditionen das Geschmacksbild bestimmten. Hier nun explizite Selbstdarstellungen, präsente Persönlichkeiten, persönliche Profile, Inhalte, Konkreta, Worte, Biographien ...

Zwei politische Funktionen von Pop-Musik kennen wir aus ihrer Geschichte: 1) die Unterstützung und Stiftung von allen möglichen Arten von Gemeinschaften (verschworene oder lockere, strategische oder essentialistische, marodierende Männermobs oder Hippie-Revolutionäre, durch Nicht-Verbundenheit verbundene nietzscheanische Punks und durch nichts außer gemeinsamer Präsenz am gleichen Ort verbundene Raver – sowie Millionen Modelle mehr). 2) Das Zur-Sprache-Bringen, Artikulieren, Formulieren, Repräsentieren neuer Subjektivitäten. Neu heißt: im Kontext der jeweiligen Artikulationsform bisher nicht zugelassen oder vertreten oder aus anderen Gründen abwesend.

Nun haben alle Erwähnten eine weitere Gemeinsamkeit, die vor ein paar Jahren als die bevorzugte neue Subjektivitäts-Formel galt: Sie sind mehrfach minoritär (selbstverständlich in jenem Deleuze'schen Sinne, demzufolge auch eine zahlenmäßige Mehrheit minoritär sein kann), z. B. schwarz und weiblich. Ein erster Gedanke könnte daher zu der Cultural-Studies-PC-Wunschvorstellung führen, mehrfach minoritäre Subjektpositionen kämen nun endlich im großen Stil zu Wort. Aber heute weiß man auch zwei oder drei Dinge mehr über die oben genannten Pop-Politik-Mobilisierungen:

– Erstens wissen wir, daß Gemeinschaftsbildungen qua Pop zur Zeit fast alle blockiert sind: Vom seit 1996 unter Pop-Zwang stehenden deutschen Feuilleton (und anderen Instanzen majoritärer Meinungsbildung), das zuletzt auch SS-Männer und niedersächsische SPD-Politiker zu Popstars erklären mußte, bis zur Weltsportsware-Marken-Dominanz findet man überall Indizien, daß fast alle strategischen Elemente, auf denen die klassischen präpolitischen popkulturellen Gemeinschaften beruhten, virtuos von den institutionellen, ökonomischen und kulturellen Powers-that-be apropriiert worden sind. Das heißt zwar nicht, daß sich nicht hier und dort mit Umwidmen, mit De- und Rekontextualisierungen vorübergehend

Aussageweisen und -positionen erobern ließen, aber um den Preis der Opferung immer größerer inhaltlicher und künstlerischer Anteile zugunsten von Strategie.

– Zweitens wissen wir, daß neue Selbste und keck erfundene Sondersubjektivitäten sich mit den kontrollgesellschaftlichen Konditionen bestens vertragen. Deren Theorie – wie in »Mainstream der Minderheiten«[5] entwickelt – zufolge kontrollieren sich die privilegierten Glieder der Gesellschaft qua Lifestyle, Verfeinerung und Technologien des Selbstes immer besser und effizienter selbst, während der andere Teil – u.a. durch kulturelle Differenz anzeigende Stigmata kenntlich – je nach Bedarf abgeschoben, konventionell oder von der Stimulanzindustrie ausgebeutet wird.

Diese Grundüberzeugungen im kritischen Diskurs von »Spex« und anderen führen so einerseits zu dem Wissen, daß Pop-Gemeinschaftsbildung im besten Falle unmöglich geworden ist, im schlimmeren Falle zum Baustein der Defensiv-Rassismen wird, mit denen sich die Insassen der Festung Europa ihre Identität zimmern. Und daß andererseits die individuellen Strategien immer nur dazu tendieren, dem exzessiven Lifestyle-Konsum nur eine weitere beliebige und folgenlose käufliche Nischenpraxis zu erschließen.

Was aber, wenn nun die Begeisterung für die erwähnten KünstlerInnen indizierte, daß erstens die optimistische PC-Idee von den mehrfach minoritären Subjektpositionen so richtig sie in politischen Bereichen ist, nicht übertragbar ist auf das kulturelle Feld? Und zweitens aber die pessimistischen Diagnosen von den geschwundenen politischen Möglichkeiten der Pop-Musik im Zeitalter der Kontrollgesellschaft auf ganz andere Art überholt worden sind?

Zum ersten Punkt: Es ist zwar richtig, daß die Repräsentation einer bis dato nicht repräsentierten Position nicht nur im institutionell politischen, sondern auch im kulturellen Feld Ermutigungen aussprechen, Ausgrenzungen sichtbar und verhandelbar und im besten Falle auch deren institutionelle und gesellschaftliche Seite mitkommunizieren kann. So war der erste schwarze Schwergewichtsweltmeister Jack Johnson sicherlich Träger solcher Hoffnungen und Funktionen. Heute sind schwarze Boxer eher eine Trumpf-Karte rassistischer Zuschreibungen, die Schwarze auf eine bestimmte Körperlichkeit festlegt. Mit anderen Worten: Jeder identitätspolitische und repräsentationspolitische Erfolg im kulturellen Bereich hat nur für kurze Zeit die erwünschte politische Bedeutung, bevor er sie im besten Falle verliert, oft jedoch in das Gegenteil umschlägt und nur noch einen weiteren Stereotypen generiert. Das wird an dem vorliegenden Fall besonders deutlich. Nichts würde der Unterschiedlichkeit der künstlerischen Entwürfe dieser Frauen mehr Unrecht tun, als sie vor den Karren *eines* identitätspolitischen Anliegens zu spannen. Zum anderen aber würde dies ohnehin nach einer kurzen Überraschungsphase über die üblichen spektakulären Regeln in Zuschreibungsdispositive und Stigmata in Reserve zurückübersetzt werden.

Solche Gewinne auf repräsentationspolitischem Terrain sind eben auch eigentlich kein »Zu-Wort-Kommen« in dem oben gemeinten Sinne. Das würde ja gerade voraussetzen, daß ein künstlerischer Überschuß über die Repräsentationsfunktion hinaus erzielt wird. Korrekt repräsentiert ist eine Gruppe nur dann, wenn die Verschiedenheit ihrer Angehörigen schließlich als nicht repräsentierbar repräsentiert ist. *There are eight million stories in this city.* Aaliyah wies darauf schon letztes Jahr hin, als sie ihre Platte »One In A Million« nannte.

Was bleibt, ist, die popkünstlerischen Entwürfe und ihre Neuartigkeit auf der Ebene zu lesen, auf der sie entstanden sind – als hochindustrialisierte Produkte, die Elemente aus kollektiven Musikstilen in individuelle Handschriften und individuelle Performances zurückübersetzen. Und genau darin liegt, und damit zum zweiten Punkt, auch ihre politische

Bedeutung. Die Individuen, die hier vorstellig werden, sind eben nicht die von Technologien des Selbst zur Selbstkontrolle gelangten neuen Querdenker-Manager-Typen, sondern eher Vertreterinnen kontingenter und unterschiedlicher persönlicher Bedürfnisse, Weltbilder und Körperpolitiken. Nicht homogenisierende Selbstkontrolle, sondern das lediglich durch Biographie und Individualität zusammengehaltene Chaos des klassischen, verschlampt-ehrgeizigen künstlerischen Lebens prägt ihre Projekte. Janet Jacksons hochcodierte und heterogene Symbolpolitik hat nicht viel mit Lil'Kims bratziger Direktheit zu tun, Erykah Badus ebenso brillante wie verquaste Afrozentrismus-Adaption ist von Missy Elliotts virtuoser HipHop-Soul-Version des Stax-Modells so weit entfernt wie einst Millie Jackson von Diana Ross. Und die ungebrochene, pragmatisch urbane Eleganz von Aaliyah ist von Mary J. Bliges Aufrufen überwundener Tragik und Vergangenheit trotz vieler formaler und musikalischer Ähnlichkeiten doch ziemlich weit entfernt.

Was alle diese Frauen tatsächlich gemeinsam haben, ist also ein Individualismus, der mit dessen alteuropäischer, bürgerlicher Version mehr gemeinsam hat als mit Selbsttechnologien, elektronischer Einsamkeit und Cybersubjektivität. Da dieser alte, Rechte und Respekt einfordernde, sich aber gemeinschaftliche Zumutungen verbittende Individualismus gerade in keinem der neuen blairistischen oder schröderianischen ideologischen Modelle eine besondere Rolle spielt, steht er hier plötzlich als Modell zur Verfügung.

Natürlich *bedeutet* dieses Modell in der Umgebung, in der diese Frauen arbeiten, etwas anderes als in den Umgebungen, in denen Vorgängermodelle von starken, kontingenten und biographistischen Künstler-Individuen in der Pop-Musik früher eine Rolle gespielt haben – niemand kann oder will zurück zu Dylan, Ray Davies oder Jim Morrison, erst recht nicht zu Tina Turner oder Janis Joplin, aber auch

nicht zu Madonna. Diese neue Umgebung ist von den Kollektivismen des HipHop, der neuen Geschmeidigkeit des Materials, das Sampling und Cyberkultur ermöglichen, und von den Frontlinien der Identitäts- und Gender-Politik durchzogen. Doch gegen die zumindest inhaltlich langsam in stumpfem Macho-Milleniums-Geheimgesellschafts-Gebrabbel versinkenden HipHop-Community einerseits und gegen die mit der Autorschaft auch alle Verantwortlichkeiten und damit politische Optionen – wenn auch z.T. aus guten Gründen – aufgebenden Post-Techno-Kulturen andererseits führen die Jacksons, Bliges und Badus dieser Welt die Möglichkeit des individuell begründeten Einwands symbolisch wieder ein. So können an einem Ort der Song und die Sängerin wieder leisten, was anderswo schon lange nicht mehr möglich war. Unnötig zu sagen, daß weißen Männern dieses Modell so ohne weiteres natürlich nicht zur Verfügung steht.
1998

Himmler und Hundezüchter

Archie Shepp beklagte sich einmal über die Projektionen weißer Jungs auf schwarze Musiker als Revolutionäre und unbestechliche Verkörperungen eigener unrealisierter Hoffnungen. Würden diese Jungs enttäuscht, so Shepp, würden sie sich fürchterlich rächen. Ich will nicht leugnen, in Ice Cube wie in die Poor Righteous Teachers gewisse, wenn auch immer schon eingeschränkte Hoffnungen investiert zu haben. Auch nicht, daß, würde irgendeine weiße Mastino-Züchter-Metal-Band den Scheiß produzieren, für den Ice Cube hier zeichnet, mir das keine Erwähnung wert wäre. Soweit also will ich mein Urteil gerne relativieren. Wahrscheinlich aber habe ich trotzdem recht.

Ice Cube hat mit Mack 10 und WC die Gruppe Westside Connection gegründet und eine Platte* aufgenommen, deren einziger Gegenstand die gegenwärtige Ost-West-Küsten-Auseinandersetzung ist. Ihr einziges Stilmittel ist die Grimasse, die böse Flunsch, die sie auf diversen Vierfarbfotos auf dem Booklet vorzeigen. Die Musik ist so dürftig wie schon lange auf keiner HipHop-Platte mehr. Die Texte so retardiert sexistisch, blöde und aggressiv wie die Hirne von Hundezüchtern. Wer mir nicht glaubt, höre sich einfach »All The Critics in New York« an, mit seinem beleidigten Gekläffe über die »niggas«, die die Westside nicht respektieren. Natürlich fällt ihnen nur ein, das mit »the battle of the sexes« zu vergleichen – die Gewinner sind die Pimps, die Verlierer die Bitches. Daß dieses Werk die Spitzen der Charts erreicht hat, ist der letzte Beweis, daß HipHop in den USA die Landjugend erreicht hat.

Etwas komplizierter liegt der Fall beim verschwörungstheoretisch überkandidelten Comeback** der Poor Righteous Teachers. Musikalisch ist hier nämlich noch einiges los. Darüber hinaus zeigen die zum Glück nicht von der Lektüre von Illuminaten-Traktaten, Himmler-Biographien und dem anderen auf dem Cover ausgebreiteten Bücher-Wahnsinn geprägten Liebeslieder, bei allem Quatsch über Sisters immerhin, daß in ihrem Leben noch irgendwas Anderes los ist als Visionen über das Große Tier, das in einem Computer in Brüssel sitzen und die Nummer 666 auf allen Kreditkarten und Warencodes der Welt untergebracht haben soll. Die PRT sind flexible, nicht nur Reggae-geschulte, sondern zuweilen auch recht soulvolle Rapper, zuweilen sogar mit Humor. Dennoch machen es die Pamphlete, die dieses Werk doch entscheidend prägen, un-

* Westside Connection, »Bow Down«, Priority/Virgin 1996

** Poor Righteous Teachers, »The New World Order«, Profile 1996

möglich, das 5%er-tum hier noch als spielerisch und offen zu verstehen, wie Hans Nieswandt das vor ein paar Jahren bei einer Begegnung mit ihnen tun konnte: Demagogie und Ideologie *rulen* oft aufs Penetranteste, und auch KRS One reiht sich dabei als Gast wortgewaltig ein, immerhin also der Mann, der einst vor den Irrlehren der diversen HipHop-Moslems gewarnt hatte. Immerhin aber geht es auch noch gegen White Supremacy und nicht gegen Bitches von der East Coast, immerhin stimmt auch die Musik, und immerhin haben auch die Beats eine Wahrheit. Die Frage ist nur, ob man das noch hört, wenn man sich wegen einer paranoiden Predigt die Ohren zuhält.
1996

Unser Milieu – Wer sind eigentlich wir?

Vier Sampler aus dem alternativen Milieu. »Unsere Szene«. »Wir sind die, die *wir* sagen, um damit eine Gruppe von Leuten zu bezeichnen, die niemanden ausschließen.« – »Doch, die, die andere ausschließen wollen.« – »Ich will sowieso nicht bei euch mitmachen.« – »Doch, zu uns gehören ganz viele, die bei uns nicht mitmachen wollen. Wir setzen uns aus vielen Ichs zusammen. Und einigen Nichtichs.« – »Mich werdet ihr nicht in eure Scheiße reinintegrieren.« – »Wir haben aber geile Paradoxa.« – »Aber meine Paradoxa sind paradoxer. Ich will nicht zu eurem Wir gehören, weil es nicht ausschließt, auszuschließen. Ich will aber weder eingeschlossen noch ausgeschlossen werden.« – »Dann kannst du dich nicht zu uns verhalten.« – »Ich bezahl halt nicht.« – »Dann bist du eben von Herzen willkommen.«

Der Threadwaxing Space in SoHo, New York ist ein Indie-Rock-Ort, der darauf spezialisiert ist, Bildende Kunst nicht auszuschließen. Dafür ist er berühmt, diese eroberte Marktlücke hat ihn mittlerweile trendfähig gemacht. Mir gefallen auf dieser Traumcompilation* für »Spex«-Leser einmal The Sea And The Cake, wie sie Grateful Dead darstellen, und das erstaunlich entschlossene »I am a Scientist« von Guided By Voices (Der Rest ist das übliche narzißtische Geschrängel).

Das leitet leicht über zu »Red, Hot & Bothered«, einer Zeitschrift-cum-10inch-EP**, die junge Leute über Safer Sex informiert und darauf hinweist, daß Paare nerven (»saugen«), denn dort spielt Freedom Cruise, eine Breeders/Guided-By-Voices-Supergroup neben den mich wieder mal kalt lassenden Grifters, Liquorice, Folk Implosion (mit Lou Barlow) und den hier leider nicht an den Humor ihrer EP anknüpfenden Kinderstars von Beastie Boys Gnaden, Noise Addicts.

Das netteste Lied von der eigenen Platte der Noise Addicts, »I Wish I Was Him«, covert Kathleen Hanna wiederum für die neue Compilation*** der radikal-unabhängigen Kill-Rock-Stars-Organisation, der interessantesten Platte in diesem Haufen. Sie bleibt nahe am Star-mordenden Thema, obwohl auch sie die leichte Ambivalenz in dieser Evan-Dando-Veralberung – natürlich sind wir Fans, auch Fans von Evan – auf feine Weise erhält. Ansonsten gefallen The Tourettes, Helium w/The Birds Of Paradise, süffiger Sozialrealismus von Team Dresch, netter Haß von den Mulkiteo Fairies und die Agit-Ska-Hymne von Rancid. Auf einer Bonus-7inch gibt es dann nochmal sechs Songs, darunter ein großer Rap von God Is My Copilot, und süße Pfeifgeräusche von Fifth Column. Zwar ist auch hier der Rest Geschrängel, aber die Dichte, die aus den Paradoxen des Indie-Zusammenhangs, den narzißtischen Nöten, den mikro-

---

* »Threadwaxing Space Live: The Presidential Compilation«, Zero Hour 1995

** »Red, Hot + Bothered – the Indie Rock Guide to Dating«, Red Hot/Kinetic Records 1995

*** »Rock Stars Kill«, Kill Rock Stars 1995

politischen Kämpfen und dem einstürzenden Großen Ganzen gewonnen wird, hat mich wieder ein wenig mit Indie-Rock, zumindest seiner erweiterten Version, versöhnt.

Der Wicker-Park-Sampler* definiert sein »Wir« als ein gewesenes, schon historisches, das aber jederzeit dort wiederherstellbar sei, wo bestimmte günstige Rahmenbedingungen vorliegen. Die Blüte dieses Bohème-Stadtteils von Chicago ist vorbei, die Spekulanten haben ihn übernommen. Erst im Rückblick darf man die Energie einer Community benennen und dokumentiert verkaufen. Ein richtiger Schritt, der sozusagen allen jetzt existierenden und noch nicht öffentlich dokumentierten Communities gewidmet ist. Verwirklicht wurde auch das Ziel, »Diversity« darzustellen: Von Lärm über Jazz aller Epochen, »E-Musik«, »A-Musik« bis zu Klassik ist hier alles vertreten, oft auf hohem Niveau. Das Durchhören hinterläßt die Diversity manchmal nur noch als formales Prinzip: homogen heterogen. Wir sind die, die so verschieden sind, daß sie nichts gemeinsam haben. Außer eben das.

1995

Die Depressionen des nichtkleinbürgerlichen Nichtmittelklassesubjekts

Etwas unbemerkt von einer Geschichtsschreibung der großen, alten Entwürfe und kleinen, neuen Sub-Genres ist HipHop ganz generell in den letzten fünf Jahren deutlich trauriger geworden. Politisch desillusionierter und individuell mutloser. Ein gnadenloser Ernst des Lebens, eine in jeder Hinsicht verschärft ausweglose Situation in den Inner Cities der USA, begleitet von der allmählichen Abschaffung jeder Sozialpo-

* »Experience The Now Sound of Chicago's Hot Wicker Park«, Terminal Projects 1995

litik, insbesondere sogenannter kompensatorischer Politik (Affirmative Action), bilden den Hintergrund einer Lage, die in ihrer bleiernen Wiederholung dieser immer gleichen Tatsachen auch den kräftigsten und jugendlichsten Figuren aufs Gemüt schlagen muß. Eine tragische Grundstimmung machte sich in letzter Zeit nicht nur bei den Dünnhäutigeren, sondern häufiger auch durch die berufsmäßig machomäßig kraftstrotzenden Gefühlskostüme hindurch bemerkbar, etwa bei den Geto Boys, auch bei Tupac. Manchmal als Sentimentalität, häufiger und nachdrücklicher als Riß und Diskontinuität im Gangsta- wie im Preacher-Selbstentwurf.

Mit dieser neuen Mobb Deep* hat dieses Lebensgefühl einen neuen Ton gefunden. Es erinnert an den Schritt von New Wave zu Joy Division. Viele haben Joy Division am Anfang als bürgerlich-pubertäre Romantik mißverstanden, nicht als den ersten Niederschlag eines postindustriellen Ex-Working-Class-Blues. Bei Mobb Deep erscheint auch Apokalyptik nicht in erster Linie als Ideologie oder Verschwörungstheorie, sondern als Lebensgefühl von sich in Asphaltpfützen spiegelnden großen Ratlosen. Das Medium ist Musik: Klare Klangfarben-Disziplin, keine Bläser, Gitarren, sondern statt dessen eigenartig komprimierte und digital bearbeitete Streicher und zurückgenommene E-Pianos bestimmen den Sound. Diese vom Keyboard elektronisch abgerufenen Streicher-Schlieren liegen fast durchgängig unter den zwar manchmal immer noch comichaft und stereotyp aufzählenden, aber superernst beschworenen Balladen von Bleakness und Blues.

Ein Track wie »Can't Get Enough Of It« mit seinen klaustrophob knisternden Geigen weit hinten und den trocken die Enge des Vordergrunds ausfüllenden Raps ist von dem an happy Hedonismus erinnernden Songtitel so denkbar weit weg wie damals De La Soul von Goldketten. »G.O.D. Pt. III«, vermut-

* Mobb Deep, »Hell On Earth«, Loud/RCA/BMG 1996

lich sowas wie der Hit, verdichtet Material und Methode dieser tristen, durchaus erschütternden Platte zu einer Hymne, die – wie beste Popmusik das immer konnte – ein zeitgenössisches Gefühl auf den Punkt bringt, bevor es einen Namen und einen entmündigenden Diskurs dazu gibt. Love will tear us apart.
1996

Bis es weh tut: Die einzig wahre deutsche HipHop-Platte

Dieses Werk ist eine Qual*. Und gleichzeitig die interessanteste deutsche HipHop-Platte ever. Diese Platte haben wir, Ihr und sie alle verdient. Zuerst dachte ich, sie stammt von Menschen, denen man mit 22 und im fünften Semester für fünf Jahre jede andere Informationsquelle als »Spex«, »Beute«, »Arranca«, »Interim« und »17 Grad Celsius« und die dort erwähnten Bücher, Zeitschriften, Filme und Platten entzogen hat. Doch fallen diese Zirkulare bekanntlich nicht vom Himmel: Sie stehen auch für ein reales Milieu und dessen Bedürfnisse. Man kann sich das alles auch so zulegen.

Das Cover ist ein nur noch durch den Rand erkennbares zerkratztes, reproduziertes Cover der BDP-Platte »By All Means Necessary«, der Bibel der HipHop-Militanz – seinerseits auf ein berühmtes Malcolm-X-Foto anspielend, das sich seinerseits Motive der Filme »Scarface« und »Le jour se lève« zunutze machte. Damit aber noch nicht gebrochen und selbstreflexiv genug: Man hat sich die Idee, Gebrochenheit und Beeinflußtheit durch ein zerkratztes Cover einer Vorbild-Platte darzustellen – Dekonstruktion mit den Fingernägeln, dem pubertären Instrument schlechthin –, wiederum von Cpt. Kirk & geliehen und gibt denen dann auch noch Credit, wie es

* Wahre Schule, »Im falschen Geruch von Ghetto hier«, What's so funny about/EFA 1997

sich gehört. Aus einem Foto vom Eingang zum U-Bahnhof Kottbuser Tor hat man per Collage ein »Identity-Tor« gemacht – gebrochene Bestimmung der Community-Zugehörigkeit: Kreuzberg. Aber so naheliegend es sein mag, man weiß, Kreuzberg ist kein Ghetto, nicht mal vergleichbar, nicht mal zwei Ghettos. Und man glaubt natürlich nicht einfach so an *Community*, man hat ja das kokett unbestechliche »17 Grad« gelesen – die einen weiteren Credit kriegen –, und die halten jeden Zusammenschluß, im Zweifelsfall auch von Kreuzberger HipHop-Fans, tendenziell für eine potentiell völkische Zusammenrottung.

Es bleibt aber nicht beim Abschreiten linksradikaler Ideen und Wahnideen, man weiß, das wäre auch zu eng. Dieser Gruppe entgeht keine Aporie. Daher dann der Hinweis auf Deleuze/Guattari, die mit einem Plädoyer für oszillierende Signifikation statt Despotie der Bedeutung auf dem Info zitiert sind. Naja. Die Beherzigung läßt zuweilen zu wünschen übrig, wenn eine – sehr richtige – Kulturalismus-Definition *gerapt* wird, als gebe es gar keinen Unterschied zwischen den Ebenen – denn die andere Möglichkeit, man wolle sich von der Sachlichkeit der Kulturalismus-Definition dadurch, daß man sie rapt, distanzieren, fällt ebenfalls aus. Sie stimmt ja. Gleich darauf wird dann Deleuze/Guattaris Forderung übererfüllt, wenn die lyrisch wortspielerische Seite der Gruppe ganz offen läßt, wie man zu einem der anderen hier verhandelten Themen steht. Lieber als Songwriter sterben als eine Assonanz verschenken.

Das Problem dieser Band ist, daß sie alles, was ihr auf verschiedenen Ebenen durch den Kopf schießt und geschossen ist, meint sagen zu müssen, ohne unterschiedliche Ebenen in der »Kunst«, dem »Resultat« einzuziehen. Einerseits kennt man hier politische Theorie, Praxis, Lyrik, die Import-Export-, Autorenschafts-, etc.-Probleme und kann sie sortieren, trennen, über- und zuordnen, andererseits wird alles gleichartig gerapt: zornig, jung, männlich – als wäre Rappen an sich natürlich, gottgegeben, neutral, zumindest aber gut und stark genug, alles zu synthetisieren. Wahre Schule sagen eigentlich alles über die Entstehungsbedingungen von allem, womit wir's hier zu tun bekommen: ihrem politischen Bewußtsein, ihrem Geschmack, ihrem Denken, ihrer Musik, der Welt, aber sie sagen es nicht in eine Form, die der Unterschiedlichkeit der einzelnen Stufen und Ebenen gerecht wird. Alles wird zum gleich zornigen Idiom, ob's gegen Liberale geht, um Race/Class/Gender oder ein Text von Nelly Sachs verarbeitet wird.

Darüber hinaus kann man jetzt noch feststellen, daß die Musik manchmal gar nicht so schlecht, manchmal grottenschlecht und manchmal klasse ist, daß die Thematisierung der Unmöglichkeit, HipHop einfach so hier machen zu wollen und es dann trotzdem zu tun, die richtige Haltung ist etc. Doch klingt das nur so, als könne man einigermaßen neutral abwägend mit diesem Ding umgehen. Das ist aber vielmehr – weil da richtig gedacht wird, die richtigen Auseinandersetzungen vorkommen etc., andererseits irre Stilblüten, wahnsinnige Ausdemfensterlehnereien, schlicht: Peinlichkeiten das Geschehen beherrschen – nicht nur nicht möglich, das Ding ist eine Provokation. Eine Platte, über die endlos zu reden wäre. Damit ist sie allen anderen deutschen HipHop-Platten, die sich irgendwie darin eingerichtet haben, daß hier Deutschland ist und kein Ghetto, sondern Mittelklasse und Kinderzimmer und das eigentlich auch ganz okay, ganz weit voraus. Hier hört man, daß es eben tatsächlich wehtut, und zwar auf der Ebene, wo ästhetische Ergebnisse einst unbestechlich recht hatten, wenn hier HipHop gemacht wird. Diese Platte läßt es knirschen. Damit ist sie nicht so peinlich, daß sie wieder gut ist, sondern ein häßlich zutreffendes Dokument einer ersten ernsthaften Peilung der Problemlage. Von hier aus könnte jetzt künstlerisch weitergearbeitet werden, durch Identity-Nadelöhre hindurch und über andere Hindernisse hinweg.

1997

Sex mit Satan, im voraus bezahlt

Manchmal wird man nicht für das geliebt, wofür man geliebt werden möchte. Ann Magnusson will mit dieser Platte* als Camp-Göttin, Hip-Priesterin, Rock-Chick, Easy-Listening-Lady, laszive Diva, Seriensirene und Pubertätsphantasie anerkannt werden. Aber wenn ich sie bewundere, dann als protestantischen Workaholic und Control-Freak, als die Todd Rundgren der satt und übersemantisierten Spätpostmoderne. In einer Welt, wo junge Leute sich allen Ernstes an dem »Vampyros Lesbos«-Soundtrack irgendwie kennerisch campy einen abschwallen können und mit dünnen Bärtchen im Bewußtsein irgendeines *Cools* in Szene-Kneipen zum 4917ten Mal Sixties-Serien-Soundtracks hochleben lassen, ist subkulturelles Kapital verdammt cheap geworden; inflationssichere Investments sind kaum noch zu haben. Wen wollen da Hollywood-Parodien, kennerische Zitierereien so ziemlich jeder Musik, campy Pin-Up-Fotos, Illustrationen im Früh-70er-»Playboy«-Stil und Songtitel wie »Manipulative Kennedyesque Celebrity Fucker«, dargebracht mit einer Know-it-all-Attitüde, in einer Welt, wo eh jeder hip ist und jede jedes Konzept durchschaut, noch beeindrucken?

Nun, Ann Magnusson weiß auch dies. Schon zu Bongwater-Zeiten schreckte es sie nicht, daß ihre Referenz-Panoramen oft reichlich ranzig rochen (Groupies, Led Zeppelin und immer wieder Hollywood), aber sie läßt nicht locker, denn das einzige, was sie kann, heißt Multitalent (gute Songwriterin!), und zwar in enzyklopädischer Dimension. Ich kann, ich will, ich muß, suck on this, Jacques Offenbach! Sie hat die ehemalige Begleitband von Raymond Pettibon, die LA-Super Session eingekauft: mit Rich Lee, Art Byington – einem begnadeten Nerver und Gitarristen – und Mike Kelley als Drummer –

* Ann Magnusson, »The Luv Show«, Geffen 1996

immerhin der bekannteste zeitgenössische US-Künstler, der hier vor allem in dem Punk-Rocker »Miss Pussy Pants« mit seinem bekannten Sound-Effekt-Können brilliert. Und für die New-York-Nummern kommen die Don Flemmings und David Lichts aus ihrem alten Bong-Milieu zum Einsatz. Das ist so kompetent und einfallsreich, daß man nicht weiß, wohin mit seinen armen Ohren. Ja, hier kommt die rundumgebildete, distanziert-authentische, authentisch-distanzierte Gesamtpopkulturrevue, und ich bin der Boß. Das gibt Ann einen gewissen, leicht Mae-West-oiden, stoischen Charme. Sie kontrolliert nicht wie Madonna, zwischen Panik und Pleasure, sondern mit eher bäurischer Renitenz. Und wenn sie dann in Hispano-Pidgin-English vom Sex mit dem Teufel singt, dann ist das eine anständig erarbeitete, im voraus bezahlte und gut versicherte Transgression, die alles Wissen über das Ende der Postmoderne links liegen läßt und sich von der Geschichte nicht die Kontrolle über die ganze Geschichte nehmen läßt. Wer irgendwoher weiß, daß das nicht gut sein kann, der werfe das erste Freizeitgesellschaftsprivileg!
1996

Überlebende, um welchen Preis

Zwei Platten sind schon eine Weile draußen*, die dritte ist brandneu**, und alle drei Werke sind ziemlich schwer in Deutschland zu bekommen. Die beiden älteren sind ziemlich extreme, gleichzeitig unspektakuläre Meisterwerke durchgeknallter, einsamer, unterschiedlich alter, aber unauffälliger,

---

* Kim Fowley & The Rubbertown Angels, »Worm Culture«, Alive Records 1995; Julian Cope, »Autogeddon«, American Recordings 1995

** Kim Fowley and Ben Vaughn, »Kings of Saturday Night«, Sector 2 1995

alter Männer (Kim Fowley ca. 60, Julian Cope ca. 40), die statt in Routinen zu verfallen, sich noch einmal richtig Mühe gegeben haben und doch den begrenzenden, (routiniert-)grotesken Aspekt ihrer Arbeit nicht loswerden. Die neuere, Fowley/Vaughn, ist ein durch noch so viel R'n'B und Country-Solidität von Seiten Ben Vaughns kaum noch zu rettendes, aber natürlich auch unverzichtbares, nicht zu stoppendes, sinnloses, debiles Altersgefasel voller Größe, Tragik und Windbeuteligkeit, das man allerdings nur härtesten Fowley-Verehrern als »Werk« andrehen können wird.

Meine Kim-Fowley-Verehrung beruht darauf, daß er sich nie zwischen gnadenlosem Opportunismus, zynischster Speichelleckerei einerseits und grandiosem Genialismus, surrealer Polit-Poesie und Megalomanie entscheiden konnte. Möglicherweise den Unterschied nicht kennt. Das Monsterbaby der Kulturindustrie. Er hat jeden Job genommen: Songschreiber, Produzent, Entdecker von Jonathan Richman, der Runaways und unzähliger anderer Girl Groups, Lead-Sänger, Ideenlieferant, Plattenindustrieller, windiger Manager, Journalist, Historiker. Und Kim Fowley hat jeden Inhalt mitgemacht, vom historischen Rock'n'Roll über Blumenkind, Öko-Freak, Glitter-Androgynie, Junkie-Bosheit, Serial Killer, Disco, Punk und Synthi-Pop bis zu Spoken-Word-Visionär und Gummi-Rimbaud. Nur selten hat er es geschafft, daß seine Versuche, sich irgendwo anzuhängen, nicht wie Parodien wirkten, wie großartige überdrehte Parodien, die – gemäß der alten Camp-Definition: *the lie that tells the truth* – wahrer waren als die Wahrheit (das Original). Manche Dinge sind diesem tragisch fehlplazierten Glitter-Nietzsche des Hollywood Boulevard trotz allem besser gelungen als andere: einerseits wahnsinnige, zäh-lange *spoken* Selbstporträts zu narko-narzißtischem Progressive-Rock-Genudel und andererseits LA-Stories mit Girls in Unterwäsche von »Frederick of Hollywood« oder Leder.

Doch selbst ihm passierten in den letzten zehn Jahren nurmehr nur noch völlig groteske, in keiner Weise mehr erträgliche Platten (wie etwa »White Negroes in Deutschland« zu seinem Skandal-Auftritt bei den Berlin Independence Days), so daß »Worm Culture« schon allein deswegen erwähnenswert ist, weil es den Anschluß an frühere größenwahnsinnige Großtaten herstellt: Kim hat sich Riot Grrls, alle Arten von Grenz-Sex, Familien-Gewalt, wieder mal Serial Killer und andere Modethemen erarbeitet, hat versucht, sie in sein morbides Hollywood-Dekadenz-Universum zu integrieren, und dabei auf CD-Länge die Klappe nicht gehalten: kein surrealer Schwachsinnsscherz, kein Schüttelreim zu blöde, keine Charles-Manson-Erwähnung zu abgeschmackt, kein Sexismus zu schwanzab. Darüber hinaus ist das Ganze als Dialog mit einer natürlich willigen, zuweilen spanisch-sprachigen (auch das multikulturelle LA ist an ihm nicht vorübergegangen) Edel-Sleaze-Schnepfe inszeniert, in dessen Verlauf man sich gegenseitig an Verworfenheit, Pessimismus und Ennui zu überbieten versucht (und dabei passiert es ihm öfter, daß er nicht mehr böse, sondern wie Butthead klingt): »Hast du schon mal Sex auf dem Friedhof gehabt?« – »Selbstverständlich. Mindestens einmal die Woche.« – »Was hast du lieber, warme Särge oder kalte Knochen?« – »Are you a broken down angel?« usw. Alles umgarnt und überwuchert von angenehm schlaffem Rock'n'-Roll und einer völlig ins Kraut geschossenen Sci-Fi-Prosa, die Kim mehr spricht als singt. Das Beste: Trotz all der lächerlichen Versuche, eine Platte zu machen, die wirklich *sick* klingt, bleibt dies eine Platte, die vielleicht auf eine wieder unfreiwillige Weise *wirklich sick* klingt. Genießen kann man das trotz aller Abgebrühtheit und Fowley-Vertrautheit nicht, aber man entgeht ihm auch nicht. Wie sagten sie früher: verstörend.

Bei der Kollaboration mit seinem Fan Vaughn geht ihm dann die Puste aus. Vaughn gibt sein Bestes zwischen kühlem Blues-Rock und Geräusch-Dreingaben, die wie das Zitat von

»kühn« klingen: Kim labert nur noch über Weltuntergang und wie er geile Weiber aufreißt, und auch bei den Liner Notes fällt ihm nicht viel ein. Hier sind es wirklich nur wenige geniale Momente, wenn aus Versehen ein zivilisationskritischer Aperçu seine Abgedroschenheit voll abtranszendiert.

Julian Cope ist zwar zwanzig Jahre jünger, besteht aber auch auf Weltanschauungen und Ästhetiken, von denen immer weniger Leute auf der Welt wissen wollen. Für ihn sind psychedelische Bewußtseinserweiterung, spirituelle, religiöse Aufbrüche und allgemeine politische Progressivität wie in manch Hippie-Sekte der 70er (oder manchem Goa-Techno-Stamm heute) keine Gegensätze, sondern zusammengehörig wie bei jenen britischen Arbeitersekten des 17. und 18. Jahrhunderts, von denen E. P. Thompson erzählt. Oder bei manch wahnsinnigen Krautrocker-Kommunen, auf die sich Cope jeweils bezieht. Der Schritt von der androgynen Chrissie-Hynde-Gestalt, die Cope vor ein paar Jahren bei seinem letzten Griff nach Ruhm und Glanz darstellte, zu diesem geschopften und geschorenen Eigenbrötler, den ausgerechnet Rick Rubins American Recordings Label rausbringt und wohl für die Mitte aus Danzig und Johnny Cash hält, ist schon ziemlich immens.

Copes Platte ist *wordy* wie die von Fowley, nur mit dem Unterschied daß er trotzdem noch verführerische, für sich stehende experimentelle Song-Musik zu machen versucht: Seine verbale Seite beschränkt er vor allem darauf das Booklet der CD mit Stories, Zitaten (von Martin Bramah, Captain Beefheart, Vachel Lindsay, aus der Bibel etc.), *bezeichnenden* Fotos und Geschichten zu pflastern, wie der von seinem Auto, das morphogenetischerweise ohne Grund in Flammen aufging, während er ein paar tausend Kilometer entfernt den Film »Up In Smoke« mit Cheech & Chong sah. Druiden, Grabkammern aus dem Neo-Lithikum (wo Cope den Song »Paranormal Pt. 1« aufnahm, ähem!) und morphogenetische

Felder spielen eine ebenso große Rolle wie altmodisch-psychedelische Sound-Effekte. Doch zusammengenommen ist das Vokabular dieser rätselhaften Abrechnung mit (und gleichzeitiger Lobpreisung) der Car-Culture und ihrer Transzendenz so eigensinnig und bizarr und gleichzeitig stimmig und in sich geschlossen, ja, man muß es so nennen: von Grund auf *unalbern*, daß man Cope nur zu so einem Geisteszustand beglückwünschen kann, wo er mit seiner Frau und einem alten Freund, ein paar Gitarren und den Drums ein derart variantenreiches Album einspielen kann, ohne je seine Song-Form zu verlassen (außer natürlich teilweise für das obligatorisch elfeinhalbminütige »Starcar« – das einerseits an die ganz frühen Cope-Bemühungen mit Teardrop Explodes, andererseits an Schweinerock-meets-Eddie-Hazel erinnert). Es gibt Schlimmeres und weniger Produktives als LSD-Überdosen. Eine Platte, die wie Fowleys Album durch alle Krankheiten und Kontingenzen hindurch eine individuelle Handschrift zeigt. Vermutlich eine Einbildung.

1995

Der Krankheitsgewinn der Revolution: RAF und Rock

Unabhängig davon, was tatsächlich »die Revolution einmal war«,[6] ist oder sein soll, spielt sie, die Revolution, doch seit einigen Jahrzehnten in manch jungen (und mittlerweile auch gealterten) kleinbürgerlichen Lebensentwürfen und Weltbildern eine enorme Rolle. Laut verkehrsgünstig plaziertem Berliner Graffito ist sie auch heute noch oder erst recht, »the only solution«. Dafür gibt es viele Gründe und Genealogien: ideologische, psychologische und auch »vernünftige«. Aber die Geschichte der Permanenz und Vererbbarkeit der (fixen) Idee »Revolution« über Generationen von Akteuren und

Akteurinnen von Gegenszenen hinweg wäre nicht so ungefährdet verlaufen ohne das Zusammenwirken der revolutionären Denkform mit gewissen Spielarten der Pop-, besonders Rock-Musik – von MC5 bis zu Chumbawamba, von Ton Steine Scherben bis zu Public Enemy, von den Redskins bis zu Atari Teenage Riot. Umgekehrt könnte man auch sagen, daß eine bestimmte Art von charmant rechthaberischer, weltbeherrscherischer Pop-Apodiktik nur deswegen auch von kleineren Kreisen als sozialverträgliche Selbstverwirklichungsform akzeptiert wird, weil sie von der schon bekannten Idee des Revolutionären legitimiert und vermittelt worden ist: »The solution, the solution, the solution is ... the trigger.«[7] (Eigentümlicher Doppelcharakter des großen, endgültigen, aufgeschobenen Projekts, gleichzeitig so etwas Kleines und Pragmatisches wie eine *Lösung* sein zu sollen.)

Das ist natürlich komplett wahnsinnig und auch wiederum ganz sinnvoll. Wenn man sich klarmacht, daß es sich bei dieser Revolution nicht um eine konkret geplante und strategisch vorbereitete oder auch nur planbare und vorbereitbare handelt, sondern eher um einen Begriff aus einer sich selbst unklaren politischen Theologie, dann kann man anfangen, – erstens – ihre angenehme und ihre unangenehme Seite voneinander zu trennen. Danach kann man – zweitens – ins konkrete, historische (Bundes-)Deutschland schauen, wo theologische Vorstellungen immer schon eher praktische mitbestimmten. Und man kann sich die Frage stellen, wie sich das zunächst vorgefundene Verhältnis der Pop-Musik zur Revolution und zum Revolutionären darstellt, wenn diese aus dem Himmel der Wünsche und Projektionen herabzusteigen und sich in konkreten militanten Aktionen als vorbereitet zu erkennen zu geben scheinen. So daß man sich, wie damals zu Zeiten der RAF, gezwungen sieht, zu diesen Aktionen eine Position zu beziehen. Also wie sich die Sorte Revolution, von der neben den oben erwähnten zahllose andere Akteure der

Rock- und Pop-Musik sprechen, sich zu den Aktivitäten konkreter, sich als revolutionäre Kräfte verstehender Zeitgenossen verhält.

Ein entscheidender Zug der Pop-Musik in ihrer klassischen Epoche war ein enges Nebeneinander von hoher Emotionalisiertheit und äußerst kalkulierten Konzeptualismen. Zum einen einem religiösen Glauben an Intensität und Überschreitung der erlaubten und bekannten Gefühle und deren Darstellung verpflichtet, betrieben dieselbe Pop-Musik und ihre ProtagonistInnen zum anderen einen Kampf um Bedeutungen, also ein oft nahe an konzeptkünstlerischen Interventionen angesiedeltes strategisches Besetzen von Formen und »Sprachen« (in weiterem Sinne). Man kann zwar sagen, daß die Überschreitungs- und Intensitätsideologie eher die späten 60er bestimmte, während die 80er eher vom Kampf um Zeichensysteme bestimmt waren. Doch schon die späten 60er kannten viele solche Versuche, die, wie etwa bei den Beatles, Zappa, The Who, die Codiertheit und Sekundarität der (musikalischen und anderen) Sprachen der Pop-Musik zum Gegenstand hatten. Umgekehrt rissen die Intensitätsreligionen nicht ab, auch und gerade im Herzen des Konzeptualismus, was sich z. B. an Entwicklungen einiger Leute im Umfeld von Brian Eno zeigen ließe.

Dies soll aber nur Erwähnung finden, um in etwa anzudeuten, auf welcher Ebene man diese Politisierung, das Sprechen von Revolutionen, ernstzunehmen hat. Man findet diese enge Verschränktheit von einer Intensitätsreligion mit äußerst nüchterner (Medien-)Realpolitik auch bei einem großen Teil der »Revolutions«-Stellen innerhalb der Pop-Geschichte. Bis in die späten 70er war es mit diversen emotionalen Skripts der Pop- und Rock-Musik irgendwie kompatibel, diese als »revolutionär« zu codieren und von »revolutionaries, dreamed of liberation«[8] zunächst mal vor allem zu schwärmen. Solch Schwärmerei war durchaus zuweilen mit konkreten und nüchterneren Anliegen verbunden, die sich nicht alle auf die klassischen niederen Beweggründe linker Verdächtigungshermeneutik bringen lassen: Anpassung an eine Mode, kommerzielle Entwertung oder Distinktionsgewinn. Als »revolutionary« galten z. B. die britischen sogenannten People's Bands. Die zuweilen mit ihnen verbundenen pragmatisch-konkreten Projekte – Stadtteilarbeit und all das – wurden im hohen Ton der Brothers-and-Sisters-Sprache verhandelt.

Daß man von der Revolution sprach und sich einer radikalen, fundamentalen und eschatologischen Redeweise befleißigte, hatte aber eigentlich nicht viel mit aktuellen politischen oder sonstigen alltäglichen Anliegen im Sinne einer dazugehörigen, umzusetzenden Theorie und Zielsetzung zu tun. Daher ließ sich Revolution auch nicht immer mit klar definierten politischen Umwälzungen gleichsetzen. Revolution war, obwohl eine Überlagerung mit solchen festen Termen marxistischer oder anarchistischer politischer Philosophien durchaus erwünscht war oder in Kauf genommen wurde, immer auch eine Chiffre für das Unklare, Ambige, Unabschließbare. In dieser Funktion war der Begriff eben auch für einen ästhetischen Anspruch der teilweise recht plötzlich in eine Industrie hineingeratenen Musiker nützlich, wie er sich auch hervorragend in die Provinzen der anglo-amerikanischen Campus- und Kommunenbewegung exportieren ließ, etwa nach Deutschland.

Das nicht unmittelbar Politische an diesem Revolutionsbegriff, seine eskapistisch-utopistische oder auch ästhetische Funktion, blieb auch dann erhalten, wenn er wieder realpolitisch aufgeladen wurde, weil das Publikum den Begriff liebte und – wie gesehen bis heute – nur zu gerne in seine Alltagsbewältigung inkorporierte: Er stieß sowohl bei den vielen urbanen Post-68er-Jugendlichen und Jungerwachsenen als auch bei Migranten, die sich z. T. mit Dritte-Welt-Bewegungen verbunden fühlten, sowie bei »Minderheiten« wie den Schwarzen in den USA, Frankreich und Großbritannien auf einen Resonanzboden, der die träumerisch-ästhetische Dimension mit einer durchaus realpolitischen Komponente verband.

In den Subjektivitätsmodellen des ganz normalen linksbohemistischen Standard-Rockfans der 70er und großer Teile der 80er stellt diese »Revolution«, deren Genealogie ich zu skizzieren versucht habe, nun eine ungeheure Entlastung und Verpflichtung zugleich dar. Daß ich für die Revolution bin, unterscheidet mich von all den Arschlöchern, die bei »der Gesellschaft« mitmachen. Es stellt jedoch auch eine höhere moralische Verpflichtung dar. So wie ich als potentieller Revolutionär zwar klauen, schwarzfahren und verschlafen darf, bin ich doch jederzeit verpflichtet, auf moralische Anrufungen zu achten. Revolutionäre waren immer die Ersten beim Mülltrennen und bei internationaler Solidarität. Naturgemäß waren die entpflichtenden Momente des revolutionsbezogenen Lebens eher in konkreten Bereichen zu suchen, die verpflichtenden eher in abstrakten Grundsätzen und Entscheidungen für richtige Seiten, auf denen man stehen sollte und wollte.

Nun will ich nicht auf den klassisch-reaktionären Verriß von revoluzzelnden Wohlstandskindern hinaus, die sich durch die Verpflichtung auf das ferne Ziel nur von lästigen Schularbeiten befreien wollten. Nicht Faulheit wäre nämlich das Problem, sondern die Frage, warum jede – auch und gerade politisch wohlbegründete – Entpflichtung abstrakte und politisch unbrauchbare oder gar wahnsinnige, weil abstrakte, unpraktische Selbst-Verpflichtungen nach sich zieht. Warum verfehlte gerade dieses politische Selbstverständnis des potentiellen Revolutionärs – zwischen einer in einigen Fällen höchst praktischen, entpflichtenden Lebenskunst und wolkig-theologischer Revolutionseschatologie – jede praktisch-politische Rollenbildung für Intellektuelle und Subkulturelle so nachhaltig? Denn darunter leiden wir ja wohl heute noch. Zwar lieferten solche abstrakten Grundsätze immer wieder Stoff und Energie für Mobilisierungen. Doch verfestigte sich die eigenartige Verknüpfung eines aufgeschobenen politischen Projekts, das zu abstrakten Grundsätzen geronnen war, mit einem Lebensmodell des Nichtmitmachens, das als relativ befreite, entpflichtende Alltagspraxis funktionierte (gemessen an dem erhöhten Druck, dem heute vergleichbare Lebensentwürfe ausgesetzt sind) zum strukturierenden Prinzip der Gegenkulturen der 70er und weit darüber hinaus.

Die Rockmusik stellt einen guten Fundus für Formulierungen der oben beschriebenen Selbstverständnisse und Subjektivitätsmodelle dar. Die Rockmusik hat allerdings niemals nur *eine* Ideologie getragen noch von ihrer ökonomischen, musikalischen, medialen und semiotischen Verfaßtheit her prinzipiell eine Ideologie eher als andere begünstigt. Treffender läßt sich die Rockmusik als ein Rahmen für das oben beschriebene Nebeneinander von Intensitätsreligion und Medienstrategie fassen, als eine für verschiedene Ideologien offene Form, in der diese Fassung von »Revolution« ebenso gut überleben konnte wie auf anderer Ebene »Freiheit« (als Transzendenz des Rock'n'Roll), »Style«, sowie eine bestimmte Form von (meist durch Jungs definierte) Sexualität und anderen Topoi, die nicht notwendig miteinander ein in sich stimmiges ideologisches Gebilde ergeben. Dennoch stützen sich oft mehrere, meistens zwei solcher Topoi und bilden Symbiosen.

Ich will nicht auf diese Konstellationen im einzelnen eingehen, sondern die Rolle des revolutionären Elements im Hinblick auf konkrete politische Vorgänge untersuchen. Hatte nämlich der Beginn linksradikaler Rhetorik in der US-Rockmusik (Country Joe & The Fish, MC 5, Jefferson Airplane) und etwas später in Großbritannien (Edgar Broughton Band, Third World War, Liverpool Scene etc.) noch sehr ausgeprägte Bezüge zu Anlässen – vor allem der Kampf der Black Panther, der Krieg in Vietnam und die US-Stundentenbewegung von

Berkeleys Free Speech Movement bis zur brutalen Niederschlagung der Studenten-Demos beim Parteitag der Demokraten in Chicago 1968 –, so lösten sich diese bald von konkreten Kämpfen und entwickelten sich zu allgemeinen Utopien und einer generellen Ablehnung des Systems (Jefferson Starship, britische People's Band bis zu den »Anarchisten« von Punk und Post-Punk). In dieser Situation stand das linke deutsche Rockpublikum vor einer besonderen Situation, als es mitten in der Phase einer solchen De-Konkretisierung mit einer RAF zu tun bekam, die sich als eine sehr konkrete revolutionäre Bewegung ausgab.

Anders als die US-amerikanischen Weathermen hatte die RAF nie viel auf bestehende gegenkulturelle Bewegungen der BRD gegeben. Man sah sich mitnichten in einer Front mit Landkommunen und anderen »Verwirklichern« eines wie auch immer verballhornten revolutionären Lebensstils. Doch die RAF wurde dort durchaus und zwar vor allem als Überbietungsgeste gelesen und rezipiert, die den Kultur- und Attitüden-Konsum der 70er Jahre in mancher Hinsicht entscheidend prägte. Die RAF war »härter«, »ging weiter«, was in einer Welt, wo die Länge von Haaren und Gitarrensoli sich analog ständig überboten, Respekt abnötigte. Die RAF schien sich auf eine Weise selbst zu verwirklichen, bei der es »kein Zurück« mehr gab – wichtiges Element auch der damaligen LSD-Ethik: bereit zu sein dafür, daß es kein Zurück mehr geben würde –, und riskierte das Äußerste, den eigenen Tod und den anderer Menschen. Und an diesem Punkt geht man, glaube ich, nicht zu weit, wenn man vieles von der Ehrerbietung, die gerade in prä-politisierten, von Revolution schwärmenden Szenen der RAF entgegengebracht wurde, mit der eher ästhetisch und/oder kriegerisch motivierten Überschreitung-Ethik der rechten Avantgarden vor dem ersten Weltkrieg vergleicht. Die besonders ehrlich und selbstkritisch gemeinte Bemerkung, man habe nur den Mut nicht, beim bewaffneten Kampf mitzumachen, war an der Tagesordnung.

Zwei Songs können als beispielhaft für die Auseinandersetzung der deutschen Rockmusik mit der RAF angesehen werden, auch weil sie sich in vielem so ähnlich sind. Das wäre zum einen »Der lange Weg nach Derendorf« von Mittagspause[9] aus dem Jahr 1978 und zum anderen »Sechs gegen Sechzig Millionen« von den Goldenen Zitronen, das 1994 erschien. War die Umgebung des letzteren die Diskussionen von Wohlfahrtsausschüssen, »Spex« und »Beute« um den Zusammenhang zwischen Sub- und Popkulturen und politischer Arbeit, insbesondere um den neuen deutsche Rassismus der 90er, so war es beim ersten Beispiel der Einschnitt, den gleichzeitig »deutscher Herbst« und Punkrock für das Selbstverständnis seinerzeitiger Subkulturen darstellten. Insbesondere die Versuchung der Verknüpfung: Punk als die Gegenkultur nach Schleyer und Stammheim, nach Mescalero und Kontaktsperre, Punk als die Gegenkultur des nunmehr – wie man damals sagte – vollständig »faschisierten« Staates. Das Mittagspause-Lied bezieht sich darüber hinaus unausgesprochen, aber für Zeitgenossen und insbesondere die unmittelbare Düsseldorfer Umgebung leicht verständlich auf die Erschießung von Willy Peter Stoll beim Essen in einem China-Restaurant im Düsseldorfer Stadtteil Derendorf.

Der Zitronen-Song nimmt im Titel eine Bemerkung Bölls auf, der sich mit dem Hinweis, da würden sechs gegen sechzig Millionen kämpfen, ironisch auf die hysterische Berichterstattung und die Beschneidung von Bürgerrechten sowie den Abbau von rechtsstaatlichen Grundsätzen bei der Bekämpfung der RAF bezog. Bölls Ironie in bezug auf die staatliche und staatstreue Darstellung wird bei den Zitronen für die ebenfalls nicht ganz unironische Darstellung aus der Perspektive der »sechs« genutzt – eine in vielen ihrer Songs gewählte Perspektive einer nun auch gleichzeitig geschmackssicher und politisch korrekten Minderheit, die es in heldenhafter, aussichtsloser Unterlegenheit mit einer Mehrheit von einerseits Staat und Polizei und andererseits Spießern und Plastikmenschen aufnimmt. Fünf Freunde plus eins sozusagen, also die Zahl auch der Mitglieder der Goldenen Zitronen selbst. Es zu sechst unter Freunden mit dem Rest der Welt aufzunehmen macht sozusagen die Produktionsform der Band und die Kinderbuchphantasie mit der RAF oder dem RAF-Kommando vergleichbar.

Wenn man den Zeitraum 77-79 als einen massiven Einschnitt in die Geschichte der BRD – und zwar ganz besonders auch ihrer Sub- und Gegenkulturen – verstehen will, also von Stammheim/Mogadischu bis zur Gründung der »taz« auf der einen und der Entstehung einer deutschen Punk-Szene auf der anderen Seite, dann stellt sich immer die Frage, ob es eigentlich einen ästhetischen Wiederhall dieses Einschnitts gegeben hat, der tiefer ging als die vorübergehende Konjunktur des Themas Überwachungsstaat im deutschen Film. Die erste Doppelsingle der Düsseldorfer Gruppe Mittagspause wäre vom heutigen Standpunkt aus möglicherweise eines der wenigen ästhetischen Zeugnisse dieser Zeit, das immer noch das irritierende wie das euphorisierende Moment eines solchen Einschnitts verrät. Vom britischen Punk und den ersten Independent-Produktionen kam der Mut zur unbekümmert dilettantischen Ausführung, sicherlich auch der hier und dort spürbare Einfluß von Dub-Ästhetik, die sich an der Dub-Rezeption durch Punk-Bands wie The Clash (»White Man in Hammersmith Palais«, »Police and Thieves«) orientierte.[10] Doch weder der Entschluß, deutsch zu singen, noch der sehr spezifische, auf keine Vorbilder verweisende Gesangsstil, erst recht aber nicht der merkwürdig punktierte Beat des Schlagzeugers Markus Oehlen und auch nicht die Entscheidung, mit zwei Gitarren und ohne Baß zu arbeiten, ließen sich auf Vorbilder zurückführen.

Durch die ganze Platte zieht sich in meist sehr kurzen Stükken dieser aufgeregte, auf seltsam eckige Weise punktierte oder synkopierte Beat, der einen heute manchmal an die zickigen, schiefen Stolperryhthmen, die Mike Ink und seine Schule zu programmieren pflegen, erinnern kann. Dieser merkwürdige Beat leitet manchmal über zu langsamen, gelösten Stellen des Innehaltens, so auch im »Langen Weg nach Derendorf«. Der schnelle Teil wird von dem Satz »Jeder Pantoffelheld erklärt ihnen den Krieg« thematisch bestimmt, der langsame Release-Teil läuft in der fast seufzend vorgetragenen und leicht außer Atem geratenen Zeile »Das ist der lange Weg nach Derendorf« aus. Der lange Weg ist hörbar vorbei. Und der *lange Marsch*, der im Weg anklingt, hat nur bis nach Derendorf geführt, Symbol vorstädtischer Spießigkeit par excellence. Die im schnellen Teil ausgesprochene Solidarität nach dem Fünf-Freunde-gegen-den-Rest-der-Welt-Modell – wobei der Rest der Welt auch noch bezeichnenderweise durch die unmännliche Figur des Pantoffelhelden vertreten wird – verpufft zu Mitleid und einem Gefühl der Resignation, dem auch die eigene Identifikationsmöglichkeit mit der Jungsgang kaputtgegangen ist. Der kaputte Beat des ersten Teils übersetzt dabei schon die Irritation des Einschnitts in eine Irritation über das Fortbestehen der ästhetischen Möglichkeit eines schnellen, emotionalisierenden Beats, der nämlich nur noch zu einem Stolpern in der Lage ist.

Was kaputtgegangen ist, in der Auseinandersetzung des Revolutions-Ideals mit einer revolutionäre Politik beanspruchenden Gruppe, ist mehr als die Figur der Revolution im Selbstverständnis von Sub-Szenen. Die kehrte im Gegenteil in den Punk- und Postpunk-Jahren in mancherlei Zombie-Widergeburten zurück. Was vielmehr bei Mittagspause kaputtgegangen war und gleichzeitig eine ästhetische Form für diese Zerbrochenheit gefunden hat, ist das Miteinander von quasi-religiöser Revolutionseschatologie und konkreten Interventionen in der Rock-Musik. Ihr Lust- und ihr Realitätsprinzip und das der dazugehörigen Milieus, die sich gerade durch ihr Getrenntsein als einerseits Aufschub der Revolution und andererseits potentielle, konsequenzenreiche Radikalität, die bis zum äußersten geht, gegenseitig stabilisierten, sind nun angesichts des Todes eines »Revolutionärs« ausgerechnet im China-Restaurant um die Ecke ineinander gestürzt.

War der Revolutionsbegriff bis dato verknüpft mit einem guten Leben oder einem gerechten Zorn und in die Logik dieses (entlastenden) Nebeneinander von Lust- und Realitätsprinzip eingebaut, verliert er nun jeden Zusammenhang und kommt so erst zu seiner ursprünglichen politischen Bedeutung zurück, nun aber negativ, als Scheitern, Besiegtsein oder Unmöglichgewordensein des revolutionären Projekts. In dem Mittagspause-Song wird die Revolution wieder politisch – und als solche auch gestrichen. Allerdings in einer Weise trauernd und verstört gestrichen, daß die so frei gewordene politische Ebene auch zu neuen Ideen und Formulierungen einlädt. Der vorherrschende Eindruck aller Beteiligten dieses frühen Stadiums der neuen deutschen Welle – erste Platten von Mittagspause, DAF, Hans-a-Plast, S.Y.P.H. – war, daß es nun auf eine neue Art möglich geworden war, von der unmittelbaren, politischen Realität zu sprechen. Eine Chiffre für diesen neuen Zugang zur (politischen) Realität war auch die neuartige Verwendung deutscher Texte, die deutsche Sprache im Rock-Song.

Als die Zitronen ihr Sechs-Freunde-Lied schrieben, stand das Deutsch Singen und auch die von der neuen deutschen Welle in den späten 70ern hier und da scherzhaft und durchaus auch positiv eingeführte »BRD-Identität«, ihr »BRD-Realismus« (Der Plan: »Wenn euch Punk nicht paßt, geht doch nach drüben!«) – im Gegensatz zu »US-Imperialismus« und »deutsche Identität« – in einem ganz anderen Zusammenhang. Deutsch war nun wieder die Sprache der Verfolger, von der man sich genauso gerne absetzen wollte wie in den 60ern, als das Beat-Englisch in die deutsche Pop-Produktion eingeführt wurde. Die Berufung auf deutsches Singen stand im Verdacht, auf den neo-nationalistischen Zug springen zu wollen, den ja nicht erst die Affäre Kunze[11] bald darauf bestätigen sollte. Dennoch ist das Deutsch-Singen der Zitronen auch durchaus noch mit dem Einfluß durch die erwähnten frühen Jahre der Neuen Deutschen Welle erklärbar. Ja, das Deutsch-Singen steht neben anderen, gerade bei den letzten Zitronen-Platten auffällig eingesetzten musikalischen und produktionstechnischen Stilmitteln, die auf die Zeit zwischen 77 und 82 verweisen, als der Punk- und Post-Punk-Musik eben auch in der BRD eine neue Selbstverständlichkeit beim Verhandeln politischer Themen und Selbstverständnisse zugewachsen war. Das hatte durchaus auch was damit zu tun, daß die RAF gewissermaßen weg war und mit ihr ein Vereidigtsein auf eine politische Perspektive zwischen dem träumerischen, ewigen Aufschub und der Überbietungsgeste, Revolution oder RAF, Paradies oder Passion und Opferung.

Die Zitronen erinnern sich einerseits dieser Befreiung von einem mehrfach illusionären Radikalismus, von einer Ideologie. Sie wissen doch andererseits auch um dessen Vorteile und sind diesen in besonderem Maße verbunden. Die Haltung des moralisch entpflichteten und gleichzeitig hochgradig verpflichteten revolutionären Hedonisten ist auf ihren Platten ebenso unübersehbar wie andererseits die starke Identifikation mit dem Klartext-Reden (z. B. in deutscher Sprache und von bestimmten krachigen oder prägnanten Soundtools unterstützt) von Punk, Postpunk und Neuer Deutscher Welle. Entpflichtende Ideologie und befreiender, aber verpflichtender Verlust der ideologischen Illusion sind ihnen fast gleich lieb und sollen möglichst beide zur Verfügung stehen. Diese Haltung, die den Kuchen essen und ihn aufbewahren will, infantil zu nennen ist nicht falsch, aber eben diese Infantilität gehört zu den Produktivkräften der Pop-Musik. Gerade sie muß zwischen den Vorzügen – politische Selbstermächtigung und produktive Verantwortungslosigkeit – und Nachteilen vermitteln. Und braucht von Zeit zu Zeit, auch aus ästhetischen Gründen, den Schock, dessen ästhetischer Reflex – dann allerdings auch dauerhafter beeindruckend – bei Mittagspause zu hören war.

So wie hier zu sehen, sind vielleicht generell die Grenzen und Grandiositäten des politischen Pop-Songs zu bestimmen: Das Hineinfallen von politischen Begriffen, mit allem Gepäck, in individuelle oder Alltags-Reflexion kann weiter führen als politische Theorie aus eigener Kraft, ist aber immer schon etwas ganz Anderes. Vielleicht ist das Elend des Szene- und Uni-Linksradikalismus seit 68 auch darin zu suchen, daß er sich politische Begriffe nur zu oft über Material erklärte, das er einer mit Pop-Songs schon vorbegrifflich ausgestatteten Lebenswelt entnahm, ohne sich dies klar zu machen. Die Gegenstände und Erfahrungen waren schon mit dem politischen Substrat von Songs markiert und wurden dann noch ein zweites Mal als politisch entdeckt und nun in »richtige« Begriffe überführt. Resultat: Die Theorie »stimmte«. Der Jefferson-Airplane-Song, der eine westdeutsche Wohnung und ihren Blick auf eine Stadt romantisch imprägniert hatte, gab nun wieder die politische Begrifflichkeit frei, die zehn Jahre früher in Berkeley auf ganz andere Weise in ihn hineingeraten war und wurde mit denselben, aber anders gemeinten Begriffen kongruent, die in deutschen Seminaren kursierten.

Songs gibt es nun aber im Zeitalter elektronischer Pop-Musik in einem zeitgemäßen Sinne eh kaum noch. Und ob es ohne vergleichbar explizite Nachfolger überhaupt noch so eine Verbindung zwischen politischen Begriffen und der Interpretation eigener Lebenswelten geben wird, ist fraglich. Der vom Pop-Song in seinen »revolutionären« Momenten vermittelte Zusammenhang zwischen Lebenswelt und wie auch immer theologisierten politischen Begriffen ist aber jenseits seiner konkreten Inhalte in einer bestimmten Epoche und ihren verwässerten wie auch relativ stabilen Folgewirkungen vielleicht aber nur ein Beispiel für die ideologischen Realitäten – jenseits von falschem oder richtigem Bewußtsein –, mit denen es politisch informierte (Pop-)Kunst oder auch die Arbeit an der Ideologiefront ganz generell zu tun hat. Das Gefühl für diesen strukturellen Zusammenhang, für das Zusammengesetztsein solcher ideologischer Realitäten aus relativ flexiblen Anteilen, mobilisierbaren neuartigen Einsichten und aus – oft strukturell notwendigen – Blindheiten, dürfte einen anderen Ansatz bieten als die Liebe zur Revolution selbst oder die heute verbreiteteren radikalen Kulturoptimismen und -pessimismen. Ein solches Gefühl für die strukturelle Ebene des politischen Wissens und des Ideologischen im Pop ist vielleicht genau das, was den guten zeitgenössischen Musiker auszeichnet: So können auch Instrumentaltracks politisch virtuoser sein als jeder Protestsong.

1997

Keiner, bis einer Dich erschießt: Das notorisch große Subjekt

Keiner kennt sich mehr aus. Die Referenzen und ihr Status in der Bilderwelt des HipHop-Gangstertums, wo Hollywood-Klischees und synkretistisch angereicherte Neuerfindungen, reale und relevante Kleiderordnungen in Gangländereien und ihre Überschneidungen mit den aktuellen Kreationen der Sportswear-Couture sowie schließlich die Nostalgie-Semiotik von dicken Körpern, dicken Autos, Melonen, Maschinenpistolen und Nadelstreifen munter durcheinandergeraten, sind heillos verwirrt und vertauscht. Kaum jemand verfolgt noch, wie sie sich von Rahmen zu Rahmen in jeder Hinsicht ständig verschieben und modifizieren.

Dieses Durcheinander fügt sich wohl in eine aktuelle Krisen-Diagnostik, die die ganze Welt als Gangland erkannt hat (W. Pohrt, H. C. Buch, H. M. Enzensberger, J. Baudrillard et al.). Nicht als Verifizierung dieser essayistischen Stimmung, wo sich etwa der Gegenstand der verwirrten Diagnostiker als ebenso wirr zu erkennen gäbe wie die Diagnose. Doch die Verwechslung von Ebenen und Rahmen teilt das eine Durcheinander mit dem anderen in den Köpfen derer, die zwischen zitierenden, spielerischen Verweisen und bitterernsten Handzeichen, sozialer Realität und genrefiziertem Schlagabtausch, Angebereien und ernsten Absichten ebenso wenig unterscheiden können. Auch der Mörder des Notorious B.I.G. trug dazu bei, daß sich symbolische Prophezeiungen, die womöglich auf etwas ganz anderes verwiesen als das, was ihre vordergründigste Inhaltsebene nahelegt, real auf genau dieser Ebene plumpester, authentizistischer Identifikation erfüllen.

B.I.G., der in acht Titeln seiner zum Zeitpunkt seiner Ermordung schon fertigen Doppel-CD* in Vorstellungen von seinem eigenen Tod schwelgt und dessen erste Platte schon »Ready to Die« hieß, erklärt selbst, daß das Hauptproblem darin zu liegen scheint, daß die Unterschiede zwischen Gang-Alltag in Brooklyn, an alten Hollywood-Ikonographien orientierter Gang-Fiktion und der Auseinandersetzung mit der Kulturindustrie für ihn in die Formel zusammenstürzen »You're Nobody ('Til Somebody Kills You)«. Auf der gewaltsam herbeigeführten Kongruenz dieser Ebenen in Biggies Geschichte können sich der authentizistische Konsument, der Authentizismus-Dealer Kulturindustrie und auch der berufsmäßige Kulturpessimist auf ihre je deutlich unterschiedliche Art dennoch gemeinsam ein Omelette braten. Wenn dieser Vorstellung, wenn auch mit verdammt geringen Chancen,

---

* The Notorious B.I.G., »Life After Death«, Puff Daddy Records/Arista/BMG 1997

etwas Widerstand leistet, sind es die guten Tracks auf dieser Platte und deren ästhetische Dimension. Natürlich sind zwei CDs ebenso zu viel wie bei seinem Leidensgenossen Tupac Makaveli. Was auffällt, ist eine Neigung zu Mainstream-Mitteln, die ähnlich wie bei Mobb Deep oder Nas, vor als besonders »etabliert« und »unstreet«, aber auch »teuer« codierten Sounds nicht nur nicht haltmacht, sondern gerade sie als Weg zur ästhetischen Distanzierung, zum Einziehen einer unterscheidenden Ebene zwischen Kunst und Leben verzweifelt packt und damit auch Attitude und Texten entgegenwirkt, Komplizierungen einführt. Aber auch nochmal Zuhälter-Konkurrenz mobilisiert: Hier wird mit glitzernden Piano-Samples natürlich angegeben wie mit anderen Diamanten.

Statt es sich aber leicht zu machen und auf einen neu und edel-dramatisch polierten HipHop zu setzen, zettelt Biggie so eigenartige Kollaborationen an wie das die zweite CD eröffnende »Notorious Thugs«. Mit Bone Thugz-N-Harmony zusammen wird zu einem Motiv der klassischen Minimal-Music etwas ganz Neues versucht. Ein rundum großartiges Stück. Oder »Mo Money Mo Problems«, das über ein Diana-Ross-Sample läuft, das nicht schlüssig *rund* geloopt worden ist, sondern unterschiedlich lange in den Beat hineinläuft wie Meeresbrandung. Oder »Playa Hater«, wo B.I.G. ungeschickt, aber anrührend zu croonen versucht. An Stücken mit solchen Reizen, die auch angenehm mit dem rauhbauzigen Rap-Stil des ja nicht untalentierten B.I.G. kontrastieren, ist die Platte nicht arm, 40 Minuten hätte man damit vollmachen können.

Aber die Megalomanie der Doppel-CD ist auch nicht zufällig. Die Rapper dieser Generation fressen alles in sich hinein bis zum Übergewicht. Sie entwickeln ein anderes Innenleben als ihre verschiedenen Vorgänger – man denke nur an die Entspanntheit des Notorius-B.I.G.-Vorgängermodells Big Daddy Kane und an den klaren Verstand der Tupac-Vorgänger KRS One und Chuck D: Die Konflikte werden seltener als Karriere-, Verbrechens- oder Revoltenphantasien nach Außen projiziert oder gar analysiert, sie werden statt dessen zunehmend als Depression, Psycho-Horror und Wahn erlebt und in gigantisches Ego-Getaumel überhöht. Daran läßt sich ablesen, wie wenig das alte Gangster-Macho-Modell noch in der Lage ist, etwas anderes als Zielscheibe und Sexobjekt für Voyeure zu sein. Je weniger lebensfähig es ist, desto sterbenswerter scheint es zu werden. Für die Betroffenen selbst stellt sich diese Lage als verunsichernder Horror dar, genau wie für andere schon von kleineren Problemen verunsicherten Anfangzwanziger in der Geschichte der Pop-Musik. Diesen Horror kann ein vereinzelter Verunsicherter nur mit popkulturell vermittelten und weniger vermittelten, selbstgefundenen Todesbildern illustrieren. Was sonst könnte dem entsprechen?

Mit einer Gothic-Phase des HipHop ist nach den zunächst vereinzelten und leicht ironischen Erscheinungen wie Gravediggaz demnächst in anderer Form zu rechnen. Daß im Gegensatz zu deutschen Gruftis allerdings von US-Rappern, die in diese Zustände geraten, immer noch erwartet wird, ihre Grabesvisionen durch authentisches Sterben zu autorisieren, zeigt die Grenzen der Anwendbarkeit des Gothic-Begriffs.
1997

Millionen Meilen vom Du – Der ziemlich späte Bob Dylan

Ja, daß der nochmal so bombenhaft einschlagen würde! Rechte, linke und liberale Feuilletons halten den Atem an und ihre Spalten für raumgreifende Rezensionen durch einschlägige Experten frei. Die Dylanologen kommen aus dem Unterholz gekrochen und verbreiten relativ einig, daß diese* nun wirklich seine beste Platte seit – wahlweise – »Blonde On

---

* Bob Dylan, »Time Out Of Mind«, Columbia/Sony 1997

Blonde«, »Blood On The Tracks« oder »Street Legal« sei. (Um die Wahrheit zu sagen, es ist die beste seit »Desire«.) Auf jeden Fall sind es die ersten neu geschriebenen Dylan-Songs nach Jahren eines angeblichen Writer's Block angeblich Uwe Johnson'scher Dimensionen und die ersten, die seine aktuelle Version von – wieder wahlweise – »Fremdheit«, Weltekel, Kulturpessimismus, Blues, Altmännerproblemen, Einsamkeit – in eigene Worte fassen, statt verdiente Verstorbene als Zeugen aufzurufen.

Sinn, Stimmung und Sound der Platte sind politisch in gleicher Weise mit Botho Strauß, »Konkret« und Richard Rorty vereinbar. Sie könnte sich mit Strauß dagegen richten, wie alles ehemals Erkennbare und Schöne so demokratisch und massenkulturell gemein geworden sei, mit Rorty für ein spezifisch amerikanisch-nationales Erfahren und Lesen der sozialen Frage und gegen Minderheiten- und Identitätspolitik eintreten und mit dem »Konkret«-Lager den Verlust jeder Hoffnung auf Pragmatik und politisches Handeln, erst recht im Kulturbereich angesichts der totalisierenden Übermacht der Kulturindustrie teilen und darüber wunderlich geworden sein. So sagt denn Dylan auch dem »Spiegel«, daß er, wenn er politisch denke, in rasendem Wechsel von rechten und linken Sympathien heimgesucht werde.

Nun sollte gerade diese künstlerische Vereinbarkeit der drei Positionen, von denen zwei von meiner gleich weit weg sind, die dritte, die von B. Strauß, meiner aber geradezu antagonistisch gegenübersteht, gerade mich neugierig machen. Ob dann nicht dieses Werk vielleicht das, was man die gemeinsame »Wahrheit« dieser drei für falsch, aber symptomatisch gehaltenen Positionen hervorbringen kann? Ja und Nein. Wenn es den dreien gemeinsam ist, daß ihnen in unterschiedlichen Graden von Dramatik ihre Welt abhanden gekommen ist oder ihr Welt*bild* falsifiziert wurde, womit (oder wovon) sie aber dennoch ganz gut öffentlich leben, können sie von Dylan noch lernen. Ihm gelingt das erstaunliche Kunststück, aus diesem Erfahrungsmix von Enttäuschungen, Orientierungsverlust und wohl auch dem einen oder anderen zwischenmenschlichen Desaster sein altes, schon von seiner Neverending-Live-Tour angedeutetes 60er-Dylan-Ego wieder hervorgehen zu lassen. Kulturpessimismus und postpolitische Niedergeschlagenheit kommen hier als coole Lebensform, als ein Emo-Design zum Wohlfühlen für den gealterten Sixties-Sozialisierten zurück.

Die von Daniel Lanois nicht so sphärisch wie sonst produzierte, vor allem auf der Keyboard-Position mit James Luther Dickinson und Augie Meyers (vom Sir Douglas Quintett) herausragend besetzte Band spielt den Blues-Rock als geräumiges Apartment mit *View*, in dem es sich gut denken und aufgeräumt auf und ab gehen läßt. Die länglichen Balladen werden so unverkrampft und elastisch ins Rollen über die berühmten zwölf Takte gebracht, daß Sätze wie »When things disintegrate ...« oder »When you thought lost everything, you find out you can loose a little more ...« ganz kommod in diesem Setting herumstehen, genau so locker und attraktiv wie die noch zukunftsgewandten und abenteuerlustigen, goldenen Epigramme aus den 60ern in den eleganten Arrangements von »Blonde On Blonde« oder »Highway 61 Revisited«.

Diese Auferstehung des alten Dylan als alter Dylan, also des frühen Dylan im heutigen, von der auch Coverfotos zeugen, auf denen er aussieht, als hätte er sich als er selbst von früher verkleidet, affiziert natürlich auch die Bedeutung dieser für die Dylan-Stimmung so konstitutiven alten Platten, die ihren Urheber ja auch lang genug verfolgt bis terrorisiert haben werden. Der melancholische Einzelne, der nun von den neuen auch zurück zu den alten Rumtreiber- und Stuck-in-Memphis-Storys abschweift, wird zu einer einheitlichen, alterslosen männlichen Figur, die nun für anthropologische (und andrologische) Erkenntnisse und Identifikationen eher zur Verfügung steht als für politische, historische oder ästhetische. Das Dylan-Gefühl.

Man könnte natürlich auch sagen, daß gerade das die Leistung ist: eine benennbare, adressierbare Gefühlsausstattung so zu gestalten, daß sie über ein natürlich historisches und spezifisches Herumstreiferbild zu einer möglichst allgemeinen und übernehmbaren Darstellung des Aus-der-Welt-Fallens wird, wie es uns allen immer wieder passiert und passieren kann (ohne daß wir daraus eine intellektuelle oder politische Position basteln müssen). Die läßt sich dann auch auf seßhafte alte und junge Leute (und nicht nur knarzige Männer) übertragen.

Ganz so weit ist es dann doch noch nicht. Über weite Strekken bleibt Dylan einfach der hörbar alte und sentimentale Songschmied, der zu den Menschen auf den Straßen keine Beziehung mehr hat, trotz aller Bemühungen Millionen Meilen von seinem Du entfernt ist und davon ausgeht, daß der Himmel bald geschlossen wird. In der abschließenden, fast zwanzigminütigen Ballade »Highlands« – kein Gegenstück zu den Lowlands der traurigäugigen Dame – ist es dann nicht nur ein »Ich«, das keinen Anschluß in der Welt findet, sondern es kommt zum – natürlich misogyn eingefärbten – Dialog mit einer Kellnerin, der sich strophenlang mit seinen Sagtsies und Sagichs durch ein leeres Restaurant schleppt. Da mußte ich an die feurigen Dialoge aus »Tangled Up In Blue« denken und innerlich wieder manches von dieser Review zurücknehmen. Aber ich werde kaum bestreiten, daß er doch sehr rührend ist, der Alte, und einem immer noch wirklich nahegehen kann.

1997

Genau über Ungenaues sprechen – The Melvins

Nach einigen Sequenzen dialektischen Schlingerns – Mainstream-tauglicher Platte folgt hyperexperimentelle, danach wieder Mainstream-taugliche mit einigen Ideen der letzten experimentellen usw. –, dem Verträge mit zwei Labels zugrundelagen, einem Major und einem Minor naturgemäß, beschäftigen sich die Melvins auf ihrer neuen Platte*, nachdem der Vertrag mit dem Major endgültig gelöst ist, mit einem Weg zwischen den Extremen. Auf nichts von dem soll verzichtet werden, was vorher entwickelt wurde. (Über die Erfahrungen mit dem Major informiert ein amüsanter elektronischer Shuffle a la Düsseldorfer Fun-Experimental-Schule von 1980 mit Telefon-Zitaten: »Laughing With Lucifer At Satans Sideshow«).

Die Melvins dürften die einzige aktive Band aus dem US-Alternative-Rock-Kontext sein, die auf demselben Abstraktionsniveau spazierengeht wie die besseren Akteure der internationalen elektronischen Pop-Avantgarde. Ihre letzten Platten waren davon gekennzeichnet, zum einen die Musik, mit der sie angefangen haben – verlangsamter Metal, Hardcore – über immer neue Stufen der Abstraktion in seine musikalischen und zeichenhaften Bestandteile zu zerlegen und zum anderen alle bekannten Techniken – aus neuer Musik, Sound-Art, Kagel, Stockhausen etc. –, mit derart zerlegtem Material umzugehen, auch an Material auszuprobieren, das nicht aus der Metal-Welt stammte. Dies alles wurde zusammengehalten von einem Proll-Humor, der einerseits genuin Metal-mäßig, zum anderen von der Radikalität geküßt war, die sie bei den anderen Parametern ihrer Musik zum Einsatz brachten. Diesem Proll-Humor ist auch der Titel gewidmet: »Honky« wird auf dem Cover noch einmal ausdrücklich als abwertende Bezeichnung für Weiße definiert. Was wie reaktionär-trotzige

* The Melvins, »Honky«, Amphetamine Reptile/Indigo 1997

Counter-Identitätspolitik klingen könnte, wird durch den Kontext der Melvins-Musik und -Geschichte zur leicht selbstironischen Kennzeichnung ihrer Grenzen: letztendlich sei man eben doch eine Metal-Band.

Nach all den Jahren der Überraschungen und Experimente überzeugen sie hier durch irre genau und sicher eingesetzte Elemente ihrer eigenen Geschichte und einer generelleren Geschichte auch unangenehmer Errungenschaften des Progressive Rock schlechthin. Tatsächlich tauchen hier die experimentelleren Momente von King Crimson bis zu frühen Pink Floyd auf, als Prinzipien ebenso wie als direkte Zitate. Von den vage metallenen Nummern abgesehen, herrscht mehrfach die Form der Suite vor. Eigentlich unverbundene kleine Ideen reihen sich zu bombastisch anwachsenden Pieces, wie etwa bei dem über zwölfminütigen »Air Breather Deep in the Arms of Morphius«.

Isolierte Schlagzeugschläge (auf halber Resonanz gebremste Snare), die klingen wie elektronische. »Astronomy-Dominé«-Gewaber. Ätherische Gesänge mit Kat Bjelland in der Rolle der Julee Cruze aus Lynch-Soundtracks. Vollkommen abstrakte Schlagzeug-als-Maschine-Duette mit übel attraktiv-atmosphärischen Progressive-Keyboards aus einer Zeit, die noch nicht der Moog-Nostalgie zugeführt wurde (mein Lieblingstrack: »HOW – ++ –«). Jede Menge Geräusche, die Atmen und Dämpfe laut simulieren. Diese und viele mehr sind die immer wieder durch ihren isolierbaren Humor auffallenden Ingredienzien.

Man kann diese Platte auch als ein Werk hören, das abgestandene, bekannte Romantizismen wie Präraffaeliten- und Progressive-Rock leicht gesteigert und aktuell brutalisiert aufführt. Etwa um diesen Komplex heute 18-jährigen zugänglich zu machen. Wir Älteren andererseits, die sowohl die Melvins wie King Crimson kennen, hören sie als eine ziemlich kühne Karikatur eines jeden Versuchs, »mit Musik Atmosphäre zu erzeugen.« Was die Melvins für das Studium aller grundsätzlichen Probleme jetziger und jeder Pop-Musik so wichtig macht, bleibt wie überaus genau sie mit Metaphern für Ungenauigkeit umgehen.

1997

Hauptsache Nebengeräusche

Ozeanischer Emo-Hammer oder eine Urlaubsreise mit Daniel Paul Schreber? Das Gegenteil von David Thomas' Lieblings-Beach-Boys-Song »Sloop John B.«? Nämlich: »I don't want to go home. This is the best trip* I've ever been on.«? Mindestens. Mindestens der beste Trip seit »New Picnic Time«!

Knapp 20 Jahre nach Bandgründung bleibt zwar David Thomas als einziges Gründungsmitglied übrig, aber die Kontinuität, die die Beibehaltung des Bandnamen rechtfertigt, wird gewahrt. Paul Johnson, der schon die zweite LP (»Dub Housing«) gestaltete, hat das Booklet designt und dabei zwei Photos von Mik Mellen verwendet, wovon eines schon auf dem Debüt »The Modern Dance« zu sehen war. Aufgenommen wurde wie seit damals in den Suma-Studios mit Paul Hamann.

Die zwei wesentlichen Elemente von Pere Ubu – der als organloser Körper Schizoreisen unternehmende Gesang David Thomas' und die isoliert neben dem Sound den Himmel nach Strahlen absuchenden, ihrerseits Radarwellen sendenden Analog-Synthesizer-Fiepser des mittlerweile nur noch als echter Flugkapitän und also nur noch an eben diesem Himmel tätigen Allen Ravenstine – wurden immer verschiedenen, von Phase zu Phase wechselnden Song-Modellen gegenübergestellt. Mit dieser Platte sind die Phasen verlassen worden, und es wird eine Gleichzeitigkeit aller denkbaren Songmodelle

---

* Pere Ubu, »Raygun Suitcase«, Cooking Vinyl 1995

erreicht, die Hegel mit Leary liest: Aufheben, Anheben, Abheben. Will sagen: Weil es vollkommen gleichgültig ist, was in der jeweils spezifischen Dialog-Asymmetrie von Synthi-Fiepen, übrigen Geräuschen und Stimme auf der einen Seite dann von der anderen, Song-orientierten Seite als Struktur entgegengesetzt wird, hat jeder Song die Chance, was ganz Besonderes zu sein, den man als Modell nicht wiederverwenden kann. Was es nur einmal auf der Welt gibt. Und das muß man erst mal bringen: Songs schreiben, die sich nicht mehr nach Modellen anhören, wo doch nichts auf der Welt so sehr dazu tendiert, zum Modell zu werden wie der Song.

Wenn, wie hier, der Song alles sein darf, nämlich abwechselnd atmosphärisches Säuseln atmosphärischster Fossil-Industrial-Poesie-Dichte oder US-Rockmusik oder Zeugs oder UK-Pop oder Transgression der Transgression oder Liebeslied oder Frustfressorgiendokument oder Geschlechtsverkehrtraum oder namenloses, minoritäres Geschrängel – dann fragt sich doch, was das alles zusammen ist, im Sinne jener Kontinuität, die ich oben anhand einiger sozialer Äußerlichkeiten behauptet habe. David Thomas soll gesagt haben: »Wir haben mit Kunst nichts zu tun, wir sind Folklore. Aber niemand versteht, warum eine Folkband einen Synthesizer hat.« Wenn man Kunst als das definiert, was immer ein bißchen planvoll und distanziert von der Welt handelt, und Folklore im Gegensatz dazu als das, was aus den Herzen der Subjekte spricht, die die Erde erben werden, aber gerade eben noch deren Verdammte waren (oder sind), dann kann man Pere Ubu fast zur Folklore rechnen. Folk als die historische Voraussetzung für die Definition von Bürger- und anderen Rechten, bis zu molekularen Rechten.

Aber auch anders: Folklore spricht zunächst von der Unmöglichkeit der Liebenden, einander zu begegnen – zunächst aus gesellschaftlichen, später auch aus geographischen und ökonomischen Gründen. In ihrer nächsten Phase kommen die Gegenmittel hinzu, zum Beispiel Trains as in »Mystery Train« oder die Briefpost as in »Please Mr. Postman« oder die Paketzustellung wie in der tragikomischen Geschichte »The Gift« von Velvet Underground. Zu New-Wave-Zeiten, als Pere Ubu auf die Bühne der Geschichte traten, nannten sich die schlechten Bands schon nach den Gadgets, die Distanz und Trennung überwinden (The Photos, Telephone, The Shops), während die guten, wie Blondie, davon sangen (»Hanging On the Telephone«). Pere Ubu setzten die damals neue Technologie in Gestalt von Ravenstines Synthi-Fiepsern als wichtig gewordene, aber immer noch isolierte Nebengeräusche ein, die das »Unsagbare«, die Fülle des Daseins, Transgressionen, Liebe etc. ganz klar und unüberhörbar in die symbolische Ordnung des Songs reinwuchern ließen. Jetzt werden diese Geräusche nicht mehr von Ravenstine gemacht, der sie am Himmel nicht mehr braucht, er hat ja sein Funkgerät, sondern von jemand anders. Ich weiß nicht von wem: Thomas selbst? Gott? Dem Realen? Sie sind jetzt ebenso zentral wie die Stimme, sie sind die Sache selbst. Aber sie sind nicht irgendwelche Kittleristischen Zeugen vom Primat der Technologie, sondern tragen eine glasklare Liebes-, Gefühls- und eben Folk-Semantik. Nebengeräusche heißen was, sie sprechen von was, und es kommt von Herzen. Sie sagen das, was die Sprache, der Song und der andere Kram nicht mehr sagen können.

Auch diese Platte – eine weitere Kontinuität – ist irgendwie den Beach Boys gewidmet. Der im konventionellen Sinne schönste, der formal intakteste Song heißt »The Beach Boys«, und die Coverversion von »Surfer Girl« wird ohne Nebengeräusche zur akustischen Gitarre vorgetragen. Die Fettleibigkeit, die Einsamkeit und der Weg von Harmony Vocals zu Sehnsuchts-Synthesizern zieht diese komische Linie von kalifornischen Schlafstörungen zu durchwachten Nächten zwischen Hochöfen und Stadtautobahnen in Cleveland, Ohio. So wie die Botschaften Brian Wilsons bei David

Thomas angekommen sind, ist ihm auch die Präzision seiner Nachrichtentechnologie wichtig. Seine Emo-Nachrichten sollen so klar und schnell ankommen, wie die Bandpost organisiert wird. Statt Lyrics – die abzudrucken er ablehnt – gibt er auf dem Cover detaillierte Hinweise, wie man ihn, seine Band und seine Company über E-Mail oder »Snailmail« erreicht. Wie ein Teenager trifft er Verabredungen. Und wie ein Teenager hofft er darauf, daß seine Stimme und sein Synthesizer nicht verbreiten, was ein Anderer »decodieren« muß, sondern sich irgendwie physisch von selbst versteht und direkt im anderen Körper landet. Cellmail. Sprechakt am Arsch. Das Rauschen ist die Information. Mein Anrufbeantworter und ich haben denselben Musikgeschmack.

1995

Wenn die Sphären heiter werden

Curd Duca* bezieht sich auf die alte Walter-Carlos-Moog-Demonstrations-Platte »Switched On Bach« und überträgt ihr Prinzip auf Wagner. Mike Ink** entwirft mit seinem Gas-Projekt eine Musik, die einmal mehr und hauptsächlich deutlich macht, daß das »Sphärische« nicht der eigentliche, Welt- und Code-freie Bereich der Musik sei, wie seine Ideologie will, sondern ein eminent codierter. An der Küste dieses Problems brechen sich auch Ducas Wagner-Wellen.

»Wagner wirkt wie ein fortgesetzter Gebrauch von Alkohol. Er stumpft ab, er verschleimt den Magen. Spezifische Wirkung: Entartung des rhythmischen Gefühls. Der Wagnerianer nennt zuletzt rhythmisch, was ich mit einem griechischen

---

* Curd Duca, »Switched-On Wagner«, Mille Plateaux 1996

** Gas, »Gas«, Mille Plateaux 1996

Sprichwort ›den Sumpf bewegen‹ nenne. (...) Der Jüngling wird zum Mondkalb – zum ›Idealisten‹ (...) Man gehe nachts durch eine größere Stadt: überall hört man, daß mit feierlicher Wut Instrumente genotzüchtigt werden – ein wildes Geheul mischt sich dazwischen. Was geht da vor? Die Jünglinge beten Wagner an.« (Nietzsche, »Der Fall Wagner«).

Carlos wählte vor 25 Jahren für seine Moog-Platte, mit der er diesen neuen Synthesizer dem Publikum vorstellte, als Demonstrationsobjekte Kompositionen von Bach, weil der ebenfalls zu seiner Zeit mit einem spezifischen und gebrauchsanweisungshaften Kunstwerk das Klavier in die Musikgeschichte eingeführt hatte (»Das Wohltemperierte Klavier«). Das war ein neues Instrument und ein neuer musikalischer Gesetzgeber – genau wie die verschiedenen Prototypen des Synthesizers für die elektronische musikalische Revolution. Darüber hinaus stellte Bach mit diesem Werk eine Gebrauchsanleitung für das Betriebssystem Funktionsharmonik vor – so sollte in Zukunft Emotion musikalisch codiert werden. Duca bezieht sich wohl einerseits darauf, daß Ähnliches heute mit Sounds und den Resten von Harmonik wieder im Gange ist, andererseits auf Carlos und auf den Moog, um der elektronischen Pop-Musik heute (und ihrer sozialen Umgebung) quasi das Überproduktive, Aufgeregte, Bombastische, aber auch Germanisierende des ja ebenfalls Technologie-begeisterten Wagnerianismus zu attestieren – im Verhältnis nämlich zu den nüchtern-definitorischen, protestantisch gezügelten Tagen ihres Bachistischen Beginns. In nur einer Generation ist sie den Gesetzgebern zu ihrem Vorteil und ihrem Nachteil weit enteilt.

Curd Ducas musikalische Umsetzung, die zwischen feinem Humor, uncodiertem »reinem« Klang, mehrfachcodierten Sounds, Sound als Gift (Wagner) und über sich selbst aufgeklärtem Sound überaus elegant hin und her tänzelt, kritisiert diesen Zustand nicht – noch affirmiert sie ihn zu sehr. Das ist eben der europäische State-of-the-Art. Und der aktuelle Zwang/Trend zur genußvollen, anarchischen Dauerproduktivität und Überproduktion, der ihn ja durchaus mitbetrifft, findet darin seine Überhöhung und Karikatur. Eine höhere Heiterkeit, die es auch seiner Produktion gestattet, paradoxerweise mit noch einem weiteren Produkt kurz innezuhalten.

Überproduktion ist auch Mike Ink nicht fremd. Dennoch kommt sein Projekt unter dem Alias Gas daher, als beanspruche es mehr Raum und Zuwendung als seine anderen, kurzweiligeren oder funktionaleren Arbeiten. Er illustriert gewaltige Hohlräume, sowohl durch entfernt an Holzbläser erinnerndes Klangdesign als auch durch die Amplitude der auffälligerweise – inmitten des sonst immer homogen gedachten atmosphärischen Genres – recht kontrastreichen Sounds. Größere, für sich eher meditativ codierte Klangflächen dürfen sich aneinander reiben, gelegentlich auch an Beats, und geben so den Blick auf ihre Konturen frei. Diese Sounds stülpen sich nicht über den Hörer, einer Ideologie des totalen Erlebnis folgend, sondern inszenieren ihre Monumentalität ganz in seinem Gesichtskreis, ohne ihn zwanghaft einzubeziehen. Dies überrascht um so mehr, als vieles an der Bauweise der Einzelteile an noch unter der Erlebnis-Ideologie zustandegekommene kontemplative Musik erinnert. Die klare Diskretheit der Spuren und Bauteile ist ihre größte Stärke. Dennoch geben diese nie die Möglichkeiten des Hypnotischen auf, sie gewähren nur dem Hypnotisierten die Möglichkeit, sich selbst beim Hypnotisiertwerden zuzuschauen.

Auch Ink ist als Beteiligter des Techno-Wagnerianismus neben sich getreten, ohne sich »untreu« zu werden oder zu widersprechen, sondern um eine weitere Abstraktionsstufe zu gewinnen. Ist genau an diesem Punkt vielleicht ein Begehren nach einem Regelwerk auch bei ihm wiederzuerkennen, das er als Direktor wohltemperierter Minimalismen anderswo auch schon sich hat abzeichnen lassen?

1996

Re: Was kann ein kleinbürgerliches Tierchen tun?

Und wieder das intellektuelle Chicago: zwei Bands aus dem erweiterten Musikstudenten-Louisville-Shellac-Bastro-Codeine-Umfeld. Beide verwenden die »schön gemachten« Prägedruck-Pappcover mit Stempel- und Produktions-Spuren-Ästhetik. Für Pierre Marlowe und Sam Bourdieu ein klarer Fall von »ästhetischer Disposition« und bildungsbürgerlichem Habitus – aber was können poor boys/girls tun, but to play in an art-rock-band? Wie sonst sollen sie sich behaupten, wenn nicht zuerst über eine Mobilisierung der expressiven Errungenschaften ihrer Klasse? Ja, wenn es denn um das Sich-Behaupten geht. Man kann von niemandem Selbst-Aufgabe und -Auflösung verlangen, aber es ist ja nicht unwichtig, wie gerade in avantgardistischen und »avancierten« ästhetischen Konzepten solche Auflösungen immer genossen werden, die Transgression gelobt wird. Wohin aber »transgredieren«, wenn nicht aus der Determiniertheit heraus und – trotz all seines Reichtums – aus der Berechenbarkeit des »bürgerlichen Kunsterlebnisses«, wie er hier mal wieder sein Haupt erhebt?

Oder auch nicht: Beiden Bands gelingt ein bißchen was Irritierendes, manchmal sogar mehr. Rachel's* erklären sich schon mit dem im Titel ausgesprochenen Bekenntnis zur Einmaligkeit des Genies zu Partisanen einer Hochkunst, was sie durch konsequenten Verzicht auf Rock-Instrumentarium und Anleihen bei Minimal-Music, Third-Stream-Jazz und anderer Edel-Mucke nachdrücklich unterstreichen. Von der bizarren und brillanten Gefährdetheit und Bastardisiertheit etwa des Original-Third-Stream-Jazz ist allerdings nichts zu spüren, ebensowenig von der Unvorhersehbarkeit und Unbestimmbarkeit der Postrock-Kammermusik von Gastr Del Sol, an die sie manchmal erinnern. Sie sind auf hohem Niveau Easy

---

* Rachel's. »Handwriting LP«, Quarterstick/EFA 1995

Listening, und das kann einem gut gefallen: Es beschmutzt die zu leicht erreichte Hipness des EL durch ein pathetisches Scheitern und weist gewissen hohen Genüssen einen netteren Status zu.

Bei den im Detail interessanteren June Of 44 * sind, wie bei Rachel's, Ex-Mitglieder der Louisville-Band Rodan am Werk, außerdem Leute von Codeine. Die Gitarre darf in verschiedenen Varianten noch einmal Mittelpunkt sein. Die typischen abstrakt-psychedelischen Stimmungen, die man von den Bands aus dem Umfeld ebenso kennt wie von unzähligen namenlosen Musikstudenten-Avant-Rock-Bands, kippen immer wieder in einen euphorischen Rest aus altem Indie-Rock: nette Sinnfetzen, die von mir aus niemand zu dekonstruieren braucht. Ich höre gerne, wie echte und vermeintliche Unmöglichkeit von Darstellungen durch ein hochkompetentes, melancholisches Umkreistwerden von verunsicherten Fans dieser Darstellungsweisen in die Diskussion geworfen werden. So hier alle Spielarten von entwickelten Spätformen von Indie-Avantgarde und Abstract-Spät-Rock, die leisen wie die lauten, die kleinen wie die bösen.

Beide Bands sind so irrelevant wie privilegiert wie semigeil. Kunst-Kunst ist nicht dazu da, angebetet oder anders genossen zu werden als die üblichen Kunstformen, die intensiven, die extensiven und Verkehr. Jeder redet von dem, was er kennt. Je mehr das, was er kennt, das Unbehagen über das ist, was er kennt und die Grenzen, die ihn daran hindern, anderes kennzulernen, desto möglicherweise unterhaltsamer.

1995

---

* June Of 44, »Engine Takes To The Water«, Quaterstick/EFA 1995

Für ein Selbst, das kein privates Selbst ist: *Ambient* zwischen Ozean und Organisation

Akustisches Umweltdesign, die Geräusche der Überwachung, der Ablenkung und der Anrufung sind allenthalben in der Diskussion. Nicht nur weil neue Extreme entstehen: die umfassende Ausstattung von Japans öffentlichem Raum mit sanften Stimmen, Glöckchen- und Soft-Electronica-Klängen zum einen und die Lobby eines New Yorker Luxus-Hotels zum anderen, wo als Muzak und Fahrstuhlmusik Albert Ayler zu hören ist, die wohl expressivsten, am nachdrücklichsten Aufmerksamkeit heischenden Klänge, die Menschen je produzierten – auch sie sind hintergrundfähig. Zu beobachten ist darüber hinaus durch Genres, Traditionen, soziale Resonanzräume und ästhetische Weltanschauungen hindurch eine Tendenz zum Atmosphärischen und seiner Diskussion. Der Platzhalter für diesen Zusammenhang in der Welt der Pop-Musik, heißt »Ambient«. Und Ambient kennt genau wie auch Atmosphäre genaue und weniger genaue Beschreibungen und Definitionen sowie eine gewisse Einigkeit, daß unabhängig von der Genauigkeit der Beschreibung das zu Beschreibende etwas mit Ungenauigkeit zu tun hat. Ich würde drei Redeweisen unterscheiden, die mit dem Begriff »Ambient« operieren:

1) Im Anschluß an Brian Eno, der diesen Begriff in den späten 70ern für seine »Music For Airports« und andere Kompositionen lancierte, indem er ein Label namens »Ambient« gründete, auf dem diese Stücke erschienen, könnte man Ambient-Music als Musik bezeichnen, die sich als akustischer *Hintergrund* für eine Rauminszenierung eignen soll. Gern wird hier die populäre Metapher von der musikalischen Tapete oder der Fahrstuhlmusik verwendet. Eno selbst verweist darauf, daß er in den 70ern schon bei einem Vortrag davon sprach, daß man in der Zukunft ein anderes Verhältnis zum Begriff der Muzak haben werde. Statt dessen solle die musikalische Gestaltung

von Hintergründen den gleichen Rang genießen, den auch die innenarchitektonische Gestaltung von Hintergründen einnehme.

Neben dieser Argumentation, die eine bestimmte Art von Musik neben anderen Hintergrundkünsten eingeordnet sehen will, gibt es aber – sowohl von Eno selbst als auch von anderen vertreten – ein zweites Argument für die musikalische Gestaltung des Hintergrundes, das weit weniger bescheiden auftritt. Nicht die längst überfällige Konzeptualisierung musikalischer Inneneinrichtung wäre dann das Thema des Projekts Ambient, sondern es ginge vielmehr um das Herbeiführen von oder Arbeiten mit neuen *Aufmerksamkeitsformen*. Die beiläufige Aufmerksamkeit, die unkonzentrierte und flüchtige, soll nun nicht mehr nur als mindere Form von Aufmerksamkeit gelten, sondern auch zu ganz eigenen, neuen und anderen Wahrnehmungsergebnissen führen. Mit dieser Idee von Ambient stehen Eno und Freunde in einer Tradition, die sich bis zu Erik Satie zurückverfolgen läßt, der bei der Aufführung seiner »Musique d'ameublement« in einer Theaterpause dann allerdings hektisch durch das seiner Musik nun doch lauschende Publikum laufen und es auffordern mußte, bitte doch nicht hinzuhören.

Dieser musikalische Gedanke wurde wiederbelebt, als während der Hippie-Jahre alle möglichen Arten von Experimenten mit Musik und veränderten Aufmerksamkeitszuständen durchgeführt wurden. Diesen auch durch psychedelische Drogen oder durch Meditation und andere Übungen erzielten Zuständen entsprechen aber ihrer Ideologie zufolge *höhere* Grade von Konzentration und Aufmerksamkeit, nicht beiläufige und unkonzentrierte Aufmerksamkeitsformen. Die mystisch verbrämte Wiederkehr einer Ideologie des genauen und religiös erweckten Hörens zeitigte aber durchaus musikalische Ergebnisse und soziale Situationen, die ambivalent genug waren, um diese Ideologie einfach umzudrehen und nun das beiläufige und unkonzentrierte Hören zum interessanteren, neuartigen und experimentelleren Aufmerksamkeitstypus zu erklären. Den gleichen Gedanken griff etwa zehn Jahre später der Komponist, Jazz-, Experimental- und Rock-Musiker John Zorn wieder auf, als er erklärte, seine verschiedenen musikalischen Projekte hätten gemeinsam, daß ihr Urheber und ihr Publikum nur zu kurzen Aufmerksamkeitsspannen und Konzentrationsphasen in der Lage seien. Diesem Spezifikum der mit Fernsehen groß gewordenen Jahrgänge müsse zeitgenössische Musik gerecht werden.

2) Von Ambient oder Umgebungs-Musik oder Umgebungsklängen ist aber auch in ganz anderer Hinsicht die Rede. Projekte wie die des Komponisten und Musiktheoretikers R. Murray Schafer gehen, wenn sie diesen Begriff verwenden, davon aus, daß nicht die *Gestaltung* des Hintergrundes, sondern die *Dokumentation* und Beschäftigung mit dem immer schon vorhandenen Hintergrund – sei er »natürlichen« oder »kulturellen« Charakters – im Zentrum des Projekts Ambient stehe. Schafer und andere wollen die Geräusche der Umgebung einfangen, entweder, um auf sie aufmerksam zu machen oder auch – z. B. aus ökologischen Gründen – nur, um sie zu dokumentieren und zu speichern. Man könnte also Ambient in diesem Zusammenhang als all diejenigen Versuche definieren, aus dokumentarischen oder künstlerischen Gründen die Umweltgeräusche von Tierstimmen, die akustischen Effekte ungewöhnlicher Architektur, Gewölbe, Gebirge etc. bis hin zu den Umgebungsgeräuschen unserer großstädtischen, industriegesellschaftlichen Umgebungen einzufangen und als Material zu verwenden.

Daß es zwischen dieser und der ersten Verwendungsweise diverse Berührungspunkte und Übergänge gibt, erkennt man nicht zuletzt daran, daß auch Eno, der Urheber einer Rede von Ambient-Musik, selber zuweilen Ambient im zweiten Sinne benutzt hat. Denn nicht nur »künstlerische« Arbeiten, die sich entweder mit der Gestaltung von Hintergründen oder mit neuen Aufmerksamkeitstypen beschäftigen wollen, orientieren sich natürlich auch an den schon vorhandenen Hintergründen und deren Studium. Darüber hinaus gibt es Vorgehensweisen, die gezielt Umweltgeräuschstrukturen imitieren oder zitieren oder als strukturelle Vorgaben für Ambient-Musik im ersten Sinne einsetzen – etwa die Platte »Honkong« der Gruppe Monolake, um ein durchdachtes Beispiel zu nennen. Daneben sind natürlich viele andere Ansätze zu finden, die z.T. auch nur klassische Ambient-Effekte wie Meeresrauschen als ein codiertes Zeichen für eine bestimmte Stimmung einsetzen.

3) Schließlich wäre von diesen beiden Hintergründe gestaltenden und Hintergründe dokumentierenden Ansätzen ein dritter zu unterscheiden, den wir aus der Pop-Musik und den sie konstituierenden sozialen Zusammenhängen kennen, sogenannter Ambient-House. Wie immer lassen sich popmusikalische Genres weit besser soziologisch als musikalisch beschreiben. Denn Genres werden von denjenigen konstituiert, die sich entschieden haben, ihr Publikum zu bilden, und damit auch immer – sehr viel stärker als bei anderen kulturellen Orientierungen, wo es diesen Aspekt natürlich immer auch gibt – bestimmte soziale Interessen verfolgen oder deren Konsequenzen tragen.

Der Begriff Ambient tauchte in popmusikalischen Zusammenhängen das erste Mal um 1989 in einem anderen Sinne und in Verbindung mit anderen Szenen als bei Eno auf. Nach den ersten Rave-Jahren hatte sich in London eine Club-Kultur entwickelt, die von den neuen, endlosen Tanznächten geprägt war. Da diese Nächte fast ausschließlich von DJs gestaltet wurden, fiel diesen auch eine neue Rolle zu. Sie mußten nun Stimmungen und Zustände musikalisch befördern, gestalten, untermalen, aufrechterhalten, die kein Auftritt oder Konzert je so lange und so intensiv befördert, gestaltet, untermalt und aufrechterhalten hatte. Sie mußten zu neuen Mischungen, ungewöhnlichen Kombinationen und Genres greifen, selbst Aufnahmen von Karlheinz Stockhausen wurden unter den Händen von Leuten wie Mixmaster Morris zu Tanzplatten im erweiterten Sinne.

Diese neuartige DJ-Kreativität war die eine Seite. Die andere waren die vorübergehenden Erschöpfungszustände der Tanzenden, für die sogenannte Chill-Out-Räume eingerichtet wurden. Dort wollte man körperlich entspannen, aber nicht unbedingt die Stimmung verlieren, nicht herunterkommen. Aus diesem Bedürfnis und dem erweiterten Horizont vieler Rave-DJs entstand eine Ambient-Musik vom Plattenteller, die man stark vereinfacht als meditative Stimmungsmusik bezeichnen könnte, die aber zumindest in ihren Anfängen auf Klangfarben und Harmonien basierte, die man zuvor auf der Tanzfläche gehört hatte.

Später verselbständigte sich diese Ambient-Musik – David Toop nannte sie »Tanzmusik ohne Beats« – und entwickelte viele Subgenres, die vereinheitlichend schwer zu beschreiben sind. Weder ist allen die strikte Funktionalität gemeinsam, die sie historisch auszeichnete und die sie mit den neuen Tanzmusiken der House- und Techno-Epoche gemeinsam hatten, noch sind sie nur eine Neuauflage der alten Hippie- und neuen New-Age-Meditationsmusiken. Zeitweilig wurde zu jeder Tanzmusik die äquivalente Ambient-Musik gesucht, während auf der anderen Seite enorme Entwicklungen stattfanden, die Sampler-unterstütztes Produzieren, wie es seit den späten 80ern in der Dance- und Ambient-Welt die Regel ist, aus diesen Richtungen kommend auf Ansätze der neuen Musik hin erweiterten. Techno ohne Beats bzw. Post-Techno ohne Tanz-Funktion ist seit ein paar Jahren zum Ausgangspunkt experimenteller Popmusik geworden, und vieles von dem Ambient-Begriff, wie er in den späten 80ern und frühen 90ern von Musikern und DJs wie The Orb oder Mixmaster Morris in London geprägt wurde, spielt dabei immer noch eine entscheidende Rolle.

Natürlich ist die größere Frage, warum Musik überhaupt eine E- und U-Unterscheidung herausgebildet hat, die sich nur oberflächlich betrachtet homolog zu der Unterscheidung von Angewandter und Freier Kunst verhält, für Pop-Musik generell, für Ambient in allen Definitionen entscheidend, wo es ja ganz besonders um Fragen musikalischer Funktionalität geht. Insofern ist Ambient als die Zuspitzung eines Kernproblems der Popmusik, gerade ihrer aktuellen elektronischen Varianten, in einem besonderen Maße der Rede wert. Die zu führende Diskussion müßte neue kategoriale Unterscheidungen treffen: zwischen funktionaler Musik im unterschiedlichen Sinne; zwischen Popmusik als ganzes, inklusive songorientierten, tanzorientierten und Ambient-Formen und jeweils ähnlichen Formen, die nicht als Pop gelten; zwischen werkorientierten Formen (vom Song bis zur Oper) und nicht werkorientierten Formen und einer neuartigen Werkorientierung zweiter Ordnung, wie man sie gerade bei der aktuellen Ambient-Musik im Post-Techno-Bereich vorfindet.

Mindestens so interessant, wie am Ambient-Begriff die letzten Aporien der E-/U-Unterscheidung aufzuspüren und sie möglicherweise durch andere zu ersetzen, ist es aber, den Ambient-Begriff und seine neue Nutzung auch jenseits der Musik grundsätzlich daraufhin zu befragen, was Pop-Musik von einer Konjunktur des Atmosphärischen als ästhetischem Prinzip und Problem haben könnte.

Ich versuche also, seine möglicherweise begrüßenswerten Seiten herauszuarbeiten und in Bezug zu setzen zu einigen grundsätzlichen Problemen der Popmusik und der Popkultur. Dies werde ich an drei Fragen entlang tun. 1) Wie verhält sich das Atmosphärische in der Popmusik zu der Tatsache, daß gerade Popmusik sich im wesentlichen dadurch von anderer Musik unterscheidet, daß sie denotative Elemente enthält, also auf unterschiedliche Weise genau codierte Elemente, die ein Konzept des Atmosphärischen normalerweise nicht hinnehmen könnte? 2)Wie verhält sich Ambient-Musik als zumindest teilweise funktionale oder funktionalistische Musik zu anderen Neo-Funktionalismen in der elektronischen und Post-Techno-Pop-Musik: als eine weitere funktionalistische Variante oder als dessen Verneinung? 3.)Wenn der wesentliche soziale Einschnitt der letzten 15 Jahre Popgeschichte im Wechsel von einem Stars anbetenden, autoritätsbezogenen Publikum zu einem narzißtischen und/oder ironischen liegt, ist Ambient dann erst die Verwirklichung dieser Entwicklung in einer neuen Form – oder die erste Korrektur?

Vorausschicken möchte ich zwei Dinge: Ausschließen muß man die Konzepte der Meditation und der Entspannung, die viel mit Ambient zu tun hatten und für frühere Stadien der Entwicklung entscheidend waren. Nicht so sehr für produktionsästhetische Belange, eher für die soziale Seite, dafür, daß man auf ein Publikum zurückgreifen konnte, das mit Experimenten mit Aufmerksamkeitstypen und neuen Vordergrund/Hintergrund-Verhältnissen vertraut war. Doch diese Ursprünge in religiös und psychedelisch orientierten Hippie- und Post-Hippie-Kulturen haben heute längst in New Age ihre eigene, entsetzliche Tradition begründet, von der man Ambient, will man den Begriff mit Gewinn verwenden, unterscheiden sollte.

Zum anderen möchte ich gerne in der allerkürzesten Fassung meinen Begriff von Popmusik erläutern. Popmusik als Kunstform in Unterschied zu anderen setzt ihr (musikalisches) Material auf unterschiedlichen Ebenen ein. Zwei Ebenen der Verwendung kommen immer vor, wovon mindestens eine, zumindest in älteren Formen der Popmusik, dem Rest der Musik äußerlich sein müßte, weil sie im Gegensatz zum Musikalischen denotativ und genau codiert ist. Diese Codierung kann ebenso über einen Songtext erfolgen wie – sehr oft – über einen bestimmten Sound-Effekt, eine Klangfarbe, die ganz präzise für einen Kult, eine soziale Gruppe oder eine Modeerscheinung in einem totemistischen Sinne steht. Pop-Musik wäre daher Musik, die unrein und mehrdimensional ist, eher soziologisch als mathematisch, aber dabei auch Musik bleibt, mithin Material verwendet, das auf einer bestimmten Ebene auch mathematisch-physikalisch beschreibbar ist.

Das führt zur ersten Frage: Wie verhält es sich mit solchen Codierungen, deren Enge und Genauigkeit dem Verständnis von Atmosphäre als größtmöglicher Offenheit, »Feinstofflichkeit«, »Befindlichkeit«, »Fluidum«, »Form der Präsenz« widersprechen würde? Die Momente von Entschiedenheit und Klarheit, von Witz und Pointe, wie sie solchen Codierungen zugrunde liegen, haben sich von jeher gegen das Atmosphärische gesträubt. Selbst in vielen der Ekstase-Popmusiken der letzten 30 Jahre sind die klimaktischen Höhepunkte, die Momente höchster Intensität nicht durch Namenlosigkeit und Offenheit gekennzeichnet, sondern durch die Wiederholung und Betonung von sehr genau codierten und verweisenden Sounds in einer geradezu fetischistischen Weise. Wie der Fetischist weiß der Popmusik-Fan sehr genau, was er will, es ist nicht das Ozeanische. Es ist ein über konkrete soziale Erfahrungen mit Gruppen und Waren vermittelter Fetisch-Sound.

Andererseits unterhält diese bedeutende, fetischistisch begehrte Ebene der Pop-Musik meist eine äußerliche Beziehung zu anderen Ebenen. Eine davon ist die im konventionellen Sinne musikalische. Diese kann nach folkloristischen, klassisch-europäischen, klassisch-außereuropäischen oder avantgardistischen Gesetzen strukturiert sein. Wie sie das sind, nach welchen musikalischen Regeln, wird nicht von der Geschichte des Fetisch-Sound und seiner Bedeutungen bestimmt. Darüber hinaus sind diese »rein musikalischen« Anteile aber auch immer davon geprägt, daß sie nicht als Musik an sich funktionieren, sondern als eine von mehreren Ebenen. Daß die andere – die »musikalische« – Ebene neben den nahezu denotativen Codierungen der Pop-Musik gerade von besonders offenen musikalischen Konzepten aus der Ambient-Verwandtschaft getragen werden kann, hat sich in der Nachfolge von Brian Eno in den frühen 80ern häufiger gezeigt; zuweilen als Kitsch, wenn etwa ein Daniel Lanois einem Robbie Robertson eine offene, ambientöse Produktion verpaßte.

Zu den interessanteren Einflüssen von Ambient-verwandten Konzepten auf Pop-Musik gehörten die Fälle, wo sich Erben der sogenannten Minimal-Music mit Rock-Gitarren trafen. Ein solcher Fall ist der Komponist Glenn Branca, der beeinflußt von den Experimenten mit *just intonation* von LaMonte Young und anderen elektrische Gitarren unorthodox stimmen ließ – nicht so weit entfernt von der Art und Weise, wie eine Generation vorher Velvet Underground, die ja mit John Cale auch einen LaMonte-Young-Mitstreiter in ihren Reihen hatten, Oberton-, Drone- und Feedback-Effekte einsetzte – und damit wiederum die Band Sonic Youth nachhaltig beeinflußte. Nach Brian Eno, der bei Roxy Music und auf seinen ersten Solo-Platten äußerst präzise codierte Elemente mit äußerst vagen drastisch konfrontierte, waren es Sonic Youth, die nun vor allem in der ersten Hälfte der 80er Jahre einerseits auf einer klar bestimmten Pop-Ebene arbeiteten und andererseits auf einer zweiten Ebene die nicht orthodox gestimmten und vielfach dröhnenden Gitarren als einen Sound entwickelten, der trotz seiner klaren Codierung als Platzhalter des Offenen und Unklaren nicht in dieser Codierung aufging. Ein ähnliches Prinzip findet man beim Einsatz eines nicht mit dem Rest der Musik interagierenden, aber als ausgestellter »Fremdkörper« deutlich hörbaren Moog-Synthesizers bei Pere Ubu – seit 1977 – oder bei der Entwicklung einer freien Feedback-Ästhetik inmitten von geradezu formelhaften Popsongs der Lee-Hazelwood-Schule bei The Jesus And Mary Chain in den mittleren 80ern.

Bei diesen und anderen Beispielen wird eine Ebene entwickelt, die einerseits ganz genau codiert und innerhalb des

Aufbaus der gesamten Bedeutungskomposition klar eingewiesen ist, die andererseits aber immer mit einer offenen, unkontrollierten zweiten Ebene korrespondiert: Punk-Rock mit atonalem Moog, Folk-Song und Feedback, Minimal-Drone mit Teenage-Rebellionshymnen. Beide Ebenen eröffnen der jeweils anderen dabei erst eine neue Wahrheitsmöglichkeit. Für sich genommen wäre weder der experimentell-künstlerische Anspruch noch die popgeschichtlich fix codierte Form attraktiv – nur in der Korrespondenz nicht ineinander aufgehender Ebenen gelingt Popmusik. Früher und in anderen Pop-Musik-Formen sorgten andere Elemente für diese Inkongruenzen – seit den 80ern aber tauchen solche Ambient-Verwandte und Ambient-Vorläufer immer häufiger innerhalb von Pop-Kontexten auf. Dies wäre ein erstes Modell dafür, wie die Codiertheit und die Offenheit nicht nur miteinander leben können, sondern unter bestimmten ästhetischen Rahmenbedingungen aufeinander angewiesen sind.

Wenn man sich die eingangs beschriebene Doppelbedeutung von Ambient noch mal in Erinnerung ruft, kann man noch auf eine andere Auflösung dieses scheinbaren Gegensatzes kommen. Denn wenn Ambient einerseits bedeutet, Musik so zu gestalten, daß sie im Hintergrund bleibt, und andererseits den ohnehin vorhandenen Hintergrund – Umwelt- und Nebengeräusche – zum Vordergrund erklärt, dann spielt der Begriff schon von Anfang an dialektisch damit, daß das, was offen und reine Stimmung ist, gerade von dem Außer-Kontrolle-Geraten oder Verfremden dessen lebt, das ganz genau etwas ist, nämlich ein Alltagsgeräusch. Und das ist ja immer zumindest so weit klar codiert, daß wenn wir nicht wissen, was es indiziert, wir uns sofort fragen, was das ist. Es hat immer eine Ursache. Wir haben ja auch gerade wieder erfahren – beim ICE-Unfall in Eschede –, daß auch das Alltagsgeräusch, das zunächst nichts bedeutet, eine drohende Katastrophe anzeigen kann.

Diese Dialektik von bedeutungslosem Bedeutenden und bedeutendem Bedeutungslosen könnte zu einem Begriff von Ambient führen. Die Beobachtung, daß die Verschiebung von Vorder- und Hintergrund auch eine Verschiebung von bedeutenden und nichtbedeutenden Teilen ist, macht dieses Ambient-Konzept gerade für Pop-Musik interessant, wo es so etwas wie bedeutende Teile in einem viel deutlicheren – und für die Gattung konstitutiven – Sinne als in anderer Musik gibt.

Es gibt aber noch eine andere Möglichkeit, sich die Chancen von Ambient als Popmusik anzusehen, nämlich wenn man sie von den wieder aufgeflammten Funktionalismus-Diskussionen in der Pop-Musik aus betrachtet. Der historische Einschnitt, der Songs, Verstärkung und Stars von Tracks, Simulation und Sampling (also Rockmusik, Punk, Post-Punk auf der einen Seite und House, Techno und andere DJ-Musiken auf der anderen Seite) in zwei verschiedene Welten trennte, war auch damals – 1990 plus minus vier Jahre – von Funktionalismus-Diskussionen begleitet, die etwas später auch in den entsprechenden Milieus der Bildenden Kunst auftauchten. In dieser Diskussion wird ein Funktionalismus-Begriff gegen die Autoritäts- und starfixierte Rockmusik alter Schule und ihren antiquierten Geniebegriff ins Feld geführt. Parallel dazu gab es in der neo-institutionskritischen Kunst eine positive Besetzung von Begriffen wie Service, ein neues Interesse an Design und an »dienenden« Künstlerpositionen – gegen Geniekult und für kollektives und anonymes Produzieren.

In diesem Zusammenhang entstanden mit der Zeit diverse Aporien. Natürlich ließ sich ein vereinfachter, dekontextualisierter Funktionalismus mit den neoliberalen, postfordistischen und flexibilisierenden Imperativen der emergenten neuen ökonomischen Verhältnisse durchaus harmonisieren, und das kritische Potential des institutionskritischen Ansatzes versandete oft in der bloßen Abwendung und Negation von signierter Kunst. Im Techno-Bereich war der funktionalistische Aspekt des DJ-Ethos für viele Entwicklungen und – mittlerweile muß man sagen: – Traditionen essentiell. Dennoch gab es auch hier das Problem, daß einerseits nach einigen Jahren erfolgreicher Abwehr der DJ nicht nur als Star, sondern auch als nun sogar noch monströsere, neue Figur des Genie-Künstlers, nämlich als Prophet, Demiurg, Schöpfer gefaßt wurde. Darüber hinaus mochte die Service- und Funktionalismus-Idee zwar Widerstand gegen die letzte, Rock-spezifische Form von Verwertung leisten, konnte aber nichts gegen die zeitgenössischen, flexibleren und dezentraleren Typen von Kulturindustrie ausrichten, die genau auf diesen Typus von bescheidener Verweigerung gewartet hatten.

Diese Diagnose soll mitnichten jenen kulturpessimistischen Reflexen das Wort reden, die noch jede taktische Operation des kulturellen Underground immer nur als den vorauseilenden Gehorsam der jeweils neuesten, wieder raffinierter gewordenen Form von kulturindustrieller Verwertungslogik lesen. Noch glaube ich, daß sich künstlerische Produktionsformen auf oberflächlich analoge Formen anderer Arbeitsorganisation reduzieren oder per Vergleich mit diesen bewerten lassen. Auf der anderen Seite herrscht jedoch unter den Partisanen der elektronischen Musik ein naiver Optimismus in bezug auf bestimmte taktische Kniffe der Kunst, dessen Aporien eben gerade dann deutlich werden, wenn diese Taktiken auf den Begriff gebracht werden sollen – entweder erscheint dann der DJ als Monster-Modernismus-Zombie des 21. Jahrhunderts, oder er verschwindet Kollektiv-utopistisch in dienenden, funktionalistischen Unterwerfungen. Hier wäre zu fragen, wie Ambient in diesem Problemfeld einzusortieren wäre.

Einerseits ist nämlich Ambient – vor allem seine Techno- und Elektronik-relevante Form – genealogisch aus einer Überbietung von Techno herzuleiten, insbesondere des Funktionalismus von Techno. Ambient war definiert als präzise die Musik für den Erschöpfungszustand zwischen zwei

Ekstase-Phasen einer Party. Andererseits enthält diese Fassung des Funktionalismus – nämlich *für* den Erschöpfungszustand – auch schon dessen Zurückweisung. Der Erschöpfungszustand umfaßt eben eine schwer auf eine unmittelbare Funktion zu bringende Fülle von Bedürfnissen und Zuständen – anders als »zum Tanzen«. Im selben Maße, wie Ambient sich also aus einer Überbietung des Techno-Funktionalismus als sozusagen dessen Anhängsel ableitet, kann man Ambient auch als dessen Negation und Zurückweisung in seinen eigenen musikalischen Begriffen verstehen. Etwa als Tanzmusik, die nicht zum Tanzen gedacht ist. Oder eben als Tanzmusik ohne Beats.

Wenn Techno die einfache Verneinung des Rock war, ließe sich Ambient vielleicht als die doppelte Verneinung der ideologischen Position des Rock – Machismus, Heterosexismus, Authentizismus, Autonomie – fassen. Das könnte dann zu einer Rückkehr von nicht dienenden, nicht unterworfenen, dennoch auch nicht heterosexistischen Künstlerfiguren führen. Diese doppelte Verneinung von Rock und ganz allgemein von Rebellions- und Individualismus-Kultur, die durch anonyme und kollektive Kunstformen hindurchgegangen ist, hätte man sich vorzustellen als eine nach wie vor funktionale Musik, deren Funktionsbegriff aber durch größtmögliche, vom Begriff der Atmosphäre informierte Offenheit gekennzeichnet wäre. Davon kann das, was man heute Minimal-Techno nennt, zuweilen schon eine Vorstellung vermitteln.

Nach dem semiotischen Problem – Offenheit versus Codiertheit – und dem politisch-kunstsoziologischen wie philosophischen Problem – autonomes Genie versus funktionalistisches Kollektiv – kommen wir zuletzt zur rezeptionsästhetischen und psychologischen Dimension von Ambient oder Atmosphärik in der Pop-Musik. Wenn denn das Techno- und Post-Techno-Publikum bis zu einem gewissen Grade nicht mehr zu Stars auf einer Bühne aufzuschauen gelernt hat, sondern statt dessen sich selbst genießt, mehr oder weniger narzißtisch, was passiert dann, wenn der Vollzug dieses Selbstgenusses nicht mehr wie bei konventionellem Techno an eine kollektive Dimension, ein Massen- oder Gruppen-Erlebnis mit Tanz und Körperlichkeit gebunden, sondern individualisiert und privatisiert wird? Unterschiede sich Ambient dann noch von Meditations- und New-Age-Musik?

Dazu kurz die drei Typen von Veranstaltungen im Dance-Bereich und ihre unterschiedliche Konzeptualisierung dieses Problems. Die Disco ist ja nicht nur ein Platz der Spiegelung und der Atmosphäre, sondern darüber hinaus ein extrem codierter. Hier erklingt kein Ton, der nicht verbunden wäre mit klaren historischen Bedeutungen und auch damit einhergehenden Ein- und Ausschlüssen. Zur Disco gehört einerseits der Elitismus des Türstehers, andererseits die Etablierung marginalisierter Kulturen. Keine kulturelle Stabilisierung der US-Schwulenbewegung, vor allem keine schwarze Schwulenbewegung ohne dieses Konzept der Disco, das zumindest in den früheren Versionen des Begriffes House-Music fortgesetzt wurde. Demgegenüber ist der Rave universalistisch, allerdings von einem Universalismus derjenigen – weiße Mittelklasse – geprägt, die nie selber ausgeschlossen waren und auch nie selber die Vorzüge des Verstecktseins kennengelernt haben. Die Idee Club wäre eine Synthese aus beidem: Der Universalismus bleibt erhalten, er steht jedem offen, es gibt keinen Türsteher, aber die partikularistische Phase, durch die jede gute, universalistische Tanzmusik hindurchgegangen ist, wird nicht vergessen. Man ist nicht unvorsichtig mit dem Recht auf Absonderung.

In diesem Zusammenhang wäre Ambient – keine konkreten Ambient-Musiken, sondern Ambient, wie ich es hier als Möglichkeit fasse – die ideale Musik für einen aufgeklärten Club. Das Gegenteil oder Komplement zum charakteristischen Techno-Paradox des kollektiv organisierten Narzißmus wäre nicht der Rückzug ins Private – es wären die historischen Spuren des Partikularen, die jede Tanzmusik, jede Rave-Musik als Musik einer nicht zu Öffentlichkeit zugelassenen Gruppe hinter sich hat. Das Nichttanzen, das Atmosphärische, wäre gleichzeitig das Medium dieser bedeutenden Spuren in einer ansonsten offenen Musik: Man hört so etwas in den ihre entfernte Reggae-Herkunft nicht verleugnenden Samples von Maurizio.[12] Auch wenn seine Musik natürlich kein Ambient im strengen Sinne ist, sondern im Universum der elektronischen Musik nach Techno einzuordnen wäre. Es gäbe also auch von dieser Seite aus, von der psychologischen Seite, einen Weg für Ambient als Pop-Musik. Ambient oder »atmosphärische Post-Techno-Musik« wäre dann eine funktionale, aber für unendliche und persönliche Funktionen zuständige Musik, die aber letzten Endes nicht auf ein privates Selbst zusteuert, sondern im Zentrum, im Herzen ihrer Soundquellen, das Selbst als einen Fall des Partikularismus faßt, durch den alle großen Universalismen immer wieder hindurch müssen.

1998

3. ... und ... (Kalifornien)

Der ewige Ausländer: Peter Lorre

Die erste bewußte Begegnung mit Peter Lorre ist nicht nur für Filmgebildete immer noch seine Darstellung des Kindermörders in »M« (1930), seine erste Film-Rolle und eine der ersten deutschsprachigen Tonfilm-Hauptrollen überhaupt. Die von einer ihre Kreise störenden Polizei genervten, organisierten Gangster Berlins greifen zur Selbsthilfe und machen dem gefaßten Kindermörder einen Prozeß, eine faschistoide Farce, in deren Verlauf der Täter zum Opfer wird, das »nicht will«, sondern »muß«. Die in dieser legendären Schlußszene gipfelnde Glanzleistung gestattet gleichzeitig einen der wenigen noch möglichen Blicke in eine versunkene Schauspieltradition. Lorre – der hier unter anderem gegen Stars wie Gründgens antritt – vertritt diese Tradition mit seinem endlos charmanten K.u.k.-Schauspieler-Hochwienerisch nicht nur unter dem Schatten der drohenden neuen Verhältnisse – er bringt deren Voraussetzungen selbst schon mit zum Ausdruck. Seine Darstellung des bieder-blöden Mörders zeigt nämlich, wie im »Fahrwasser der Regression schreckliche, sadistische Ausbrüche unvermeidlich sind«, wie der neuerdings wieder so beliebte Kracauer schreibt, der den M-Mörder in seine Reihe expressionistischer deutscher Figuren auf dem Wege von Caligari zu Hitler einordnet. Diese sehr plausible, wenn auch etwas reduktionistische Lesart bestätigte aber nicht nur der Lorre-Fan Randy Newman in seinem Song »In Germany Before the War«, sondern auch Lorre selber. Darum geht es in einem ungewöhnlichen neuen Buch.[1]

Der Brecht-Schauspieler, Linke und Hedonist fand bald seinen Weg nach Hollywood, wo er zwar ein paar Ups and

Downs hatte, aber genügend Arbeit und auch Geld, um so in Saus und Braus zu leben, daß es anstrengend wurde. Lorre verbot seiner Frau zu arbeiten, nicht aus Machismo, sondern weil er die vielen Feste und Orgien nicht mehr alleine schaffte. Feiernderweise hatte er auch Geld verloren und einen üppigen Leib gewonnen. In den späten 40ern stand er schließlich als berühmter Nebendarsteller ohne Rollen und mit einer bankrotten Produktionsfirma vor dem Nichts. Zu diesem Zeitpunkt verschlug es ihn zurück nach Deutschland, West – Brecht hatte ihn vergeblich in einem Gedicht an den »Schauspieler P. L.« um seine Rückkehr nach Berlin, Ost gebeten – und zu einer bizarr-monströsen Filmarbeit.

»Der Verlorene« sollte erneut den Faschismus über ein zum Täter gewordenes Opfer in den Griff kriegen. Lorre führte nicht nur Regie und spielte die Hauptrolle, er hatte darüber hinaus unter dem gleichen Titel einen flott expressionistelnden Roman geschrieben, der zur Premiere des Films als Fortsetzungsgeschichte in der »Süddeutschen Zeitung« erschien. Tatsächlich war der »Verlorene«, wie der Name schon sagt, ein Fremdkörper in jeder Hinsicht. Ästhetisch war der Schwarz-Weiß-Film eine Mischung aus »deutschem Expressionismus«, Noir und teilweise sogar Doku-Ästhetik, die bei aller Erstaunlichkeit in sich nicht stimmte. Aber selbst wenn sie nach ihren selbst gesetzten Maßverhältnissen gestimmt hätte, hätte sie dem deutschen Nachkriegsmenschen, nicht gerade ein Experte für Code-Mischungen, nie und nimmer einleuchten können. Dem, was man am »Verlorenen« genießen kann – das Unvollständige und Angedeutete der Codes, ihre punktuellen und unvollständigen Dramatisierungen, die Ambivalenz der Lorre-Rolle, bei der nie ganz klar ist, ob der Darsteller Tragik, Regressionen, Indolenzen und Kontrollverluste nur vorstellt oder sie selbst genießt –, dem steht das Anliegen gegenüber, Deutschland etwas erklären zu wollen, das dieses bis heute nicht so gerne verstehen, lieber

»bewältigen« will. Erst recht aber nicht in einer derart abgedrehten Form.

Zu diesem erfolglosen Projekt von 1951 ist nun ein Buch erschienen, das auch nicht recht sagen kann, warum diese Singularität innerhalb des Nachkriegskinos und im Leben des größten Hollywood-Darstellers deutscher Zunge nun so extensiv der Rede wert ist. Zum Originalromantext gibt es zehn Texte verschiedensten Niveaus und diversester Bauart, vom fiktiven Lorre-Tagebuch bis zu bemerkenswerten Bausteinen einer Geschichte des deutschen Noir, deren Autoren aber eigentlich fast alle den Film für mißlungen halten oder eh von was ganz anderem reden. Dazu wäre wohl auch eine höhere Form der Trash-Theorie und des interessant Mißlungenen als ästhetische Kategorie vonnöten gewesen. Eine Theorie, die sich der Frage nach dem spezifischen Wahrheitswert des unter industriellen Bedingungen produzierten, aber gleichzeitig unterkapitalisierten und an prekären Problemen – Faschismus, abweichende Sexualität, Sensationen – sich abarbeitenden Kunstwerks widmen müßte: eine Art Psychoanalyse der Kulturindustrie, die um das B-Picture herum dessen Unbewußtes beschreibbar machen könnte. Dabei könnte ja auch etwas über die ganz besondere Unversöhntheit des antifaschistischen B-Pictures herauskommen, dem eben nicht die Sicherheit einer in sich stimmigen, frühzeitig erworbenen intellektuellen oder künstlerischen Position zu Verfügung steht. Und etwas darüber, daß prekäre Themen in billigen Produktionen genau so eine Art von Kompensation des niedrigen Budgets darstellen wie Sex, Drogen und Splatter in anderen Formen von Trash-Kultur. Und wie gerade die B-Film-Darstellung dieses politisch Prekären besondere Wahrheiten vielleicht formulieren kann. Egal.

Eine Hommage an Lorre ist selbstverständlich überfällig,[2] und im deutschen Sprachraum ist dies immerhin ein Anfang. In Lorres Arbeit treffen drei Jahrhundertmotive zusammen, die er so großartig verkörperte, daß er sie auch nicht immer unter Kontrolle bekam. Zum einen hat er mehr als einmal dargestellt, wie Befreiung und Grenzübertretung in Regression und Faschismus umschlagen – als Opfer wie als Täter oder beides in einer Person. Damit hat er die Attraktion des Psychokillers in einer Weise formuliert, daß der ihm lebenslang als Casting-Stereotyp nachhing. Dann hat er unter den Hollywood-Exilierten mehr als Lang, Brecht, Adorno und die verschiedenen Manns, ein Konzept der Arbeit unter den damals neuen »kulturindustriellen« Bedingungen entwickelt: Läßt man all die japanischen Detektive, sinistren Levantiner, kommunistischen Agenten, russischen Spione, undurchsichtigen Südamerikaner, Exil-Ungarn und gar den Kaiser Nero Revue passieren, die er alle in seinen Up-and-Down-Jahren darstellte, bekommt man ein – nur von seiner Person und seiner Herkunft aus »einem exakt umrissenen Schauspielermilieu« (Kracauer) zusammengehaltenes – Kaleidoskop von oft grotesken Stereotypen, denen bei aller Reduktion immer auch die Möglichkeit anhaftet, sie durch Genuß und Affirmation zu überwinden. Lorre war nicht nur ewiges, meistens B-Picture-Stereotyp. Er ließ, ausgerechnet mit altösterreichischen Schauspielertugenden bewaffnet, ahnen, wie man sein Stereotyp gerade da dekonstruieren kann, wo es besonders maskenhaft wird. Auf halbem Weg zwischen Cartoon-Charakter und neben sich stehender Verkörperung nicht vorgesehener V-Effekte nahm er die spätere europäische Deutung von B-Pictures – als immanente Kritik an Hollywood und als Selbstreflexion – in seiner Arbeit um einige Jahrzehnte vorweg.

Interessant ist da schließlich und drittens das, was all diese Rollen noch zusammenhält: Lorre war ein ewiger Ausländer. Er spielt, soweit ich weiß, in nicht einem einzigen seiner US-amerikanischen Filme einen US-Amerikaner. Er spielt Ausländer aus aller Herren Länder und Epochen, selbst solche, denen Hollywood sonst gerne fixe »rassische« Körperlichkeiten zuschreibt.

Lorre konnte auch als Mr. Moto durchgehen. Dieses Abonnement auf Fremdheit war aber nicht nur Hollywoods Reaktion auf einen alteuropäischen Großmimen mit linken und antipuritanischen Neigungen, also ein Ausschluß. Es war auch ein Weg, den Lorre bei allem Widerwart, den er manchmal für ihn empfand, wie selbst gewählt und als erkennbar eigene Idee durchhält. Und seine Fremdheit in Hollywood sagt mehr über dessen System, als reine Affirmation oder Negation je vermochten. Denn sie artikuliert sich da, wo es am hübschesten klingt und am würzigsten wahr wird: im Herzen der Bestie, in den kleinsten und gemeinsten, aber auch den größten und monumentalsten Filmen, den blödesten Musicals und großen schwarzen Filmen mit dem gleichen melancholischen Mehr-Wissen in der Mimik. Ganz klar, daß es interessanter war, dort »verloren« zu sein als hier. Zumal er von dort eben auch mehr verstand: ein kritischer Künstler, der dafür nicht einen einzigen kritischen Inhalt formulieren mußte – nur das, was er machte, so machen, wie er es machte.

1997

Triumphe, Niederlagen, Hinterausgänge und Waffenstillstände[3]

I

Wenige »Kunstwerke« haben mir so viel Spaß gemacht wie die Moschee von Córdoba, Downtown Los Angeles, John Fords Film »Cheyenne Autumn«, Archie Shepps Aufnahme »A Portrait of Robert Thompson (as a young man)« von der LP »Mama Too Tight« und die CD »Lysol«[4] von den Melvins. Noch einen Schritt weiter geht Don Covays Song »I Was Checking Out, She Was Checking In« (ohne das »weiter« unmittelbar mit einem Werturteil verbinden zu wollen). Wenn ich die ziemlich offensichtlichen Gemeinsamkeiten im Aufbau dieser Werke aus dieser Liste im folgenden beschreiben werde, dann weil in allen Beispielen zwei Teile sich nicht wie zwei Teile benehmen und weder ein gemeinsames Ganzes additiv ergeben, noch ganz in Oppositionen oder Machtverhältnissen aufgehen. So daß beide Teile eine autonome Ausgeprägtheit erhalten, die aber gerade noch in der Lage ist, Verhältnisse zu anderen Teile zuzulassen und durch diese Verhältnisse auch noch an Ausgeprägtheit gewinnt. Wobei »Ausgeprägtheit« eben die ziemlich unbestimmte und schwer bestimmbare Größe ist, die ich durch die folgenden Beispiele anschaulich machen will.

Ein Kunstwerk oder Bauwerk läßt in sich sein Gegenteil zu. Es gibt ein zweites Zentrum oder eine zweite Leitidee, das oder die dem oder der ersten entgegensteht und trotzdem »ausgeprägt«, also ungestört und nicht zur bloßen Antithese instrumentalisiert bestehen darf. Im Idealfall bleibt tatsächlich offen, wer von beiden *recht hat.*[5]

II

Als die Katholiken im 15. Jahrhundert das islamische Kulturzentrum Córdoba eroberten, fanden sie dort über 300 Moscheen vor. Die meisten wurden sofort zerstört und geschliffen, der Rest verschwand im Laufe der Zeit. Die Vertreibung der Juden und der nicht konvertierungswilligen Moslems wurde erst mit sanftem, bald brutalem Nachdruck organisiert, später auch die Vertreibung der »Krypto-Moslems«. Alle großen Ereignisse des Jahres 1492 – Reise des Kolumbus, Vertreibung der Araber und Juden und die Eroberung Granadas – haben nicht nur das Territorium der katholischen Könige erweitert, sie haben territoriales Denken an sich verändert, neue Bestimmungen von Innen und Außen, von fremd und zugehörig ermöglicht, alles rund um die bestimmenden Kräfte Katholizismus und frühester Kapitalismus herum organisiert.[6] Im Mittelpunkt der Stadt am Guadalquivir stand und steht die damals zweitgrößte (heute drittgrößte) Moschee der Welt, die Mezquita.

Seit 756 war Córdoba arabische Residenzstadt und Hauptstadt eines von der syrischen Kalifendynastie der Omaiyaden begründeten Reiches. Gleich der erste Omaiyaden-Kalif Abd ar-Rahman I. begann mit dem Bau.[7] Nach dem Sieg der Katholiken wurde die Moschee noch eine Weile als christliches Gebetshaus genutzt, bevor das Domkapitel von Córdoba beschloß, ins Zentrum der Moschee eine Renaissance-Kathedrale hineinzubauen. Karl V. (wie wir ihn in Deutschland nennen) oder Carlos Primero (wie er in Spanien heißt), der Herrscher also, in dessen Reich die Sonne nie unterging, besuchte diese neue Mezquita drei Jahre nach ihrer Fertigstellung im Jahre 1526. Dabei soll er gesagt haben, die Domherren hätten ein Bauwerk, das man überall auf der Welt errichten könne, so erbaut, daß ein einzigartiges, unwiederholbares Bauwerk verschandelt worden sei.[8]

Offen bleibt, warum die Bauherren es überhaupt stehen und nicht niederreißen ließen, wie all die anderen Moscheen. Respekt vor seiner Größe? Oder alte Rechnungen: Schließlich hatte vor der maurischen Eroberung an dieser Stelle schon einmal eine christliche Kirche gestanden. Diese hatten die Omaiyaden niederreißen lassen, allerdings erst, nachdem sie, die Eroberer, sie den Christen abgekauft hatten. Die große Moschee bezeugte ja immerhin, so könnte man argumentieren, die Größe des niedergerungenen Feindes, zum anderen schmeichelte seine für vertikalistisch aufschauende Christen undenkbare flache, horizontale Monumentalität der neuen Verbindung aus globalem Handel und Imperialität. Sie ähnelt in mancher Hinsicht der Architektur von Basaren, aber vor allem auch späteren europäischen Markthallen. Über weitere Gründe, dem Gebäude Gnade zu erweisen, wird spekuliert: Doch weder der angeblich »weltoffene« Karl – der dann mit dem Alcázar von Sevilla und der Alhambra genauso verfuhr wie das von ihm als barbarisch gescholtene Domkapitel von Córdoba, er »verschandelte« sie durch Erweiterungsbauten –

noch seine depressiven Nachfolger änderten etwas an dieser architektonisch einmaligen Konstellation. Vielleicht hat ja gerade das Insert einer Kathedrale die nächsten knapp fünfhundert Jahre dazu beigetragen, daß Inquisition und Gegenreformation, katholischer Fundamentalismus und schließlich Faschismus eine Moschee in einer erzkatholischen Stadt duldeten.

Wenn man durch den endlos wirkenden Säulendschungel streift, hat man nie das Gefühl, irgendwohin geleitet zu werden. Die nicht hierarchische Architektur erlaubt ein ungerichtetes Streifen und Schlendern, das Touristen ohnehin nur zu gern betreiben, in Kirchen und Domen aber meist automatisch ablegen. Andererseits benehmen sich die Leute nicht völlig ungezwungen. Sie dämpfen ihre Stimmen wie in Kirchen. Nach einer Weile führen einen die Schritte dennoch zum Portal der Kathedrale, die man auch umrunden kann: sie steht genau im Zentrum und ist auf allen Seiten von der Moschee umgeben. In der Regel betritt man das pompöse, prunkvolle, platereske Bauwerk aber durch den Vordereingang und befindet sich dann in einem Raum, dem in jedem Detail seine aktuelle Nutzung anzusehen ist. Aus unbestimmter historischer Meditation gerät man so in eindeutige Verhältnisse, historisch gewachsene, aber andauernde, religiöse Eindeutigkeit, die nichts offen läßt und dem (religiös) unbeteiligten Touristen keine andere Reaktion als die üblichen nach oben gerichteten, bewundernden Blicke erlaubt.

Wenn man sich jetzt aber an die Gerichtetheit des Kirchenschiffs hält und auf den Altar zuhält, bekommt man die in der Welt einmalige Möglichkeit, eine Kathedrale zu *passieren*: Man verläßt sie durch den Hinterausgang und ist wieder in der Moschee, in der man sich nun noch einmal genauso lange aufhalten kann wie in der ersten Etappe der Besichtigung. Obwohl es in der Moschee keine benennbaren einzelnen Attraktionen gibt, überhaupt keine Einzelheiten, nur den

Wald der Säulen, verbringt man bei dieser Etappe die meiste Zeit. Viele Besucher sind nun auf den Geschmack des Schweifens und Kreisens gekommen und wollen gar nicht mehr zur Rückseite hinaus, sondern versuchen an der Kirche vorbei zurück zum Haupteingang der Moschee zu kommen. Im Winter oder im Hochsommer hat man endlos Platz und will endlos bleiben.

Es ist nicht klar, wessen Sieg oder Triumph dieses monströse Bauwerk dokumentiert. Der erste Gedanke Karls kann schnell als unsinnig abgetan werden: Die Moschee wird durch die Kirche nicht verschandelt oder gedemütigt. Sie behält eher das letzte Wort in ihrer Entspanntheit, die locker um die christlichen Verkrampfungen baumelt. Zweifellos könnte aber auch die Kirche das Zu-ihr-Kommen dramaturgisch für sich nutzen. Der Konvertierungsdruck, der auf Juden und Arabern lastete, wird zweifellos stark symbolisiert, wenn diese und andere immer wieder durch das heidnische Bauwerk hindurch zu ihr vordringen mußten. Auch die Vorstellung, daß jeder Gläubige immer wieder aus einer sündigen oder ungläubigen, an Versuchungen reichen Welt in die Insel Kirche vordringen muß, die er dann wieder ins weltliche Elend verläßt, kann durch diese Architektur illustriert werden. Wahrscheinlich trügt aber der Eindruck, den man heute hat, auch für vergangene Zeiten nicht: daß die Symbolwelt der Kirche, die sich mit einem zweiten Symbolgürtel umgibt, deswegen so attraktiv ist, weil sie genau in der Schwebe läßt, wer recht behält.

III

In den 60er Jahren beginnt eine Phase im Werk John Fords, die mich schon immer sehr fasziniert hat, seine »Dekadenzperiode«. Ein Regisseur leistet sich den Luxus, die mythologischen Grundlagen seiner »Großen Werke« zu demontieren. »The Man Who Shot Liberty Valance« stellt die Authentizität der Überlieferung in Frage, »Donovan's Reef« demontiert die zentralen Darsteller, John Wayne und Lee Marvin, indem er sie als sinnlos raufende Radaubrüder und Alkoholiker durch einen Plot stolpern läßt, der mit ihnen (ihren Rollen) fast nichts zu tun hat – und »Cheyenne Autumn« entschuldigt sich bei den Ureinwohnern Nordamerikas für deren Dämonisierung durch Westernfilme.[9]

Mir geht es aber nicht so sehr um diese von heute aus gesehen vielleicht nicht mal besonders radikale Form von Selbstreflexivität oder -demontage, sondern eher um die mit der Mezquita zu Córdoba korrespondierende Form: Die Cheyenne ziehen in diesem überlangen Film Stunden und Stunden, durchnäßt, hungrig und niedergeschlagen durch die winterliche Version von John Fords Lieblingslandschaften. Außer einigen Schnitten nach Washington, die uns Edward G. Robinson als Carl Schurz zeigen, passiert die ganze Zeit nichts. Der Film illustriert das Leid seiner Protagonisten besonders nachdrücklich, indem er ihnen keine »Action« gönnt. »Elend« kann bekanntlich nicht als hereinbrechende Katastrophe dargestellt werden, schon gar nicht im Kino, sondern nur als Dauer. Die sprichwörtliche Fordsche Kamera sucht den sprichwörtlichen Horizont bereits in einer Weise ab, als hätte sie ihre eigenen europäischen Kritiken schon gelesen.[10]

Mitten in diese Ford-Landschaft hinein, der aber alles fehlt, was eine Ford-Geschichte ausmacht, nachdem über die Hälfte des Films vergangen ist, hat der Meister ein Zwischenspiel eingebaut, das alle Westerngeschichten auf einmal und in dreißig Minuten erzählen zu wollen scheint. Plötzlich liegt Dodge City am Wegesrand, und plötzlich purzeln alle konventionellen Western-Elemente im Zeitraffertempo durch den Film: die Barsängerin, das Piano im Saloon, die Keilerei, die Hollywood-Stars, Pferde und Cowboys im Saloon samt Wyatt Earp und Doc Holiday.

Doch wie die Kathedrale in der Moschee verläßt man auch diese Episode durch den Hinterausgang.

Dann zieht man eine Weile weiter mit den Cheyenne durch ihr Vertriebenenschicksal. Interessanterweise hat Studio und Verleih diese Architektur des Films mehr irritiert als die Handlungsarmut, die Überlänge oder das vermeintlich kontroverse Thema. Auf verschiedene Weise wurde versucht, ihre künstlerischen Konsequenzen zu untergraben. Erst wurde der Film mit einer Pause unmittelbar vor der Dodge-City-Episode gezeigt, was den Leuten dann das immer noch weniger irritierende Gefühl gab, in einen anderen Film geraten zu sein; dann wurde die Episode ganz rausgeschnitten. Fords Idee, man könne sich nicht für Tausende von Western entschuldigen, indem man nur einmal die andere Seite zeigt, sondern müsse dann auch noch alle Western prinzipiell als burleskenhafte Farce ad absurdum führen, ein für alle Mal, zeigte natürlich besondere Wirkung, weil er wie kein anderer Regisseur für die künstlerische Integrität des Genres stand und seine Virtuosität nicht verrät, wenn er sie gegen sich selbst richtet.

Doch die inhaltlich-moralische Dimension kann auch hier nicht allein diese muntere Action-Insel inmitten der bewegungslosen See von Schmerzen erklären. Die Idee, aus einem Film in einen ganz anderen geraten zu können, hatten zum selben Zeitpunkt einige europäische Kritiker/Regisseure zwar schon thematisiert, dann aber bei eigenen Produktionen ihre Genre-Kritik von Genre-Verliebtheit kaum noch trennen können und schließlich aus dem Dilemma ein neues Genre geschaffen, den Nouvelle-Vague-Film, der sich ja u. a. dadurch auszeichnet, daß er Hollywood-Kritik von Europa aus und Europa-Kritik von Hollywood aus zumindest mit der gleichen Emphase betrieb und dessen Reiz darin bestand, keine der beiden als einfache Position obsiegen zu lassen.

Ford konnte aber viel brutaler sein: daß ein Kino wie eine Kirche ein Ort ist, aus dem man nicht zu früh und nicht auf unvorhergesehenen Wegen entkommen darf, ein Ort, der das Einverstandensein mit dem Eingeschlossensein und Abgeschlossensein voraussetzt, ist oft betont worden (etwa von Roland Barthes, der das Gefangensein in den vorderen Reihen des Kinos ausdrücklich als Genuß beschrieb). Das setzt auch voraus, daß das Gezeigte, der Film, von allem handeln und alles zeigen darf, vor allem jede Art von imaginärer Flucht, nur nicht die aus einem Film in einen anderen.[11] Diese wirklich radikale Geste gegen das architektonische Grundprinzip seiner Filme konnte aber der Patriarch Ford wirksamer werden lassen als der Rebell Godard, wie auch nur das Domkapitel zu Córdoba – aber jahrhundertelang kein weltlicher Herrscher oder Künstler – sich eine solche Geste leisten konnte: Womöglich taten sie durch diese Bearbeitung beide jeweils mehr für die Stabilisierung ihrer jeweiligen Religionen, indem sie an dem prekären Punkt der Frage nach dem endgültigen Sieg oder der endgültigen Niederlage über den entscheidenden Gegner keine klare Antwort gaben und keinen Sieg feierten, sondern das gesamte vorher gültige Szenario entkräfteten. Und zeigten, daß Kino und Kirche trotzdem stehen bleiben.

IV

Zeitgenössische Stadtphilosophien orientieren sich kritisch wie euphorisch immer häufiger an Los Angeles. Die einflußreichsten Urbanisten der Gegenwart sind denn auch die LA-Spezialisten Edward Soja und Mike Davis; ihre Namen haben Sennet und Lefebvre auch in den Literaturlisten von Architektur- und Urbanismus-bezogenen Texten aus dem Kunst-Bereich abgelöst. Stadtplaner und Lokalpolitiker von Frankfurt am Main bis Marseille argumentieren zunehmend mit Szenarien, die von Los Angeles abgeschaut sind. Einerseits erscheint Los Angeles als reine Erfindung eines fortschrittsgläubigen Kapitalismus und insofern als Gegenbegriff zu den Utopien des alten Europa, andererseits gilt die Stadt als Versuchsfeld für neue und mehr oder weniger subtile Segregationsmaßnahmen in den sich angeblich anbahnenden überbordenden multikulturellen Zentren des 21. Jahrhunderts. Stadtverwalter pflegen da zu vermeidende Probleme, aber auch Lösungen zu entdecken – und noch ein drittes: nette Namen für böse Lösungen. Was Gilles Deleuze in seinem Aufsatz »Postskriptum über die Kontrollgesellschaften« als den Übergang von der von Foucault beschriebenen Disziplinargesellschaft in eine zukünftige Kontrollgesellschaft darstellt, wo Menschen nicht mehr als auszubeutende oder zu militarisierende Produktionsfaktoren eine Rolle spielen, sondern nur noch kontrolliert und überwacht werden müssen, scheint LA sich exemplarisch und avantgardistisch schon für die Gegenwart vorgenommen zu haben (Gang-free Parks, Gated Neighbourhoods, Bürgerpolizei etc.).

Mike Davis hat gerade am Beispiel der Errichtung eines pseudo-urbanen »Downtown« an einem beliebigen Ort inmitten der Stadt die Beweglichkeit und Zügellosigkeit des kalifornischen Kapitalismus beschrieben und mit dem Einsatz digitaler, intelligenter und sensorisch begabter Überwachungstechnologien, die eine besondere Rolle in den mit den verschiedensten Waffen (Bürgerwehren, Helikoptern, Anti-Gang-Gesetzen etc.) geführten Segregationskämpfen spielen, in Verbindung gebracht.[12] Doch auch Downtown, L.A., hat die besondere Qualität der Kathedrale-in-der-Mezquita oder der Dodge-City-Episode-inmitten-des-Hungerzugs-der-Cheyenne: Wenn man Downtown passiert hat, befindet man sich dort, wo man war, bevor man es betreten hat, in der endlos dahingestreckten, zersiedelten Vorgarten-Vorstadtlandschaft von Los Angeles. Der Unterschied besteht in der Auflösung der Gegenüberstellung. Was in Córdoba offenblieb (wer triumphiert?), bekommt in »Cheyenne Autumn« auf der filmhistorischen Meta-Ebene eine zweite Dimension: Die Art, wie im Westernfilm von Triumphen erzählt wird, wird angezweifelt. Hier dagegen scheint alles eindeutig zu sein: Man fährt durch ein endlos dahingestrecktes, flaches LA, gerät in das prächtige, konzentrierte

Downtown mit seinen Machtzentren und verläßt es wieder, meist in die Richtung besonderen Elends (besonders, wenn man es Richtung Süden und Osten verläßt).

Die Botschaft scheint klar: Das Vertikale inmitten der Horizontalität triumphiert symbolisch über diese Horizontalität. Auf der anderen Seite scheint die konzentrierte Vertikalität auch wieder jede Menge genau der zu segregierenden sozialen Problemgruppen einzuladen, die genau um die Wolkenkratzer von Downtown einen Kriminalitäts- und Elendsgürtel gebildet haben. Sie scheinen auch als Unterwelt im buchstäblichen Sinne – Bewohner von Parkhäusern, Unterführungen, Straßenschluchten – für den zu inszenierenden Triumph erforderlich zu sein. Oder sie gehören zu einer Hypostasierung des sonst in LA abwesenden traditionell Urbanen, das neben den Elementen aufstrebende ökonomische Machtentfaltung (symbolisiert in Wolkenkratzern), buntes multikulturelles Straßenleben und geschäftiger Straßenhandel auch die Elemente Drogenelend, Obdachlosigkeit etc. in übertriebenem Maße für seine Inszenierung von Urbanität auf kleinstem Raum braucht. Echte Not dementiert die Inszenierung nicht: Sie paßt ins Bild.

Daß man Downtown LA *passieren* kann, sieht man im Gegensatz zu Córdoba und Dodge City bereits lange, bevor man es erreicht hat. Die Überraschung ist bei diesem passierbaren Mittelstück eher sein konkreter Inhalt: die Aufführung von New Yorker Straßenszenen, von Kulissen-Modernismus ohne Totalitätsanspruch, die Präsenz kühner Realisierungen architektonischer Phantasien des reinen Kapitals neben einerseits echter sozialer Not und andererseits echt pittoresken Aufführungen von Geschichte (die Rekonstruktion des alten spanischen Dorfes, das hier mal stand). Die echten Machtzentren des kalifornischen Kapitalismus umgeben sich mit einem karnevalistischen Urbanismus-Themepark, während außerhalb und unterhalb, auf der B-Ebene von Downtown, noch die echten und chronischen Effekte dieses Kapitalismus zu besichtigen sind. Ein horizontal hingeworfener Gürtel von architektonischer Egalität und omnipräsenter Palmen bei sehr unterschiedlichen Graden von Elend und Verwahrlosung umgibt diese kühnen Türme der Macht. Dabei täuschen natürlich diese Eindrücke: Der kalifornische Kapitalismus ist kohärenter und monolithischer als der Eindruck, den seine Macht-Architektur macht, und die architektonische Schein-Egalität der Downtown umgebenden Viertel täuscht über die größten sozialen Gegensätze hinweg.

Diesem Verhältnis ist nicht mit der Geste der Enthüllung, der Fotographie, der Aufdeckung von Wahrheit beizukommen: Es verbirgt seine Gegensätze bei gleich hohen Palmen. Daß auch Elend in LA immer so entspannt und Arbeitslosigkeit wie Ferien aussieht, irritiert ja auswärtige Beobachter regelmäßig. Die Signifikanten urbanen Verfalls muß der Sozial-Tourist, anders als in der South Bronx, in South Central ein bißchen suchen. Dieser Schein von gleichen Rechten und gleichen Chancen, von Ähnlichkeiten in bürgerlichen und Elends-Vierteln täuscht aber nicht über etwas, das hinter einer Wand verborgen ist, sondern durch das, was dem schweifenden Blick zugänglich ist. Es handelt sich nicht um eine Potemkinsche Fassade, sondern um eine durch Horizontalität und endlose Fläche erzeugte symbolische Gleichartigkeit. Doch allein durch symbolische Egalität und verschärfte Kontrolle läßt sich keine extrem hierarchische und segregierte Gesellschaft stabilisieren. Die Abschaffung öffentlicher Räume und Verdichtungen durch Horizontalität bedurfte um der symbolischen Balance willen eines hineingebauten, exzessiv-vertikalen Stadtsimulakrums, das gleichzeitig in der Tradition anderer »Festungen« in LA – von dem »Times«-Gebäude bis zu den bewachten Villen – stand und aber auch völlig neu aussehen mußte, um dauerhaft werden zu können. Der totalen Dominanz des egalitären Scheins mußte eine phallische Negation in seine Mitte gebaut werden: als präventives Dementi allzu ernst nehmender, utopischer Interpretationen der langen, gleichförmigen Straßen. Was nämlich passiert, wenn jemand diese Straßen doch für auch sozial passierbar hält, stellt, seitdem bei den Riots 1992 die Massen langsam von South Central nach Norden in Richtung Beverly Hills vorzudringen versuchten, den absoluten Alptraum der Bourgeoisie dar.

V

Dieses Hineinbauen ist ja nun das Gegenteil des aktiven Kriegführens. Der Eroberer findet Festungen vor, die er belagert, schleift oder erobert. Der Ring wird neu und von außen um das Bestehende gelegt. Die Zitadelle, das Vertikale, das Zentrum, die Kathedrale, ist immer schon da, das Neue siedelt sich drumherum an. In den aktuellen amerikanischen Urbanismen liegen allerdings Gürtel »lebenswerter«, verkehrsberuhigter oder gang- und drogenfreier Zonen, in denen die politischen Entscheidungsträger und herrschenden Klassen wohnen, um verwahrloste Inner Cities herum, die die afro-amerikanische Dichterin Wanda Coleman mit Konzentrationslagern verglichen hat.[13]

Das Alte im Zentrum ist nicht mehr das ehemals Herrschende, sondern das immer schon Marginalisierte, das aber im Gegensatz zu entmachteten und eroberten Zentren auch kein kulturelles Kapital (etwa »Tradition«, »Anciennität« etc.) zu bieten hat, zumindest keines, das konvertierbar ist. In diesem Zusammenhang ist die Geste, etwas ins Zentrum zu pflanzen (ob als Triumphator, Mächtiger oder Machtkritiker auf der Ebene der Kunst ist erstmal egal), besonders seltsam: der Versuch inmitten der Egalitäts-Täuschungen kalifornischer Einzelgrundstück-Eigenheim-Architektur ein sich symbolisch selbst nicht ganz ernst nehmendes – fast mittelalterliches, an Burgen und Festungen erinnerndes – phallogozentrisches Bild der Macht zu rekonstruieren und auf eine kapitalistische Macht zu übertragen, die sich sonst eher fluid gibt, dessen Sicherheits- und Überwachungs-Architektur sich allerdings sehr ernst nimmt.

Wir können sehen, daß die Matrix Zentrum – Peripherie in allen möglichen Kombinationen unterschiedlich gepolt sein kann:

	Macht	*Überlieferung/Identität/Kulturelles Kapital*
1) Konventioneller Eroberungsvorgang		
Peripherie	+	–
Zentrum	–	+
2) US-Cities, heute		
Peripherie	+	+
Zentrum	–	–
3) Córdoba/Moschee		
Peripherie	–	+
Zentrum	+	–
4) Dodge City		
Peripherie	–	+
Zentrum	+	–
5) Los Angeles/Downtown		
Peripherie	–	–
Zentrum	+	+

Bemerkung: Um die ganze Matrix 5 liegt aber ein Gürtel aus der Matrix 2. Die unmittelbare Peripherie von Downtown ist ein Zirkel der Machtlosigkeit. Um den herum wieder ein suburbaner, überwiegend mächtiger Gürtel aus reichen oder bessergestellten Gegenden liegt.

VI

Die unterschiedlichen Machtverhältnisse und sehr unterschiedlichen historischen Konstellationen, die unseren Beispielen zugrundeliegen, scheinen aber die ästhetische Besonderheit der Passierbarkeit des Unpassierbaren zu erklären. Das In-die-Mitte-Pflanzen kommt immer nur dann zustande, wenn die geregelten Verschiebungen und Abläufe von Machtkämpfen durcheinanderkommen oder gestoppt werden oder an eine Grenze geraten sind. Das Downtown von Los Angeles steht natürlich auch für die nur schwer gelingende Ablösung des alten Kapitalismus, der Städte hervorgebracht hat, durch den neuen globalen. Interessanterweise verläuft das negativ, indem das Neue (aufkommender Turbokapitalismus) sich in den Symbolen des Alten (Urbanität) von seinen eigenen Aporien (den in LA, wenn man hinsieht, ja mehr als anderswo offensichtlichen Widersprüchen des globalen Turbokapitalismus) distanziert. Ein LA ohne Downtown entspräche ja den neuen Verhältnissen durchaus.

In den beschriebenen Beispielen werden Machtverhältnisse quasi eingefroren, als könnte man den Geschichtsfilm anhalten, überhaupt Filme anhalten: entweder als unentschieden (und ambivalent) gewertet oder als Waffenstillstand von einem bearbeitenden Künstler verhängt.

Nirgendwo werden Machtkämpfe so stark symbolisch und so undeutlich/unklar im Resultat ausgefochten wie in der Musik. Die alte Opposition Musik/Architektur weist der Musik immer eher die Rolle der Freiheit, der Architektur die des Zwangs zu – ihre Gemeinsamkeit ist ihr offensichtlicher Organisationsbedarf und die Anschaulichkeit abstrakter Organisationsprinzipien. Daß Musik der Architektur eher deswegen entspricht, weil sie so intern-psychologisch codiert und Bedeutungen an Formen (Klänge) zu knüpfen versucht, wie das extern im öffentlichen Raum die Architektur erledigt, ist die weitaus seltenere, durchaus ebenso plausible Schlußfolgerung dieser Gegenüberstellung. Auch ist das architektonische Grundproblem, von dem hier die Rede war, der Musik nur zu bekannt: Das Durchschreiten, um dahin zu kommen, wo man ursprünglich herkam, ist ein allgemein verbreitetes Bauprinzip, vom Lied über die Sonate zum Jazz. Der Unterschied besteht allerdings darin, daß Ausgangspunkt (Thema) und Wegstrecke (Variation) sich auseinander ergeben, nicht einander als radikal Fremdes oder Gegensätzliches gegenüberstehen. Die Gegenüberstellung von heterogenem Material kennt auch die Musik, wie die meisten anderen Künste erst, seit sie durch das Stadium der Collage hindurchgegangen ist (der ja meist auch noch ein Harmonsierungs-, Gleichgewichts- oder Kompositionsgedanke zugrundeliegt). In den Kompositionen von Pere Ubu spielt auf dem einen Kanal eine Rockgitarre ein komplettes Chuck-Berry-Intro, auf dem anderen hört man hohe Pfeiftöne aus einem Analog-Synthesizer, bei The Jesus And Mary Chain stehen sich Feedbackgeräusche und akustische, Folk-orientierte Gitarrenmelodien simultan und unvermittelt gegenüber.[14]

Ich versuche aber noch extremere Gegensätze als die bislang beschriebenen zu finden – oder besser: nicht unbedingt Gegensätze, aber Elemente, die so erratisch und »ausgeprägt« auftreten, wie das normalerweise nur in der Umgebung von Gegensätzen möglich ist.

Archie Shepp nahm im Jahre 1967 für Impulse die LP »Mama Too Tight« auf. Sie erscheint kurz vor Coltranes Tod im selben Jahr und bewegt sich zumindest auf der ersten Seite ganz in der Tradition der freien Kollektivimprovisationen, die Coltrane in den letzten Jahren immer weiter vorangetrieben hat, sowohl was die Radikalität der musikalischen »Freiheit« als auch was die Anzahl der beteiligten Musiker betrifft. Shepp geht noch einen Schritt weiter, indem er ganz auf die gliedernde und in gewisser Weise auch begrenzende und definierende Funktion des Pianisten verzichtet und statt dessen mit

Baß Schlagzeug und sechs Bläsern arbeitet: Tenorsaxophon, Klarinette, Trompete, zwei Posaunen und Tuba. Dieses Bläserensemble läßt sich weder in die klassischen Funktionen von Blech- oder Schilfrohr-Bläsern zerlegen noch zu einer Einheit addieren. Der Bläsersatz, das klassische Ensemble, das unter Harmonisierungs- und Absprache- oder Befehlszwängen stand, zerfällt in lauter Einzelmusiker, die aber wiederum keine Solisten sind, sondern in ihren nebeneinander stattfindenden Improvisationen das Kollektiv definieren: als eine Gruppe, in der jeder alle Funktionen erfüllen kann und gleichviel zu sagen hat. Das war von den vorangegangenen freien Kollektivimprovisationen so weitgehend nicht formuliert worden. Dort wurde durch klassische Vordergrund/Hintergrund-Hierarchien oder eine klare Funktionsaufteilung mittels möglichst heterogener Instrumentierung eher noch das kommunistische »Jeder nach seinen Möglichkeiten/ jeder nach seinen Bedürfnissen« illustriert. Bei Shepp sprechen alle gleich laut (und dadurch, daß sie alle Bläser sind, quasi auch zum gleichen Thema und mit der gleichen Autorität).

Dieses denkbar extreme Klangbild (das bei jedem Anflug von Statik sofort zerbrechen würde und daher nur durch ständige, atemlose Aktivität erhalten werden kann) bleibt über die ersten beiden Teile des dreigliedrigen »A Portrait Of Robert Thompson (as a young man)« bestehen (in unterschiedlicher Intensität, Motivik und Lautstärke: Auch Blues-Themen und Ellingtons »Prelude To A Kiss« tauchen auf). Erst nach einer guten Viertelstunde endet das anarchistische Geflecht von Stimmen in einem Marsch. »Dem Basses« ist sicherlich ein gebrochener Marsch, der aber dennoch das zunächst größtmögliche Gegenteil zu den vorangegangenen utopischen musikalischen Explorationen darstellt. Der Unterschied ist enorm und kraß (es gibt auch keinen Weg zurück, keine Passierbarkeit im Sinne der Reihenfolge). Trotzdem existiert eine zweite Ebene, die durch Intonation, Spielweise etc.

konstituiert wird und auf der deutlich weiterhin dieselben Stimmen zu hören sind. Das größtmögliche Gegenteil wird von der Identität der Stimmen in beiden Phasen aufgefangen.

Der Hörer wird in kurzer Zeit durch die musikalischen Kostümierungen des Marsches (rigide Rhythmik, extreme Organisiertheit von Tutti und Unisoni) hindurchgeführt und erkennt die vertrauten anarchistischen Stimmen wieder, die entweder »nur gescherzt«, parodiert haben, oder der ersten Lebensform ihr Problem ergänzend vorgespielt haben, etwa in dem Sinne, daß wo alles erlaubt ist, die extreme Entfaltung irgendwann einen Tyrannen hervorbringt. Oder daß die Freiheit ohne die Möglichkeit ihrer Negation nicht vollständig ist (auch wenn das hier vorgeführte Konzept von Freiheit über einen solchen abstrakten Freiheitsbegriff insofern hinausgeht, als es sich schon in the first place über parodistische und karnevalistische Ausdrucksformen äußert und von der ganzen afroamerikanischen Tradition des »Signifyin(g)« rhetorisch mitbestimmt ist: Die Negation ist trotzdem ernst und vollständig, gerade weil dieser Marsch so fröhlich klingt.[15] Er ist extrem ausgeprägt).

Entscheidend ist natürlich, daß Machtfragen in diesem Stück, das nach der Ermordung von Malcolm X und zur Zeit der ersten Auftritte der Black Panther Party aufgenommen wurde, gerade für einen explizit politischen Künstler wie Shepp auf verschiedenen Ebenen eine Rolle spielen: wer codiert Jazz in welcher Weise (er spricht in den Liner Notes darüber, wie Jazz durch »Aufwertung« zur bürgerlichen Kultur dem Ghetto entrissen werde)? Was ist Kollektivität? Wem gehören welche Zeichen? Und vor allem: Wie verhalten sich die jeweils unterschiedlich beanspruchten musikalischen Marksteine »Funktionsharmonik«, »Atonalität«, »Komposition« und »Improvisation« zueinander?

Die Indikatoren für die Semantik eines Machtkampfes, der innerhalb der Musik für ein Außerhalb ausgetragen wird (nicht als Abbildung oder Kritik, sondern eher als Durchspielen), beschränken sich aber nicht auf ein paar sehr allgemeine historische und einige auf Shepp bezogene biographische Fakten, sie finden sich in dem ästhetischen Relationen der Elemente, deren »Ausgeprägtheit« sich einer Zwangslage in gleichem Maße zu verdanken scheint wie der inneren Entschlossenheit zu irgendeiner Art von Kampf.

Natürlich kann man auch sagen, daß genau die ausgeprägten Elemente – Marschmusik und denkbar »freie« Kollektivität – im Jazz genealogisch und auch nebeneinander immer schon miteinander zu tun hatten, seit New-Orleans-Tagen auf einander bezogen waren. Dann würde Shepp nichts anderes tun, als durch Zuspitzung »Jazz zu dekonstruieren«, einen virulenten, aber selten thematisierten Zusammenhang, ein immanentes Konzept des Jazz qua Gegenüberstellung deutlich herausarbeiten, das eine Menge zu Freiheit, Kollektivität und Selbstbestimmung zu sagen hat – und das nicht aus Spaß an der Dekonstruktion, sondern weil genau das notwendig ist, um Jazz 1967 zu aktualisieren, um den benötigten Wahrheitswert zu gewinnen, der ja zu dem Zeitpunkt auch viel mit einem für die US-Politik entscheidenden Unentschieden im Kampf der Schwarzen um u. a. Anerkennung zu tun hat.

VII

The Melvins gelten nicht erst seit ihren neueren Platten, die nun auch von Szenen innerhalb der Bildenden Kunst rezipiert werden, als Rockmusiker eines neuen Typus. Seit 1986 zählen sie zu jenen, an Metal und Hard Rock orientierten Bands, die die bis dato für Höhepunkte und Entladungen oder bestimmte dramatische Einschnitte stehende Elemente dieser Musiken aus dem Kontext isolieren und zusammenhanglos zelebrieren. Auf ihrer 1992er-Platte »Lysol« haben sie dies, kurz bevor sie einen Vertrag mit einem Major unterschrieben, auf die Spitze getrieben. Der CD-Player empfindet die gesamte »Lysol« als nur ein Stück. Dabei gibt es auf der Platte sogar zwei –

nicht ausgewiesene – Cover-Versionen (Stücke von Alice Cooper und Flipper). Von dem stimmigen Baß-Krach zu Beginn über die minutenlang gedehnten Schlagzeug-«Intros« in der Mitte bis zum Ende in einem noch relativ konventionellen Song, eine gute halbe Stunde später, ist die ganze Platte um nichts anderes bemüht, als all die geliebten, aber zu schnell vergehenden Höhepunkte von Metal-Musik so lange wie möglich zu halten, in die Länge zu zerren, aber auch aus der Abhängigkeit von fixen Funktionen in vorbereitenden Dramaturgien zu lösen. »Ausgeprägtheit« wird hier zur fast puren, nahezu kontextunabhängigen Qualität, der einzige Kontext wäre die Kenntnis der Metal-Geschichte und damit das Wissen um die Herkunft der herausgezögerten Höhepunkte und um ihre Codierung.

Vielleicht ist mit diesem Prinzip das Programm der Ausgeprägtheit ans Ende gekommen. Wir wissen jetzt, was es bedeutet: die Benutzung eines Codes in der Kommunikation mit Personen, die sowohl noch seine emotionale Codierung durch immanente Notwendigkeiten eines Genres – hier: Heavy Metal – kennen, aber auch schon wissen, daß die Notwendigkeiten keine Autorität mehr haben. Die Leistung würde dann jeweils darin bestehen, für eine Epoche zum ersten Mal auszuprobieren, welcher Code gerade neuerdings so behandelbar wäre. Und darin, ihn zu genießen, auch wenn und gerade weil sein Regime überwunden wurde. Heavy Metal hat ja an sich keine Bedeutung mehr.

VIII

Das vollkommene Gleichgewicht, das ich annäherungsweise in der Darstellung von symbolischen und echten Machtkämpfen zu finden versucht habe, ist meines Wissens nur ein einziges Mal dargestellt worden, und zwar vollkommen adäquat auf der formalen wie auf der inhaltlichen Ebene durch Don Covay in seinem Song »I Was Checking Out, She Was Chekking In«: Auf der Textebene dieses durch allerlei dramatische Überhöhungen und Übercodierungen als »hochemotional« inszenierten Songs im getragenen Balladentempo geschieht fünf Minuten lang nichts anderes, als daß der Ich-Erzähler eines ums andere Mal wiederholt, was ihm auf dem Parkplatz vor einem Motel passiert ist, in dem er gerade seine Frau betrogen hat. Sie trifft auf demselben Parkplatz, den er im Begriff ist, mit seiner Geliebten zu verlassen, mit ihrem Geliebten ein.

Lauter Zwischenzustände, Kommen und Gehen, gerade noch mit einem Bein im Motel, mit dem anderen im Auto, noch Ehebrecher, schon wieder Ehemann, noch Ehefrau, gleich Ehebrecherin. Der Erzähler zelebriert, deklamiert, psalmodiert in den Lagen höchster Ergriffenheit, läßt aber völlig offen, ob er froh ist, nicht allein die moralische Last des Ehebruchs zu tragen, oder entsetzt, daß seine Frau ihn betrügt. Oder begeistert von der Absurdität der Situation. Trotz Mittelteil und Bridge und aller Ingredienzien einer normalerweise Emotionalität eindeutig organisierenden Soul-Ballade ändert sich an der extrem auf die Spitze getriebenen Mehrdeutigkeit der derart aufgeladenen Stimmung bis zum Ende nichts. Was wir erleben, ist keine mysteriöse Mehrdeutigkeit, kein Vexierbild, kein Lächeln der Mona Lisa, keine Ambiguität oder Ambivalenz, sondern die vollkommen klare und ausgeprägte Artikulation von zwei bis drei normalerweise entgegengesetzten Gefühlen. Um Gottes willen, alles ist offen.

1994

Der Ideologe des Fremden und Seltsamen – David Lynch: Lost Highway

Zweifellos hat David Lynch das Vermögen, die an eine zeitgenössisch-fragmentaristische Bilder-Kulinarik Gewöhnten so opulent zu bedienen, wie es ein immer noch auch ästhetisch weitgehend reglementiertes Mainstream-Kino zuläßt. Daß dabei erkennbare visuelle Stile, die auch Konsequenzen für das *Weltbild* des Zuschauers hätten – wie bei jedem zweiten Brian-DePalma- und manchem Alan-Rudolph-Film etwa – besonders unwillkommen sind, treibt ihn naturgemäß weiter dahin, wo irre Bilder so aussehen, wie sie sich visuell-orientierte Rock-Fans halt schon immer vorstellt haben. So wenig ich mich über die Leere solch billiger Opulenz einseitig Postmoderne-feindlich beklagen will, so deutlich muß darauf hingewiesen werden, daß gerade diese rein formale Hemmungslosigkeit des Diskontinuierlichen und Zaubrisch-Plötzlichen weder »Sehgewohnheiten aufzubrechen« noch verstockte Inhaltisten mehr hinter dem Ofen hervorzulocken vermag. Im Gegenteil: Die lieben es gerade dann, wenn nicht alles ganz sonnenklar ist, ihre psychoanalytische Hermeneutik zu entsichern. Nein, diese im Vergleich mit den Ellipsen manches etwas kühneren TV-Spots geradezu schüchterne Hemmungslosigkeit zeigt gerade bei Lynch höchstens hemmungslos ihre totale Normalität – vielleicht wäre es eine Chance, sie als solche zu inszenieren. Aber macht das nicht seit Jahren jeder Lynch-inspirierte »Tatort« oder »Europcop«, wo die Bullen in besten Bauhaus-Möbeln wohnen oder aus Architekturdenkmäler-Lofts auf die fremden und seltsamen Großstadtsilhouetten des ausgehenden Zwanzigsten schauen? Auch hier läuft oft Jazz, um der existentiell angefressenen Männerpsyche adäquat das Ihre zu geben.

Lynch ist aber nicht nur aus selbstgestifteter Konvention »inhaltlos« und opulent – er ist der offizielle Ideologe der »fremden und seltsamen Welt« direkt vor unserer Nase und anderen Sinnesorganen, der Metropolit des Alltags- und Auto-Wunderglaubens und Häresiarch einer Vorgarten-Gnosis, die von Soundgarden-Videos bis zur Auto-Werbung (Peugeot, Daimler-Benz) reicht. Nichts Intelligibles, sondern Magie oder ein irres Id ziehen die Fäden. Auf dieser Route der – allerdings ziemlich berechenbar funktionierenden – Verschrägung der Welt hat er die klassische LSD-Botschaft zu einer neuen Generation hinübergerettet. Daß alles Normale eigentlich total irre ist, heißt nun aber nicht mehr, daß es falsch, schräg und nicht mehr in den Makrostrukturen von Politik und Ökonomie, sondern statt dessen in den Mikrowelten von Verhalten, Begehren und Design abzulehnen oder wenigstens diskutierbar wäre, sondern vielmehr, daß es für Politik und – tiefer – auch jede Erkenntnis schlicht ungreifbar sei. Daß am Ende, wo das Nichtgreifbare und Unsichtbare dann doch wieder sichtbar wird, also mitten im Irren und Seltsamen immer wieder zutiefst vertraute Bilder von Sex, Gewalt, Männern, Frauen und Erlösung zu sehen sind, daß gerade das Schräge, Diskontinuierliche und Halluzinogene mit Stereotypen von Blondinen, Clowns und Gangstern erkauft wird, ist aber nun auch für David Lynch selber seit einiger Zeit dann doch wieder auch ein Grund zum Lachen.

Schon »Wild at Heart« hatte Momente der Selbstparodie. Und auch bei »Lost Highway« gibt es eine Dimension, die hilft, den Film weitgehend ohne Reue zu genießen: das Aneinanderreihen von Erkennungszeichen des Lynchigen, von Badalamenti-Ambient- und Barry-Adamson-Postmoderne-Soundtracks über die Mystifizierung des stets als gerade aufgeklärt und erklärbar Geltenden (Gangster, Jazz, LA-Architektur und -Design u. v. m.) bis zu den ambivalent-mythischen Frauen, deren Geheimnis so magisch wie eigentlich doch eher sexuell ist. Sie alle tauchen hier in ihrer Comic-Version auf, die einen nicht mehr überzeugen will, die Welt sei tatsächlich irgendwie so.

Anders als bei Filmen wie »Blue Velvet«, der ideologisch wurde durch seinen Anspruch, uns zu zeigen, was wir über unsere Welt noch nicht wüßten, hat man hier den Eindruck, Lynch versuche – fast schon selbstironisch – gerade all die Erkennungs- und Markenzeichen zusammenzustellen, die so ein Hollywood-Produzent halt sehen will, um für das

Markenprodukt Lynch-Film die entsprechenden Gelder zu bewilligen. Bekanntlich waren ja die meisten Genres irgendwann einmal zuerst gewagte Innovationen oder ungeschlachte Vierschrötigkeiten, vor denen jeder Geldgeber Angst hatte, bis sich dann in einer mittleren Phase die jeweiligen Erkennungszeichen eingespielt und etabliert hatten und die Filme bescheidener wurden, die dann die übernächste Generation wieder als Trash goutieren konnte. Lynch, auch bei dieser Story wieder ein Freund der kreisförmigen Zeit, durchläuft die ernstgemeinte, zu ihrem eigenen vermüllten Abziehbild verkommene und trashig wiederentdeckte Version seiner Ästhetik quasi gleichzeitig. Mir gefällt davon nur das mittlere Stadium als eine Art konkreter Negation des Lynchismus.

Physisch unerträgliche Momente wie die Kinderschreck-Musik-Einlagen von Rammstein oder der clownige Mystery-Man machen einem auch das noch kaputt. Der wieder mal technisch brillante Ton und der Bauhaus-Horror beim grotesk-grusligen Absuchen seines angeblich eigenen kargen Apartments in der ersten halben Stunde, wo es ihm tatsächlich wie in »Eraserhead« nochmal gelingt, den Horror der Familienzelle in ihrer Hollywood-Hills-Version einzufangen, bilden zuweilen Momente, die man sogar auf der ersten Ebene genießen kann. Das wiederum recht gezwungen wirkende Offenlassen dieser Möglichkeiten zeigt, wie wenig ein kulturindustrieller Künstler-Akteur zu beneiden ist, der drei Publiken mindestens gleichzeitig befriedigen muß, möglichst ohne, daß sie voneinander erfahren. Dabei muß er all diesen Publiken, seinen Geldgebern, der Kritik und sich selbst noch die Integrität seiner Vision und die Kontinuität seiner Handschrift beweisen. Da kann man schon mal den einen oder anderen Highway aus den Augen verlieren.

1997

4. ... die Stadt

Frankfurt, Frankfurt, Frank Sinatra

Ditdit-dehdehdeh – Ditdit-dehdehdeh. Ich schiebe die Bahnhofstür beiseite, ditdehdeh, ich tauche in die B-Ebene ein, ich habe keine Bom-ber-ja-a-cke dabei, die sie mir klauen können, dit, ich tauche aus der B-E-bene auf, werfe einen Blick in die heimelige Hütchenspielerknei-pe, lasse mein Auge die Skyline der Verwaltungsge-bäu-de absuchen. Frankfurt am Main, hier kommt Frank, und hier komme ich. Hier treffen wir uns in der Mitte: »I'm glad to be here. I've never been in the area, and I enjoyed to watch how it works.«

Thomas Mann war dabei, als man in Amerika die Popkultur erfand, zumindest las er die Zeitungen, die dabei waren:

»Pacific Palisades, Sonntag den 15 VIII. 43

/Organisation des Vortrags./Einleitung. Allein etwas gegangen. Häusliches Mahl, ohne Mädchen. Gelesen die Zeitung. Über die Ekstase des weiblichen Publikums gestern in der Bowl bei den Gesängen eines populären Baryton-Boys Frankie Sinatra. – Nachmittags allerlei Erledigungen mit Dr. Joseph./Er beginnt, den Roman abzuschreiben./Abends Kaffee. Gelesen im Schindler. – Abreise Churchills von Hydepark, wo er 3 Tage mit Roosevelt verbracht. Friedensdemonstrationen unter Bombardements in Italien. Rom überstürzt zur offenen Stadt erklärt.«

Frankfurt überstürzt zum Tabellenführer erklärt. Bayerns fünfte Heimniederlage (heute am Tag der Niederschrift, eine Woche nach dem Konzert). Welchem Konzert, dem in der Hollywood Bowl? Das war exakt 14 Jahre vor meiner Geburt und 48 Jahre vor dem Auftritt in Frankfurt, von dem ich hier singe, exklusiv vor American Express Members und

Schwarzmarkthöchstpreisezahlern. Wer was auf sich hielt, verschwand schon auf den von der Buchmesse her bekannten endlos langen Gängen des Ffm-Messe-Anwesens nach links in die V.I.P. Lounge. Aber auch für den Rest war gesorgt. Sechs bis sieben Bars, die um 5,80 Tuborg und andere Getränke feilboten. Duftende Garküchen, wo man warme Snacks bekam. Schmucke Kellner und Kellnerinnen, die ungefragt die Aschenbecher der Stehtischchen leerten.

»Tja, Leute was soll ich euch sagen: Man ist halt keine 15 mehr. Wozu auch? Ein gräßliches Alter, sage ich euch. Ich bin froh, daß ich's hinter mir hab'. Da interessiert man sich ja noch nicht mal für Girls. Das heißt: That was a lie.«

Und ich dachte auch immer, es sei ein sehr gutes Jahr gewesen, als er seventeen war. Aus irgendeinem Grund bestand ein Großteil der Conférence von Sinatra aus Bemerkungen darüber, daß er die Musik der jungen Leute nicht verstehe und man von ihm nicht erwarten dürfe, daß er so'n Zeugs singen würde. Aber wer hatte das denn erwartet? Nun, vermutlich der Baryton-Boy selber, war er es doch gewohnt, Girls – oder in seiner Sprache: broads – zu bezirzen, die natürlich ein gewisses Alter nicht überschreiten durften. Und in letzter Zeit hatte er sich ziemlich stark in die aktuelle Jugendkultur eingemischt. Pop ist sein Metier, und was da läuft, ist noch immer seine Konkurrenz. Nachdem Sinead O'Connor einen Festival-Auftritt abgesagt hatte, weil zu Beginn die amerikanische Nationalhymne gespielt werden sollte, hatte Sinatra – was ging ihn das an? Hätte er sich rausgenommen, seinerzeit Hendrix zu maßregeln? – sich angeboten, der jungen Dame Manieren beizubringen, »mit einem anständigen Tritt in den Arsch«, wenn Sie verstehen, was ich meine. Amerika ist begeistert. Als es neulich ein junger Fanzine-Redakteur unter Vorspiegelung der falschen Tatsache, einer von Frankies Unterwelt-Freunden zu sein – er ist bekannt dafür, alle italienischen Akzente der Chicagoer Unterwelt imitieren zu können –, tatsächlich schaffte, sich von Sinatras Sekretärin zum

Chef durchstellen zu lassen, sich dann zu erkennen gab und ein Interview erbat, bekam er nach einer angemessenen Schweigepause zu hören: »Du bist tot. Pause. Deine Mutter ist tot. Pause. Dein Vater ist tot. Dein Bruder ist tot. Deine Schwester ist tot.« Klick. Es gibt ein Problem mit den jungen Leuten, obwohl die ihm in den 80er Jahren zumindest hierzulande zu einer, sagen wir: siebten Karriere verholfen haben, und nun, zu Geld oder einer American Express Karte gekommen, einen nicht unwesentlichen Teil des Publikums stellten.

*

In den mittleren 70ern erschien die bislang anschaulichste Geschichte der Pop-Kultur, »Rock Dreams« von Nik Cohn (Text, meist nur eine Zeile pro Bild) und Guy Pellaert (hysterische, gemalte Popstar-Porträts in Farbe und vor einem Hintergrund aus ein oder zwei markanten Details, die aus Songtexten und der Biographie entnommenen waren, so daß diese Details das wirkliche Image eines Popstars ergaben, nämlich die Summe aus dem biographischen und dem künstlerischen Image, aus Leben und Werk): auf der ersten Seite, sozusagen als Schmutztitel, das einzige Schwarzweiß-Bild: Frank Sinatra mit Glas und Ziese, darunter die unsterbliche (sic!) Zeile der Who: »Hope I die before I get old!« Das war damals noch die Formel, mit der man sich für immer von ihm verabschieden konnte, auch wenn es die Anerkennung einschloß, daß mit ihm alles angefangen hatte – das Nichtmehraltwerdenwollen.

Wenn mich einer gefragt hätte, was Sinatra seit »The Man With the Golden Arm« gemacht hat, hätte ich bis 1982 garantiert auch keine Antwort gewußt. Sich scheiden lassen? Ein paar Frauenbekanntschaften, Mia Farrow, Lauren Bacalls erster Boyfriend nach Bogart, sich von seiner Tochter porträtieren lassen, Schutzgelder waschen, Leute, die Ava Gardner beleidigen, zusammenschlagen?

Junkie-Jazz-Drummer war vermutlich die letzte coole Rolle, die er gespielt hat. Als sich u.a. durch verstärkte Soul-Rezeption die panische Angst der Rock-Kultur vor Glanz, Streichern und Inszeniertheit von Gefühlen im Laufe der Postmoderne wie ein dummer Nebel langsam löste, wanderten alte Sinatra-Singles langsam in Jukeboxes von New-Wave-Kneipen. Man drückte sie noch bis circa Frühsommer 84 mit dem gleichen campy Vergnügen, mit den man vorher die Cramps und danach »Children Of The Revolution« von T.Rex gewählt hatte. Das war die Zeit, als »Konkret«-Herausgeber Gremliza in dem legendären »Spex«-Interview »Härter als der Rest« zu Gerald Hündgen sagte, er habe sich berichten lassen, in diesen New-Wave-Kreisen gäbe es eine neue Sinatra-Rezeption.

Daß dafür vor allem ein Song verantwortlich war, konnte man auch in Frankfurt wieder bestätigt finden: Als nach einem wunderbar gedehnten und mit viel Altmänner-Soul zelebrierten »One For My Baby« die in diesem Kontext brachialen Fanfaren von »New York, New York« die Stille zerfetzten, reagierte das Davis-Cup-Publikum mit dem größten Enthusiasmus, zu dem es fähig war. Das liegt natürlich daran, daß man hier auch den Text ganz auf sich als zeitgenössischen Nachnewyorkgeher übertragen konnte. In den 80er Jahren ging ja jedermann und sein Schwager nach New York, um es da zu »machen« (und wenn das »machen« nur darin bestand, als Tourist einen Bummel durch die South Bronx stolz zu überleben und davon zu prahlen), oder um woanders hinzugehen und es da zu »machen«, als wär's New York (nach Frankfurt zum Beispiel mit seinen rührend blöden, aber beeindruckenden multikulturellen Weißweinskylines). Ich mußte den ganzen Song über an Bret Easton Ellis denken. Wenn ich in New York killen, schlitzen und foltern kann, kann ich überall killen, schlitzen und foltern (man denkt immer an solche Sachen, wenn Songs einfach zu bekannt sind, um sie noch einfach anhören zu können).

»The city is so nice, they had to name it twice« (Jon Hendricks). Der Titel »New York, New York« profitiert ja davon, daß er einfach nur die bekannteste Postanschrift der Welt postalisch korrekt wiederholt – nicht der Name der vergötterten Stadt wird wiederholt, nein, auf einen Brief nach New York schreibt man New York, New York, Stadt, Staat. Wann immer man die Adresse las, fing man an, diese Fanfare zu summen (guter Beat auch), seit der Zeit zumindest, als hier alle dahin aufbrechen wollten wie zehn Jahre vorher nach Indien. Grönemeyer versuchte diese Methode später erfolglos mit »4630 Bochum« (freiwillig unfreiwillig) komisch zu kupfern.

Aber das war harmlos gegen die heutigen New York-Triebe. Wenn in »Tempo« der bisher nur ungefährlich-tattrige Matthias Horx sich ein multikulturelles Deutschland wünscht, das so richtig geil lebensgefährlich, brutal, konfliktreich, drogensüchtig, rassistisch, kriminell etc. sein soll wie Vorbild »New York, New York«. Wenn sich den Ausländerfeinden solche Ausländerfreunde hinzugesellen, die sich schon darauf freuen, daß bald noch mehr Leute für nichts und eine Hundehütte nicht nur in Kneipen arbeiten, sondern bald auch die Crack-Versorgung für pittoresk am Straßenrand herumliegende, Metropolenflair verbreitende Obdachlose sicherstellen (»Tempo« 10/91, S. 36).

Nach den Meldungen im Kölner »Express«, Sinatra habe Alzheimer, hatten wir uns noch vorgestellt, wie lustig es wäre, wenn er tatsächlich, wie dort behauptet, Textzeilen vergäße: »Start spreading the ... äh ... was mal noch? ... disease?« Die Idee, daß einer, der nur aus unsterblichen Textzeilen besteht, die jeder kennt, selber anfangen sollte, die unsterblichen Zeilen zu vergessen, hat etwas zuzu Tröstliches. Sic-transit-gloria-Benneton-Soldatenfriedhof-mäßig. Statt dessen fast eineinhalb Stunden konzentrierte Show, fetter als die meisten der Peter-Weck-artigen, Rainer-Günzler-mäßigen und leicht ins Lou-van-Burg-hafte lappenden Herren, die ihre jüngeren

Damen in den VIP-Bereich führten, wo sie Frank Sinatra nicht kennenlernen würden, weil der seine ganze Europa-Tour von einem Hauptquartier in Paris aus bestreitet, wohin es jeden abend zurückgeht.

Ich hatte wirklich erwartet, eine Mumie singt ihre fünf bekanntesten Lieder, aber der Alte tigerte unentwegt charismatisch die Bühne rauf und runter und beklagte sich über die Jugend. Dazwischen kamen diese Hits, ein paar mehr, als ich dachte, aber das Orchester, das die durchweg von Sinatra angegebenen historischen Arrangements reproduzierte, fiel nicht weiter auf. Für meine Ohren war es sowieso schon so leise, daß ich's fast nicht hören konnte und so nur die soulig brüchig gewordene, aber noch als einst GROSS erkennbare Stimme blieb. Die einem in ihrem vormaligen GROSSEN Zustand wohl nur auf den Nerv gegangen wäre (wer kann schon große Stimmen ertragen?).

Auf den Rängen war nicht viel los. Nur unten, im Service-Bereich, von wo aus auch die Gesichtszüge und das bekannte BLAUE in den blauen Augen auch für Leute, die weniger als 500.– bezahlt haben, zu sehen waren, ging es ab. Direkt an der Kordel, die verhindern sollte, daß man dem alten Charmeur zu nahe trat (in den Las-Vegas-Lounges der 50er mußten ihn im Schnitt zwölf Polizisten schützen), ballte sich die Hostessen- und Dienstleistungsaristokratie, die vorher so tapfer die Aschenbecher der Gestüts- und Saunabesitzer geleert hatte. Man sah: echte Kennerschaft. Ein Kellner, der seine Arbeit gut macht, war ja nicht erst für Thomas Mann der Inbegriff von würdigem Entertainment, kaum zufällig wird ja auch Hans Albers zur Zeit überall vor allem mit seinen Gastronomie-Klassikern geehrt. Servieren und nicht das Gesicht verlieren ist ganz nahe an Auftreten und Soul Haben. Nicht umsonst heißt es: vom Tellerwäscher zum Hütchenspielerboß, nicht: vom Müllmann zum Midas. Hier also Menschen, die mit ihren Augen Sinatras ziemlich idiosynkratischen Wegen quer über die Bühne folgten, nach Zehntelsekunden die Arrangements erkannten und sogar selbstmitgebrachte Blumensträuße dabeihatten.

Denn Sinatra ist tatsächlich noch Pop, so seltsam es klingt. Alles, was in dem Genre, das er repräsentiert – eingefrorene Big-Band-Musik, eingefrorener Swing –, nur noch für die hohlsten unter den nostalgischen Affekten Platz läßt, wird von ihm einem Lebensgefühl zurückgegeben, wo noch heute Leute die Chance spüren, sich wenigstens vorstellen zu können, wie es wäre, wenn sie ganzheitliche Subjekte wären und autonom und souverän handelten.

Weil sie z. B. auch nichts anderes tun, als das, was man in Amerika schon vor fünfzig Jahren tat: Aschenbecher leeren und Kinder aufziehen. (Die vorübergehende Überholtheit Sinatras zwischen 68 und 82 hängt damit zusammen, daß in der Zeit die Aschenbecher voll blieben – und die Kinder unerzogen). Pop heißt ja nicht, Bedürfnisse durchzusetzen, auch nicht Bedürfnisse aufzuzwingen, umzuleiten etc., sondern sie für eine Zeit zu artikulieren. (An der sich manches schneller und anderes doch langsamer ändert.)

*

Zuletzt hörte ich sie (DIE GROSSE STIMME) schwül, dramatisch, überhitzt und ziemlich GROSS in Spike Lees »Jungle Fever«, als fiebrige Untermalung der aufgeheizten Rassismen in der kleinen Bar im italoamerikanischen Bensonhurst, wo sich die italienischen Männer treffen und über die »Rassenschande« debattieren, daß sich eine italienische Frau mit einem Schwarzen eingelassen habe. »When I was seventeen it was a very good year« läuft viel zu laut und überdreht, wenn sich die Jungs gegenseitig aufheizen, bis man aus dem Stimmengewirr nicht mehr heraushören kann, ob eigentlich schon offen von Sex die Rede ist oder Rassismus noch als Vorwand dient.

Leitmotiv bei Spike Lee ist ja der Verlust diverser traditionell italienischer Domänen, die im Laufe der letzten Jahrzehnte von Schwarzen erobert wurden, mitsamt den daraus sich ergebenden Aggressionen: Baseball, Basketball, Football, vor allem Boxen. »You gold-teeth, gold-chain-wearing, fried-chicken-and-biscuit-eatin', monkey, ape, baboon, big thigh, fast running, three-hundred-sixty-degree-basketball-dunking spade, Moulan Yan, take ya slice a pizza an go the fuck back to Africa!« – »You Dago, Wop, garlic-breath, guinea, pizza-slinging, spaghetti-bending, Vic Damone, Perry Como, Luciano Pavarotti, Sole Mio, nonsinging motherfucker!«

Und das Showgeschäft. Früher war es selbstverständlich, daß all seine GROSSEN Rollen auch von Italoamerikanern besetzt wurden, heute verliert der letzte italoamerikanische Star, Sylvester Stallone, gerade sein Terrain an einen Mann aus der Steiermark (der besonders in der schwarzen Community sehr beliebt ist. Und das nicht, wie neulich ein deutschkundiger Amerikaner meinte, weil sein Name »Black Negro« bedeute). So brodelt dann in »Jungle Fever« die streicherüberladene, sich der gerade überwundenen pubertären Verklemmtheit noch erinnernde Sinatra-Sex-und-Souveränitäts-Nummer durch die kleine Bar in Brooklyn, die heute nur noch bittere Erinnerung an eine längst verlorene souveräne Sexualität (und Identität) unter den italian working class youths verbreitet, und an die Stelle dieser Souveränität ist eine Hoyerswerda-mäßige Raserei getreten. Noch diese Nacht machen wir Yusuf Hawkins platt. (Wahrscheinlicher ist, daß sogar die authentischen Mörder von Yusuf Hawkins schwarze Musik gehört haben, bevor oder als sie ihr schwarzes Opfer zu Tode prügelten.)

Der Verlust eines italienisch dominierten Showgeschäfts ist auch heute abend in Frankfurt bei einem Publikum, das zu einem nicht unwesentlichen Teil seine Eintrittskarten mit Schutzgelderpressung im mehr oder weniger übertragenen

Sinne verdient haben wird, ein Punkt. Wenn Sinatra davon redet, daß die jungen Leute unverständliche musikalische Vorlieben haben, dann meint er auch, daß sie »Negermusik« hören; diesbezüglich hat er sich ja auch schon zu Zeiten des Rock'n'Roll eingelassen. Die enge Beziehung der Musik, die er pflegt, zu einer früheren Phase von »Negermusik« ist da kein Widerspruch. Der Name Quincy Jones als Songwriter oder Arrangeur fällt an diesem Abend mehrere Male, während der echte Quincy Jones sich bei jeder Gelegenheit dafür feiern läßt, wie nahe er sich gerade auch den jüngsten und aggressivsten Entwicklungen schwarzer Musik fühlt (seine sogenannte Bilderbuchkarriere kann man zur Zeit in einem Kinofilm bestaunen). Der imaginäre Barkeeper, der in »One For My Baby.« noch einen einschenkt (bzw. zwei), ist schwarz, aber er bedient nur (in der nächsten Generation wechseln unzählige seiner Nachkommen ins Soul-Fach). So kann man mit ihm auskommen und sich von ihm sogar Songs und Sounds zeigen lassen. Amerikanische Souveränität, wie sie Sinatra verkörpert, als den eigenen Weg, den ich ganz allein zu gehen glaube, denkt sich immer von einer Kriegerposition aus. In Frankfurt schleckt man nur den Sound der Würde, die so ein Veteran halt immer ausstrahlt. Daß diese Würde ein Gefühl ist, das in engstirnigen, klein- und großkriminellen Kämpfen gewonnen wurde, verstehen nur diejenigen Kriminellen im Publikum, die ein gutes Gedächtnis haben oder die Souveränität, sich nichts vorzumachen.

Miles Davis fällt einem ein, weil er aus den Entstehungsbedingungen seiner hohen, einsamen, allgemein als Eleganz-Chiffren gelesenen Trompetentöne nie einen Hehl gemacht hat. Gerade deshalb konnte er in das Reich romantischer Rassismen verweisen, was seine Kritiker immer so gerne behaupten: wie golden die Jahre waren, als Jazz noch von großen schwarzen Junkies mit der Hand gemacht wurde, nicht von Computern. Davis lobt die Zuverlässigkeit der Computer, er ziehe sie Saxophonisten vor, die schon wieder ihr Horn für Dope verpfändet hätten. Die Drogen-, Zuhälter- und Pfandleiherkunden-Epoche des Jazz sei keine goldene, kreative gewesen, sondern eine auszehrende, die sich nur ein romantischer Trottel oder Rassist zurückwünschen könne; die Trompetentöne als Negation der sie umgebenden erzwungenen Wildheit.

Sinatra – ähnlich dem Südstaaten-Soul – kommt noch aus der Zeit, als trotz aller Rassenkriege eine gemeinsame Vorstellung alle Working-Class-Amerikaner einte: Man könne da rauskommen und mit der dabei gewonnenen – die Umstände politisch oder individuell – negierenden Eleganz nicht nur Handel treiben, sondern auch ein Lichtlein hochhalten, das den anderen den Weg zeigt (ohne das moralisch zu meinen). Diese Gemeinsamkeit ist spätestens seit den 50ern in einem großen Teil, seit den 70ern in allen Bereichen der Produktion von Pop-Musik verschwunden. Wenn man immer dieselben unsterblichen Zeilen singt, bis man identisch mit ihnen wird, kann man die Erinnerung daran, als Person, als sogenannte lebende Legende, noch eine Weile erhalten. Die Erinnerung an das, wofür Soul – zu dem Sinatra sogar das Bindeglied aus einer noch weiter zurückliegenden Vergangenheit bildet – einst stand, ist noch so mächtig, daß immer wieder versucht wird, Soul zu formulieren (auch wenn Soul als Negation es immer schwerer hat, weil kaum noch jemand lernt, eine solche Negation des Erzwungenen für möglich zu halten und man heute – im HipHop-Universum – dazu neigt, auf brachialere, individuellere Methoden zu setzen).

Eine hochgewachsene Frau, nicht in der Uniform des Service-Personals, nimmt mir jetzt kurz die Sicht. Als sie sich einen anderen Platz sucht, erkenne ich sie: Vattagrafs Nacktmodell mit Begleitung. Von »Würde« redet zwei Tage später auch die »FAZ« in Form ihres an der Realität von Pop und Jazz sonst mit besonderer Konsequenz vorbeischreibenden Kritikers Obst. Er hat nicht nur beobachtet, daß die »Frankfurter

Festhalle zu fliegen beginnt«, wie sonst nur Klassenzimmer, sondern er kennt auch die »typisch amerikanischen Allianzen (...) zwischen Kunst und Kitsch etwa, zwischen Mafia und Mädchen, zwischen Politik und Show, zwischen Geld und Geltung«. Das lässige »etwa« signalisiert, daß die Kraft der Alliteration – die nur für die Politik durchbrochen werden mußte, obwohl sich doch hier »Show und Shmiergeld« angeboten hätte – noch endlos weiter verbinden könnte, ohne daß irgendeiner der Anteile einbringenden Partner Schaden nehmen würde. Würde. Würde aber, so sehr wir sie genießen als ein Zeichen für den Sonderfall, daß einer die Gefährdungen – symbolisch – hinter sich gelassen hat, solche Würde aber ist immer Widerschein gnadenloser Willkür, ob von der Allianz Fattagraf und »FAZ« (daß es bei denen nie würdig widerscheint, liegt nicht an ihrer vielleicht noch verkommeneren Moral, sondern an Deutschland, wo eben nicht mal Gangster cool aussehen) ausgeübt oder von der Mafia an Mädchen verübt. Soul ist noch mehr, ein Sichverlassenkönnen auf kollektive Vermittelbarkeit sehr spezifischer Gefühle von Würde und Gefährdung. Ich will Frank keine Vorwürfe machen, gäbe ich was auf ein moralisches Urteil über seine Vita, hätte ich gar nicht erst anzufangen brauchen. Musik und Gesang sind nicht die Summe ihrer Produktionsbedingungen, und der älteste Hut ist, daß böse Menschen die besten Lieder haben. Mit dem Genuß daran die Forderung nach unverzüglicher Verschärfung der Lebensbedingungen in der BRD zu verbinden (wie Horx) ist die widerlichste Spätfolge des Authentizismus der Rock-Kultur.

Nein, das große Glück an einem Sinatra-Abend besteht gerade darin, daß diese (so natürlich eh nicht stimmenden) Allianzen sich auflösen. Wenn er »Come Fly With Me« singt, sitzen immer noch dieselben Immobilienmakler im Publikum, und zwar fest auf ihren irdischen Hosenboden, auf der Bühne eiert derselbe widersprüchliche, nette Kerl, aber sein Mikro überträgt etwas, das – um in der Sprache des »FAZ«-Kritikers zu bleiben – nur noch »Mädchen« und nicht mehr Mafia ist. Es ist auf jeden Fall Würde, aber ich bin nicht ganz sicher, ob es Soul ist, ob er Soul hat. Aber daß Negation und Eskapismus, Abflug und Aufbruch auf Amerikanisch keine Gegensätze sind, wird man in Deutschland vielleicht nie ganz verstehen. Frankfurt übereilt zur offenen Stadt erklärt.

Man könnte argumentieren, daß eine besondere Schönheit von den Glücksvorstellungen und Schwerelosigkeiten ausgeht, die sich gegen besonders schwere und besonders unglückliche Umstände durchsetzen mußten, egal welchen Anteil der Vortragende an diesen Umständen hatte (selber bei der Mafia war). Abgesehen davon, daß solche Überlegungen romantische Spekulation wären, spielt es eben auch keine Rolle, weil man weder Glück noch Unglück – weder in der Kunst noch im Leben – messen kann, wohl aber kann man historische und sonstwie spezifische »Glücke« unterscheiden und benennen. Sinatra kommt bei mir schon fast nicht mehr an, gerade eben noch. Und heute abend muß er über sehr viel Umgebung hinwegsingen. Wenn ich von »Glück« spreche, meine ich schon nur noch eines, dem ich Erfahrungen hinzudichte, die ich mit den großen Euphorikern und Melancholikern späterer Generation gemacht habe.

»His entire life was a long, unending fight«, resümiert Sinatra-Biograph Gehman schon 1961 erstaunlich nekrologisch, weil er vermutlich ahnt, daß aus einer fightend verbrachten Vita gewonnene Gefühle bald keine Zuhörer mehr finden würden. Für eine gewisse Zeit waren die Leute ja schon mal so weit, daß sie auf diesen My-Way-Fight, egal wie dürftig ihre Lage war, zu Recht keine Lust mehr hatten; etwas Besseres als Karriere finden wir allemal. Diese Zeiten sind einstweilen oder für immer vorbei, Sinatra hat sie in Las Vegas ausgesessen.

Rückweg durch das postmoderne Möchtegernnewyork, Möchtegernnewyork zum Hauptbahnhof. Aus der Kneipe hört man Jauch und Sportstudio und kehrt gern auf ein Bier ein. In mein Gesichtsfeld setzt sich diesmal ein kleiner Mann. Unglücklich unterliegt der Hamburger SV bei Borussia Mönchengladbach. Neben mir ein kleiner Tumult, aber ich schau nicht hin, weil: Vielleicht gleichen sie ja doch noch aus. Der kleine Mann dreht sich um: »Hast gesehen, die Frau ist mit dem Geld durchgebrannt?« – »Nee, ich hab ferngesehen.« – »Mensch Junge, hast doch zwei Augen, brauchst du vier Augen?« Und da sah ich, daß er nur noch eines hatte.

1991

Selbstausbeutung – Von der Ökonomie der Subkultur zur Ökonomie von Berlin-Mitte

Jahr um Jahr habe ich in der Bewußtseinsindustrie – hauptsächlich ihren alternativen Filialen – geschuftet und verdiente zeitweilig in einem Monat weniger als mittlerweile manchmal an einem Abend. Als Redakteur der Zeitschrift »Sounds« bekam ich 1500.– DM im Monat brutto, dafür arbeitete ich im Schnitt zehn Stunden täglich. Aber ich will nicht klagen, es war eine schöne Zeit. Bei »Spex« bekam ich immer noch denselben Brutto-Betrag, aber die ersten drei Jahre nicht einmal Honorare für Artikel. Dafür schenkte man mir einen Anteil an der Zeitschrift, der allerdings fast nie was einbrachte. Um zu *überleben*, besser: um mir die Lebensausstattung finanzieren zu können, die die Anstrengungen forcierter, intensiver Kulturbereiche wie Rock'n'Roll und Bildende Kunst erträglich macht, arbeitete ich nebenher für Zeitschriften wie den »Spiegel« oder für den boomenden Kunstbetrieb oder für Werbeagenturen. Wenn man das eine oder andere moralische Unbehagen als »interessant« anzuerkennen bereit war und sich an einer ästhetischen Norm für Biographien orientierte, die, von den klassischen Vorbildern aus der Moderne geprägt, deren

Widersprüchlichkeit anderen Eigenschaften vorzog, lebte man – so gesehen – nicht schlecht in den 80ern.

Noch heute – mich ernährt seit einigen Jahren eine Dozentur – ziehe ich es vor, meine »eigentlichen« Texte – jeder entfremdet arbeitende Autor lernt zwischen eigentlichen und uneigentlichen Texten zu unterscheiden (letztere machen oft mehr Spaß) – lieber in »Texte zur Kunst« zu veröffentlichen, die keine Honorare zahlen, oder für die selbstverwalteten linken Zirkulare »Beute« oder »A.N.Y.P.« als für bürgerliche Zeitschriften, die schon mal mit mehr als zehn Mark pro Zeile winken.

So, wie ich das jetzt vorgeführt habe, preisen viele Kulturarbeiter und -arbeiterinnen ihre relative Integrität gegenüber Industrie und Institutionen. Warum tun wir das, was haben wir von all den vermeintlichen Entbehrungen, außer sich morgens ohne Ekel im Spiegel anschauen zu können, wie dies neulich Ted Gaier von den Goldenen Zitronen formulierte – als Begründung, warum diese Band sich immer noch weigert, Verträge mit der Schallplatten-Industrie zu unterzeichnen? Vielleicht steht eine solche Begründung ja nicht nur für einen ethischen Wert und eine durch die Übereinstimmung mit der eigenen Ethik ausgelöste harmonische Stimmung im Selbst, sondern auch für einen Wert, der sich in klingende Münze umsetzen läßt. Ist die Investition in »Sauberkeit« die Voraussetzung für die Akkumulation eines »subkulturellen Kapitals«, analog zum Bourdieu'schen »kulturellen Kapital«, mit dem Unterschied, daß zu Parametern wie Kennerschaft, Wissen, Geschmack, Legitimität nun auch moralische und ethische Bestimmungen treten?[1]

Es ist üblich geworden, die Produktionsbedingungen von Künstlern und Künstlerinnen und anderen frei Produzierenden mit denen von normalen Arbeitern und Angestellten zu vergleichen. In den 70er Jahren, mit ihrer Begeisterung für gewerkschaftliche Orientierungen, begannen auch die Arbeiter und Arbeiterinnen der Bewußtseinsindustrie darüber nachzudenken, inwiefern sie ein Wirtschaftsfaktor sind, inwiefern sie auf ganz spezifische Art und Weise ausgebeutet werden und inwiefern diese Ausbeutung ihnen ihr Leben und ihre Gesundheit ruiniert. Auch die künstlerischen Lebensformen mußten sich in bezug auf Ökonomie beschreiben, rechtfertigen und zur Debatte stellen. Die meisten Künstler und Künstlerinnen zogen aber für ihr Selbstverständnis das Bündnis mit den damals aufkommenden Alternativen zur gewerkschaftlichen Orientierung vor – den neuen sozialen und alternativen Bewegungen. Haben sie am Ende immer schon alternativ gelebt, war die Bohème eine nur nicht erkannte, alte/neue soziale Bewegung? In diesem Kontext mußten sich die Künstlerpraxis und das ganze Künstlerleben nun aber denselben Fragen und Kritiken stellen, denen sich Alternativprojekte auch zu stellen hatten.

Das war ihnen eben aber auch lieber, als sich in Kulturgewerkschaften auf schnöde Lohnempfänger reduzieren zu lassen. Sie befanden sich im Spannungsfeld der zwei klassischen linken Positionen, die einander gegenseitig Weltferne und Systemkosmetik vorwerfen. Es sei nicht möglich, einzelne Widersprüche durch ein bißchen Voluntarismus, etwa durch eine andere Lebensweise abzuschaffen, wenn man nicht das Ganze bekämpft. Und dagegen: Der ewige Blick auf das Ganze soll einen nur von konkreter politischer Arbeit entlasten, macht weltfern und theoriefetischistisch. Wenn nun in diesem Spannungsfeld der Künstler auftauchte, war er in der Regel ein Praktiker, dem eben das vorgehalten wurde: begriffslos sich ein schönes Leben zu machen, das es nach der politischen Begrifflichkeit doch noch gar nicht geben kann. Wenn nun der Künstler daraufhin seine relative Freiheit oder Autonomie als Argument ins Feld führte, bekam er zur Antwort, daß er ein kleinbürgerlicher Unternehmer oder Handwerker sei und sein Galerist ein Einzelhändler. Dabei waren mittlerweile auch die

Versuche, die Kunstproduktion von allen Seiten her politisch infragezustellen, einigermaßen populär geworden, von maoistisch (Immendorff) bis sozialdemokratisch (Staeck).

Um diese Zeit tauchte der Begriff der Selbstausbeutung auf. Ich erinnere mich noch ziemlich genau, wann und wo ich ihn das erste Mal gelesen habe. In einer der damals noch raren Szenezeitschriften [2] stand um 1976 eine Reportage über selbstverwaltete Kleinverlage avantgardistischer Literatur. Als der Kopierer und die Copy-Shops die Großstädte eroberten und das Zeitschriftenmachen und Verlegen für jedermann ermöglichten, gab es ein heute ebenfalls vergessenes Revival der Gutenberg-Galaxis: Wer heute Künstlerin oder Musiker wäre, wurde damals Dichter, die Großstädte waren voll mit Lyrikern, Experimentaltexterinnen und bukowskisierenden Szenepoeten. Und die Verwalter eines bestimmten Netzwerks solcher Zeitschriften und Verlagsprojekte gaben in einem Interview mit dieser Zeitschrift zu Protokoll: »Da steckt aber auch ganz schön viel Selbstausbeutung drin.« Ich erwähne das auch deshalb, weil offenbar das Erkennen der Selbstausbeutung bei den verwaltenden Aktivisten und Aktivistinnen offenbar dadurch begünstigt worden ist, daß das Neue dieser Szene gerade in der durch Kopierer gewonnenen relativen Unmittelbarkeit und Schnelligkeit bei gleichzeitiger, offensichtlich intimer Vertrautheit mit der technischen Reproduktion bestand, die man als Suhrkamp-Autor oder -Autorin in bezug auf das Endprodukt wohl nicht so leicht gewinnen kann.

In einem Moment also, wo ein nicht in erster Linie politisch, sondern technologisch ermöglichtes Angebot der Selbstbestimmung vorlag, tauchte im Zusammenhang mit dem Gewahrwerden des Preises, den man für diese Form der Selbstbestimmung – einfach aufschreiben, kopieren, verteilen wie der »Stratege im Literaturkampf« (Benjamin/Tretjakoff) – zu zahlen hat, der Begriff der Selbstausbeutung auf. Dieser nahm nun unterschiedliche Bedeutungen in bezug auf die Alternativprojekte auf der einen und Szene-, Kunst- und Bohème-Projekte auf der anderen Seite an. Für letztere rechnete sich die Selbstausbeutung grob gesagt so: Ein großer Anteil Privatheit und Lebensintensität, also sogenannte Selbstverwirklichung, konnte nur dann selbst bestimmt und erzielt werden, wenn man Entbehrungen auf sich nahm – aber immer im Hinblick auf eine mögliche zukünftige Konvertierung des subkulturellen Kapitals, das über exhibitionistisches Ausstellen dieser Intensitäten gewonnenen wurde, in kulturelles Kapital oder warenförmige Resultate.

Natürlich war (und ist heute erst recht) die Chance der Konvertierung von Selbstverwirklichung in kulturelles Kapital auch für Leute, die in entsprechenden Szene-, Kunst- und Bohème-Welten leben (und kalkulieren), extrem gering. Die (überbewertende) Rede von einer solchen Chance taucht indes häufig als Projektion auf »käufliche Künstler« in politisierten Alternativ-Kreisen auf, also akkurat in dem Milieu, wo das soziale Kapital angehäuft werden konnte, das es erlaubte, 10, 15 Jahre später einen Bundestagssessel zu besetzen. Für diese Kreise zählte aber zunächst, daß sie in der Gegenwart (selbstausbeutenderweise) auf Bezahlung *und* Selbstverwirklichung verzichteten, um die Idee der Selbstbestimmung in alternativen Projekten umzusetzen, während die Künstler sich ja wenigstens selbstverwirklichen durften.

Der Begriff der Selbstausbeutung wird also gerahmt von den Begriffen der Selbstverwirklichung und der Selbstbestimmung, beide sind für ihn konstitutiv, werden aber unterschiedlich gewichtet: Um sich selbst zu verwirklichen, muß der Künstler sein kostbar intensiv inneres Leben einer kapitalistischen Wirklichkeit (Markt, Äußerlichkeit, Warenform) zur Verfügung stellen. Um das Projekt selbst zu bestimmen, verzichtet man auf Bequemlichkeiten, Entlohnungen etc. Während der alternative Projektler die Selbstausbeutung als

Verzicht auf Selbstverwirklichung zugunsten von Selbstbestimmung erlebt, verzichtet der Künstler auf Selbstbestimmung, um die Selbstverwirklichung zu sichern.

Ich werde den mich stets sehr beeindruckenden Begriff der Selbstausbeutung zunächst auf seine innere Logik hin untersuchen. Danach kann man nachsehen, was die von ihm gemeinten Verhältnisse seit seiner Entstehung für eine Geschichte durchgemacht haben. Ich benutze den in historischen Diskursen gefundenen Begriff »Selbstausbeutung« als Namen für etwas, das als Vorstellung unter verschiedenen Namen weiterhin kursiert und den Regeln folgt, die Bourdieu für das, was er eine *interne soziale Struktur* nennt, beschrieben hat: externe soziale Regeln, die – bewußt oder nicht – auf interne, psychische Vorgänge appliziert werden.

Da Ausbeuter und Ausgebeutete beide innerhalb eines Selbstes agieren, ist das Interne dieses ansonsten sozialen Verhältnisses evident. Die interne soziale Struktur bei Bourdieu regelt innere Vorgänge nach dem Vorbild sozialer Beziehungen, die den Individuen selten ganz klar sind, obwohl sie sie manchmal kennen und ansatzweise beschreiben können. Wenn »Selbstausbeutung« eine relativ elaborierte solche Beschreibung ist, die dennoch manches verkennt, dann will ich versuchen, die Begriffsinhalte zu ermitteln, die den frühen Benutzern dieses Begriffs zugänglich waren und sie mit heutigen Vorstellungen und deren Beschreibungen vergleichen.

Dafür lasse ich mir von vielgelesenen ostdeutschen Wissenschaftlern[3] noch einmal erklären, was Ausbeutung überhaupt ist. »Die Ausbeutung entstand, als die gesellschaftlichen Produktivkräfte ein Mehrprodukt ermöglichten, das durch die jeweiligen Eigentümer der Produktionsmittel angeeignet wurde.« Und »Ausbeutung ist ein gesellschaftliches Verhältnis zwischen Gruppen von Menschen, die sich in entgegengesetzter Stellung zu den Produktionsmitteln befinden«. Wenn also die Metapher Selbstausbeutung einen Sinn ergeben soll, dann muß man sich folgendes vorstellen. 1.) In mir selber, zwischen den einzelnen Dimensionen meiner Person, gibt es Produktivkräfte und Instanzen, die sich deren Resultate nur aneignen, nicht hervorbringen. 2.) In mir gibt es Instanzen, Dimensionen, Persönlichkeits- und Existenzanteile, die sich in entgegengesetzter Stellung zu den Produktionsmitteln meiner Person befinden. Die erste Bedingung könnte zum Beispiel eine Redeweise erfüllen, die zwischen meiner Sinnlichkeit und meiner Vernunft unterscheidet, die zweite könnte zusätzlich mit psychologisch orientierten Gegensatzpaaren arbeiten wie Pflichterfüllung betreibendes Über-Ich als Kapitalist versus physische Vitalität, *Elan vital*, Laune und Stimmung als arbeitender, Mehrwert erzeugender Rohstoff. Haben diese Modelle etwas mit dem zu tun, was gemeint ist, wenn in den 70ern von Selbstausbeutung die Rede war?

Die Vorstellung, daß Individuen so angelegt sind, daß ein nicht physisch aktiver Bewußtseinsinhalt Hegemonie über den anderweitig orientierten sinnlichen Körper gewinnt und ihm Vorschriften zwecks Erhaltung gesellschaftskonformer Lebensweise macht, ihn dominiert, ist ein Erbe dessen, was Foucault den freudo-marxistischen Ansatz genannt und vor allem in seinen letzten Lebensjahren kritisiert hat. Das Interessante an der Formulierung »freudo-marxistisch« ist, daß sie die theoretisch nie besonders entwickelte, aber gerade in Alltagsdenken Linken und Alternativen während der 70er vorherrschende Vorstellungswelt viel besser trifft als die seriöseren Versuche, Freud und Marx »zusammenzudenken«. Umgekehrt fand der gleichzeitig entstandene anti-freudianische Versuch von Deleuze/Guattari im »Anti-Ödipus«, den Kapitalismus im Psychischen wiederzufinden und zu kritisieren, keinen Eingang in den Begriff der Selbstausbeutung. Die Idee der Selbstausbeutung macht sich gerade nicht die zu ihrer Zeit gewonnenen Einsichten der Anti-Psychiatrie-Bewegung zunutze. Statt sich mit komplexeren Modellen des Psychischen und der Produktion auseinanderzusetzen, zog man die altbewährten familialen und Herr-Knecht-Modelle vor und forderte höchstens ihre Umkehrung.

Selbstausbeutung funktioniert also zunächst wie einfacher Freudo-Marxismus bei Erich Fromm oder Max Frisch (wegen Kapitalismus können wir nicht lieben und entfremden uns unserer Natur), allerdings mit einer eigenartigen Drehung. Die Instanz, die mich dazu bringt, meine Wünsche und Triebe zu unterdrücken, hilft mir gleichzeitig bei der Realisierung eines Projekts, das Zwangsverhältnisse wie das, das mich zum Arbeiten bringt, auflösen soll. Das ausbeutende Über-Ich tut es nicht im Namen eines bösen Kapitalisten, sondern für ein sinnvolles alternatives Projekt oder ein – wenigstens für den Moment oder das Museum – transgressives Kunstwerk. Obwohl in den meisten Fällen von Leuten ausgesprochen und beschrieben, welche die Ablehnung von Ausbeutung zum Grund gerade der selbstausbeutenden Lebensweise gemacht haben, wird Selbstausbeutung als Notwendigkeit ausgegeben, die sich von der protestantischen Arbeitsethik bei Max Weber nur noch durch ihre Legitimation unterscheidet.

In dem Maße also, in dem alternative politische Projekte, sogenannte kulturelle Praxis von unten und selbstverwaltete, autonome Betriebe entstanden, ersetzte eine Ethik der Selbstausbeutung, die nicht ohne Stolz auf die harte, entbehrungsreiche und unterbezahlte Arbeit verwies, den Hedonismus der 60er Jahre. Solange man noch an eine komplette Revolution glaubte und sich, wie im Mai 68, auch die Bekämpfung von Langeweile und Arbeitsethik auf die Fahnen geschrieben hatte, galt das Ziel der unmittelbaren Umsetzung von Ideen und der Erfüllung von Wünschen. Seit man aber pragmatisch das umzusetzen begann, was man auch längerfristig wollte, wurden einfach alte Disziplinierungstechniken wiederbelebt, die man zwar jetzt freudo-marxistisch beschrieb und mitunter kritisierte, die einzuhalten man sich aber persönlich hoch anrechnete. Indem man sich selbst ausbeutete, beutete man wenigstens nicht die anderen aus und ließ sich auch nicht von einem anderen ausbeuten. Diese Logik erinnert an die von Borges beschriebenen Häretiker, die alle denkbaren Sünden begingen, damit sie kein anderer begehen konnte.[4]

Dazu kam, daß man sich durch verschiedene interne neue Über-Ichs, Gruppen-Strukturen, organisiert »befreite« Sexualität und andere Abweichungen von konventionellen Arbeitsstrukturen darüber hinwegtrösten konnte, daß diese Abweichungen offensichtlich nichts an dem Faktum des andauernden Aufschubs bei der Verwirklichung der projektierten Ziele änderten. Für die Künstler und Künstlerinnen gab es in dem Maße neue Verwertungsmöglichkeiten, wie sie den Anspruch der Unmittelbarkeit fetischisierten, individualisierten und von den utopischen, kollektiven Vorstellungen abzogen, in dessen Umfeld sie zum Teil ursprünglich entstanden waren (von Woodstock zur Me-Decade, von Aktionismus zu individueller Mythologie, von Punk zu Schnabel – interessant aber dagegen die relative Stabilität kollektiver Produktion und Organisation in einzelnen Bereichen wie etwa Free Jazz).

Zur Ethik der Selbstausbeutung gehört komplementär die Verachtung des Luxus, der allenfalls ein kompensatorischer Hedonismus gegenübersteht. Bis heute hält sich in linken und alternativen Kreisen ein Widerwille gegen jede Verschwendung, gegen ungezügelten Hedonismus, der der Schickeria und denjenigen zugerechnet wird, die *ausverkauft* haben, den Komplizen des Systems. Der Ausverkaufsvorwurf ist gerade im kreativen Milieu ein weitverbreiteter Reflex, wenn etwa jemand zu einem Major-Label wechselt oder mit einem etablierteren Galeristen zusammenarbeitet, ganz besonders, wenn dieselbe Person den Beginn ihrer Karriere dank alternativer Vertriebswege gemacht hat. Sie hat dann ihre Ideen verkauft. Abgesehen von gewissen guten Gründen, aus denen dieser Vorwurf natürlich jederzeit auch ausgesprochen werden kann, fragt sich, wie es kommt, daß die freudo-marxistische, aber gedrehte Logik des Selbstausbeutungsgedankens nicht zum Einsatz kommt, wenn sie das entgegengesetzte Modell vorfindet und eigentlich erstmal konstatieren müßte, daß sich hier jemand zumindest im Moment des Luxus und der Verschwendung nicht ausbeutet, sondern mehr als der selbstausbeutende Alternativarbeiter utopische Ideen in der Gegenwart realisiert. Sehr schnell greift ein moralistischer Reflex, der immer schon weiß, daß einer, der eine gute Zeit hat, dies bestimmt gerade auf Kosten anderer tut.

Umgekehrt gibt es in den von der Dimension des Beharrens entleerten Künstlerselbstentwürfen ein Surrogat für Unmittelbarkeit: eine wohldomestizierte Form der Verschwendung, eine rituelle Transgression, die auch formal immer schon davon geprägt ist, daß sie einer anderen Form von Selbstausbeutung geschuldet ist. Der gute alte situationistische Slogan »Wir machen die Revolution nicht, um arm zu bleiben« schien also auf beiden Seiten nicht mehr zum Einsatz zu kommen. Bei den einen war er von einem Verdacht gegen die Parties der anderen so überwuchert, daß er sich zu: »Wenn wir schon nicht die Revolution machen können, dann wollen wir wenigstens arm bleiben« verdrehte. Die anderen wollten um keinen Preis arm bleiben. Für beide Extrempositionen gilt, daß sie in die jeweiligen Gegenmodelle jener ursprünglich mit Selbstausbeutung verbundenen Lebensentwürfe gekippt sind, die immer jeweils noch trauriger aussehen: Modelle der Verschwendung, die sich in akzeptierter gesellschaftlicher Praxis austoben konnten, Yuppie-Künstler, Yuppie-Manager einerseits, bloß noch Verzicht, Frommheit, Disziplin andererseits.[5]

Generell scheint aber die simple freudo-marxistische Einsicht in das Faktum der Selbstausbeutung schwächer zu sein, und tatsächlich wurde sie im Laufe der Geschichte immer schwächer und unbekannter, als die Attraktivität der Belohnung, die die Ethik der Selbstausbeutung anbietet. Welche

Belohnungen? Die einfachste und allgemeinste Redeweise könnte das, was mir die Selbstausbeutung – im Gegensatz zur Fremdausbeutung – als Belohnung anbietet, Sinn nennen. In selbstausbeutenden Zusammenhängen entscheide ich mich gegen das, was andere mir vorschreiben für etwas Sinnvolles. Mein Boss, mein Über-Ich, bleibt für sich, braucht keine externen Sinnzuwendungen, das wäre die Selbstbestimmung. Für mehr Sinn ist weniger Bezahlung scheinbar akzeptabel. Nun ist die Ursache (daß es Sinn nur da gibt, wo man mit Unterbezahlung zufrieden ist) mit der Wirkung (Unterbezahlung) in der Ethisierung der Selbstausbeutung nach und nach verschmolzen. Schlechte Bezahlung an sich ist heute in der Ökonomie scheinselbstständiger Web-Designer schon ein Indikator für Sinn.

Daß Sinn ein primäres Schmiermittel für Gesellschaft ist, ist nicht neu (und Sinn damit noch nicht per se böse). Daß aber eine ehemals kritische Intelligenz, die die Möglichkeit, Sinn unter den gegebenen Verhältnissen vorzufinden, strikt negierte, diese Einsicht einen historischen Moment später wieder vergißt, um nur überhaupt etwas tun zu können, statt etwas Sinnloses zu tun oder Sinn zu kritisieren, ist verwunderlich und zeigt, wie schwach Einsichten unter dem Druck von Verhältnissen generell sind. Und erklärt nochmal, warum es der ehemalige Situationist Raoul Vaneigem schon 1965 richtig fand darauf hinzuweisen, daß wahre, das Alltagsleben erfassende Veränderungen und Revolutionen nur gelingen, wenn die politisch Aktiven mit den Nihilisten und Asozialen im Bunde sind, die Sinnfragen verwerfen.

Sinn ist eine Voraussetzung dafür, daß die Sinnlichkeit überhaupt dem Über-Ich gehorcht. Sinn ist als Waffe dieses Über-Ich zwar immer schon vorhanden, muß aber dennoch, wie Kraftstoff bei einem Motoren-Modell, immer wieder von außen eingeführt werden. Das Über-Ich kann seine Disziplinierungsgeschäfte nur durchführen, wenn es nicht nur über eine grundsätzliche Definitionsmacht von Sinn verfügt – es ist gut, sich selbst zu verwirklichen, es ist richtig, zu tun, was ich selbst bestimme –, sondern muß darüber hinaus diese Definition ständig aktualisieren. Daher die hohe Frequenz der Aufkündigung selbstausbeuterischer künstlerischer oder politischer Projekte und der damit verbundenen Lebensweisen in einem bestimmten Alter, die bei wesentlich unbefriedigenderen, nicht an Sinn gebundenen Lebensweisen kaum zu finden ist. Burn-Out-Syndrom.

Daß die Selbstausbeutungsredeweise, mittlerweile völlig verselbständigt, dennoch zum Indikator sinnvoller Arbeit wird – nur wer sich hart ran nimmt, arbeitet sinnvoll –, erkennt man heute auch an den stereotypen Schilderungen des Arbeitsalltags von Managern und Politikern. Immer wieder erfährt man von 16-Stunden-Tagen, freiwilligen Nachteinsätzen und anderen Unzumutbarkeiten, die auf Nachfrage mit einem weisen, wissenden Lächeln begründet, bestenfalls mit dem Hinweis beschieden werden, man mache ja auch eine sinnvolle Arbeit. Der Sinn ist zwar meistens kein anderer als die in Japan angeblich durchaus ausreichende Selbstlegitimation, ein funktionierendes Rädchen der Firma zu sein. Durch die vermeintlich hohe Eigenverantwortlichkeit des Managers erscheint ihm nämlich die Entscheidung, länger zu machen, wie der freie Entschluß eines unabhängig sich selbstausbeutenden Alternativen.

Ein anderer mächtiger Legitimationstypus nennt sich Kreativität. Kreativität ist zwar ein Fall von Sinn, aber in den frühen Tagen der Selbstausbeutung hatte er weniger Konjunktur als heute und stand damals eigentlich nur für Künstler zur Verfügung. Trotzdem ist er prinzipiell in die freudo-marxistische Mechanik des Selbstausbeutungsgedanken eingebaut: Indem ich mich selbst ausbeute, hat wenigstens eine meiner inneren Instanzen freie Hand und kann handeln wie ein Unternehmer. Daß der Unternehmer letztlich ein Modell des Kreativen sei, ist vor allem heute eine von der Selbstpropaganda der Wirtschaft gerne verbreitete Behauptung. In seiner umgekehrten Form (der Künstler als Unternehmer) ist dieses Modell mittlerweile zu einem Standard-Paradigma kunstgeschichtlicher Betrachtungsweisen geworden. Diesem unternehmenden (kalkulierenden) Künstler stellte man in den 60er Jahren den unmittelbar handelnden Künstler entgegen. Das einzige Ölbild des Situationismus-Theoretikers Guy Debord war der gemalte Satz »Abolition du travail aliené«, den er auf ein bemaltes Stück Leinwand des »industriellen Malers« Pinot-Gallizio gepinselt hatte.[6] Debord hat damit ausdrücklich der damals aktuellen Version der in den 90ern erst richtig ausgeführten Idee einer Kunst als Service, als Unternehmen eine Absage erteilt und sie »entfremdete Arbeit« genannt.

Doch seitdem konvergieren die Selbst- und Fremdbilder von Künstlern und Unternehmern immer mehr. Daß das von künstlerischer Seite zunächst aus einer durchaus berechtigten kritischen Perspektive erfolgte (und sich auch heute meistens kritisch gibt), sollte vielleicht nochmal betont werden. Die ersten Künstler und Künstlerinnen, die mit Unternehmer-Metaphern flirteten, taten das nicht, weil sie Kapitalismus so toll finden, sondern weil sie den »Werk«-Begriff und die »künstlerische Autonomie« als anachronistische Verkennungen kenntlich machen wollten. Sie wurden durch »Projekte«, das Eingeständnis und die daraus resultierende Thematisierbarkeit von Heteronomien ersetzt. Nur hat sich im Laufe der Zeit das Eingeständnis von Heteronomien oft in ihre Affirmation verwandelt, was Debord schon in den 60ern kritisierte. Ich komme darauf zurück.

Durch die Identifikation mit Kreativität folgte die Selbstausbeutungslogik zwar einer von ihr immer schon vorgegebenen Mechanik, die den inneren Instanzen nicht nur Kontrollmöglichkeiten, sondern eben auch »freie Hand« gab. Gleichzeitig unterminierte die Identifikation auch einen Teil dieser meist unausgesprochenen Mechanik. Es war jetzt nicht mehr so ohne weiteres möglich, den Verstand, die Ratio, die administrative Vernunft, kurz: das Über-Ich, als die ausbeutende und den Körper, die Sinnlichkeit, als die ausgebeutete Instanz zu beschreiben. Die Ideologie der Kreativität beanspruchte ja selber die Dimension der Sinnlichkeit und des Spiels. Doch der Begriff der Kreativität war auch als Metapher noch auf Produktionsmodelle anwendbar: Im kreativen Prozeß wird ein Rohstoff umgesetzt und etwas geschöpft oder erschaffen. Das legte nahe, das Selbstausbeutungsverhältnis nicht mehr starr als das Gegeneinander oder asymmetrische Miteinander von zwei Instanzen, sondern dynamisch als das Zusammenwirken zweier Kräfte zu verstehen, die im Laufe der Zeit komplementär jeweils die Schwächen des einen Regimes durch das andere ausgleichen, ohne dabei die »innere Staatsform« in Frage zu stellen – so, wie die Konkurrenz sozialdemokratischer und konservativer Regierungen weder Kapitalismus noch repräsentative Demokratie gefährdet. So wie sich der Künstlertyp heute häufiger über Sinn legitimiert, legitimiert sich der Projektler – beide lassen sich oft nicht mehr unterscheiden – öfter über Kreativität.

Einige Leute haben schon früh den Fehler der freudo-marxistisch beschriebenen Selbstausbeutungs-Idee erkannt, indem sie nämlich die potentielle Radikalität des Freudo-Marxismus ernst genommen haben und die Legitimitierung über einen externen Sinn verwarfen. Diese Leute, zum Beispiel erwähnter Raoul Vaneigem, schlugen in den 60er Jahren als Alternative vor, die Produktion um das Spiel und die Gabe herum zu organisieren, nicht um Befehle und Disziplin – als Marxisten haben sie natürlich auch ein Problem mit der Produktivität: Sie können nicht ganz darauf verzichten.[7] Für die Innenausstattung des Subjekts sollte das auch bedeuten, daß der Terror der beherrschenden Intellektualität zugunsten der Sexualität und Sinnlichkeit gebrochen werden soll. Keine Instanz soll mehr zu sagen haben als die andere, und das geht nur, wenn man auf *Resultate* aus selbstbestimmten Projekten oder aus Kunst ganz verzichtet.

Natürlich lief das später darauf hinaus, daß die Sinnlichkeit, die ja nicht als solche schon Freiheit bedeutete, als man sie aus dem Über-Ich-Kommando entließ, ihrerseits zum terroristischen Commander wurde und etwa die Fickpläne der Mühl-Kommunen schrieb. Nur zu oft konnte man in diesem Jahrhundert erleben, daß mechanistische Umkehrungen als Befreiungen immer nur die unter dem jeweiligen Herrschaftszusammenhang und unter der Hierarchie liegende Schicht älterer und noch mehr abzulehnender Herrschaft ins Recht setzte. (Etwa wenn männliche Avantgardisten ihre Sexualität »befreien«.)

Eine Anzeigenkampagne der Deutschen Bank – doppelseitige Textanzeigen mit Vorträgen auf einem DB-Symposion – formuliert heute ähnlich wie Vaneigem. Sie argumentiert, daß die erste Welt mit den Billiglohnproduzenten in Zukunft nur konkurrieren könne, wenn sie Kreativität in den Produktionsprozeß integriert. Unsere Überlegenheit soll nicht länger in unserem Fleiß oder unserer Disziplin bestehen, wie es die klassischen nationalistischen Ideologien und speziell deutsche Nationalökonomen behaupteten, sondern in unserer Kreativität, unserem Spieltrieb, unserer Sinnlichkeit (die die Japaner bekanntlich nicht haben). Die Möglichkeiten, mit Gedanken radikaler Systemgegner den Kapitalismus des Jahres 2000 auszustatten, beweist nicht nur einmal mehr dessen unglaubliche Assimilationskraft, seine Ideologie oder die Schwäche seiner Gegner, sondern zeigt auch, daß mittlerweile auch die radikale Kritik am Selbstausbeutungsmodell längst Grundlage von Produktivitätsüberlegungen ist. Die Ideologien von *lean management* und *lean production* erweitern die Manager-Ideologie, wie ich sie oben beschrieben habe, auf alle Produktionsbereiche und um deren Kritik: nicht schuften, sondern querdenken.

Diese neuen Ideologien sind natürlich nur für die Leute relevant, die überhaupt mit festen Verträgen in Firmen arbeiten. Die so Privilegierten fühlen sich dabei nicht nur deswegen wie Künstler, weil man es ihnen erzählt – zum Beispiel ausdrücklich in der letzten Microsoft-Kampagne[8] –, sondern weil sie tatsächlich in einem neuen Maß mehr über Leben und Lebensmöglichkeiten verfügen, als das restliche Zweidrittel der postfordistischen Gesellschaft, die mit immer weniger Rechten ausgestattet MacJobs macht oder gleich arbeitslos ist. Die optimale, Künstler-mäßige Lebensfülle bietet der Manager-Job, und umgekehrt ist das höchste, was Künstlerinnen begehren können, die Wirkung zu erreichen, die sonst ein Unternehmer hat. Kunst, die einst »gesellschaftliche Antithesis zur Gesellschaft« (Adorno) hieß, wäre umgekehrt ausdrücklich zu deren Thesis geworden.

Der aktuelle TV-Spot, der für die Deutsche Bank wirbt, zeigt arrivierte junge Menschen bei allerlei mondänen Verrichtungen, während eine freundliche Männer-Stimme fragt: »Seien wir doch mal ehrlich: Warum machen Sie den Job? Klar, man will was bewegen, klar, Selbstverwirklichung gehört auch dazu, aber ...« Und dann geht es darum, daß man auch ein Konto bei der Deutschen Bank und deren vielfältigen Rat in Fragen der Geldanlage braucht, wegen Zukunft und so weiter. In diesem Text ergänzt der Begriff der Selbstverwirklichung die Formulierung »was bewegen«, die man als Zusammenführung der alten Selbst- und Fremdausbeutungskonstrukte übersetzen kann: Sinn plus Kreativität ergibt »was bewegen«. Dies hat nun weder etwas mit Selbstverwirklichung noch mit Selbstbestimmung zu tun – beide Einsätze, die in Deals mit den Verhältnissen eingebracht werden, sind wechselseitig entwertet. Kreativität gehorcht dem Sinn, dieser unterwirft sich wiederum dem blinden Produktivitäts-Imperativ der Kreativität. Dieses oxymoronische Perpetuum mobile organisiert die Produktivität.

Die Selbstverwirklichung bleibt allein auf der Seite der Freizeit zurück.

Denn auf ganz andere Art ist hier, was damals für die Selbstausbeutung gegen das fordistische Lebensmodell abgeschafft wurde, zurückgekommen: eine Selbstverwirklichung, die nur noch ein von »Sinn«, »Produktivität« und »Kreativität« getrenntes Freizeitselbst verwirklicht, fast so, wie es die klassisch marxistische Beschreibung der Reproduktion darstellt. Als abgeteiltes Stück Leben hat dieses Freizeitselbst aber dennoch das dionysische Vokabular der Entgrenzung und Transgression von den Künstlern, Revolutionärinnen und Aktivisten der 60er und 70er gelernt. So gesehen hätten die den Bankkunden der 90er vorbereitet.

Umgekehrt betreiben Künstler und Künstlerinnen in den letzten Jahren verstärkt eine Produktion nach dem Vorbild der »richtigen Produktion« des kapitalistischen Alltags. Speziell in den 80ern wurde die alte konzeptkünstlerische und politische Kritik des Individualgenies durch eine neue abgelöst, die mit Elementen des Konzeptkünstlerischen wie des Pop einfach nur »zeitgemäß« Kunstproduktion neu definieren wollte. Die Produkte dieser Künstler waren oft bezogen auf oder beschäftigten sich mit Massenkommunikation und Werbung. Hier und da wurde auch gefordert, die Unterscheidung zwischen Kunst und Werbung prinzipiell aufzugeben. Natürlich war die künstlerische Beziehung zur Massenkommunikation, das Arbeiten als »Associations«, »Companies« und »Institutes« spielerischer als in der wirklichen Welt, aber sie führte mehr und mehr zur Affirmation der Verhältnisse, die zu parodieren sie möglicherweise einmal angetreten war.

Auch mancher Auftritt des bis heute kritisch operierenden Neo-Konzeptualismus der späten 80er und frühen 90er geriet in diesen Sog mit hinein. Während der 94er-Messe »Art Cologne« zeigten mehrere Avantgarde-Galerien ein Sammelsurium von 80er- und 90er-Kunst in einer großen

Filmproduktionshalle von RTL, die zufällig für eine Woche frei war. RTL selbst und der Kunstdealer Achenbach übernahmen eine Art Schirmherrschaft. Die Show war beliebig und überflüssig und schmiß sich an die wohl kaum ernstzunehmende, wenn auch unter Rezessionsbedingungen verständliche Illusion neuer Käuferschichten heran: Man kann Koons und Sherman, Fleury und Kippenberger auch als Kulissenmalerei verwenden. Auf die Frage, was das Ganze soll, antwortet ein Galerist: Ja, man habe doch Kunst und Medien zusammenbringen wollen, so wie der Fareed das auch immer gesagt habe. Diese Auslegung der Ideen des Neo-Konzeptualisten Fareed Armaly, der vermutlich nicht gemeint hat, daß eine Neubestimmung des Verhältnisses von Bildender Kunst und neuen Medien bedeute, bei den Medien*unternehmen* unters Dach zu kriechen, harmoniert mit anderen Modellen, die man auch bei des Markt-Opportunismus unverdächtigen Institutionen antrifft: »Die in Berlin lebende Künstlerin bevorzugt in Auffassung ihrer Arbeit als Dienstleistung die Öffentlichkeit außerhalb traditioneller Kunstinstitutionen«, heißt es in einer Pressemitteilung der »halle für kunst« zu einer lecture von Christine Hill. Die Rede von der Dienstleistung, dem Service, ist gerade in einer kritischen Ansätzen verpflichteten Kunstöffentlichkeit inflationär geworden. Auch hier sind Unternehmenspraktiken aus dem Bereich der Massenkommunikation bereits als Grundbedingungen akzeptiert – durchgesetzt über eine linke Kritik an den Verkennungen in den Künstlermodellen und Produktionsvorstellungen der 70er und 80er.

Die Arbeitsweise, ob kollektiv oder individuell, die nicht nur auf diese Beispiele und überhaupt nicht nur auf die Bildende Kunst zutrifft, hat intern und extern für alle Beteiligten den Namen »Projekt«. Wenn wir das Wort »Projekt« nicht hätten, bemerkte recht treffend eine Kulturwissenschaftlerin auf derselben Messe, brächen alle und alles sofort zusammen. Das »Projekt« ist die Synthese aus Selbstausbeutung als Unterwerfung unter Sinn als externen, den Motor ölenden Stichwortgeber und Kreativität als vom Produktionsprozeß abgelöste leere Produktivität, verklammert durch die Tendenz zum Aufschub des eigentlich Beabsichtigten als endloses, sich nie wirklich realisierendes Vorhaben.

All diese Entwicklungen sind nicht rückgängig zu machen, teilweise aus richtigen Überlegungen entstanden und auch oft die einzig mögliche Korrektur eines früheren falschen Verhältnisses. Sie kommen unter Konkurrenzkampfbedingungen zustande und sind zumindest darüber mittlerweile einigermaßen aufgeklärt. Es fragt sich nur, ob sie nicht im Laufe der Zeit alle Potentiale der Kunst wie auch alternativer Projekte, zumindest aber die Idee der Möglichkeit unmittelbarer Realisierung von Politik (ohne projektförmigen Aufschub) und Leidenschaft (ohne kapitalistisches Querdenkertum oder verzinsbare Transgressionsware) so vollständig aufgegeben haben, daß sie bald jenem rundum aufgeklärten Menschen entsprechen, den Slavoj Žižek den »zynischen Untertan« genannt hat. Eine Figur, die, gerade weil sie alle Verhältnisse kennt, zur Aktion völlig unfähig geworden ist, und somit für die jeweiligen Regimes viel angenehmer ist als irgendwelche rückständigen, aber aufmuckenden Bauern und Fundamentalisten. Um die Dimension der Aktion zurückzugewinnen, um die kulturellen Produzenten und Produzentinnen zu befähigen, den Aufbau ihrer Produktivität nicht nur zu durchschauen, sondern auch zumindest vorübergehend zu zerschlagen, kann man sicher weder den Genie-Künstler als Antidot für festgefahrene Projekte noch das Projekt als Antidot für Kreativitätsidiotie einfach so wiederauferstehen lassen. Sie wurden zwar zu Unrecht vereinnahmt, aber auch zu Recht abgeschafft. Vielmehr käme es darauf an, den blinden Fleck und den dazugehörigen aktionsgläubigen Fanatismus von der Höhe der gegenwärtigen Reflexion aus und gegen die Komplizenschaft mit den Verhältnissen zurückzugewinnen.

Das bedeutet für die soziale Organisation auch, die asoziale Dimension eines gewissen Künstlertums neu einzusetzen oder einzubauen oder zumindest umzuwandeln in eine andere Form, welche die Befähigung zur Konstruktion von Aktionen, Situationen nicht allein dem Event-Sponsoring und anderen Agenten der Freizeit-Industrie überläßt. Ich denke dabei nicht einfach so an primäre Gefahren, Reize, reale Präsenz, Verschwendung etc., denn auf deren Ideologisierung werden gerade über Zwischenstationen wie Bataille, Steiner oder Jünger derzeit rechte Ästhetizismen rekonstruiert.

Doch die genuin emanzipative Seite der Party und der Verschwendung könnten gerade heute, wo wieder so hedonistisch und begrifflos gefeiert wird, ohne Beschneidung und ohne moralische Korrektur ihrer asozialen Seite, verknüpft und codiert werden als Projekt jenseits der Projekte. Die beste Umgebung dafür liefern gerade sogenannte politisch korrekte Projekte, die oft trotz der Einigkeit, nicht von Event-Sponsoring abhängig sein zu wollen, kein klares Verhältnis zu irgendeiner produktiven Form von Asozialität haben (können), weil sie ja unmittelbar gegen die falsche Asozialität ganz normaler Vermarktung entstanden sind. Party und Politik sollen sich nicht gegenseitig relativieren, nur in Sichtweite von einander ihren Lauf nehmen.

Ich habe also deswegen so lange auf faire Bezahlung verzichtet, um eines Tages, fünfzehn Jahre später, zu gut bezahlten Vorträgen eingeladen zu werden. Das konnte ich doch damals gar nicht wissen! Ich habe es auch nie gewußt, aber ich habe trotzdem so gehandelt, als hätte ich es gewußt. Genauso funktioniert eine interne soziale Struktur: sie stabilisiert und hält den Kontakt zu ökonomischen Realitäten und deren Anforderung, auch wenn man das gar nicht *beabsichtigt*. Diejenigen, die sich dagegen ohne Sinn in die Verschwendung gestürzt oder ohne »alternative« Verankerung an die Kulturindustrie verkauft haben, sind heute elend, verrückt oder tot.

1994

Ein Andechser Gefühl – Bauernkino mit Cosima von Bonin

Daß in diesem Film von Cosima von Bonin ihr Galerist einen Pfarrer spielt und seine Künstler seine Magd, seine Gemeinde oder die Regisseurin des Films verkörpern, wäre an sich nicht wirklich kunstsoziologisch relevant, wenn das nicht unter Zuhilfenahme einer Form geschähe, die wie keine andere in der deutschen Kultur sich geeignet gezeigt hatte, die angemaßte falsche Universalität kleinbürgerlicher Lebensverhältnisse als Allegorien allgemein menschlicher Ausweglosigkeit anzunehmen wie zu überwinden. Von Brecht bis Fassbinder, von Valentin bis Achternbusch galt das bayerische Bauerntheater dem Marxisten wie dem Absurdisten als eine Institution, wo der kleinbürgerliche Universalismus zwischen seinen eigenen Aporien und dem folkloristisch-bäuerlichen Vitalismus zerrissen wurde, dem er gerade entronnen zu sein vermeinte. Obwohl dessen Klischees und »Wahrheiten« nicht nur intakt blieben, sondern in einer Weise gesteigert und verliebt verrissen werden mußten, um die Lage einer Klasse plastisch zu machen, die nirgendwo hingehört und sich daher für alles zuständig fühlt: das Kleinbürgertum.

Nichts ahmt heutzutage die aus bäuerlichen zu kleinbürgerlichen Verhältnissen »aufgestiegene« Familie mit mehr Inbrunst und sich selbst unklarem Fanatismus nach als die zeitgenössische Avantgarde-Galerie. Die Konkurrenz unter den privilegierten Wahrheitsproduzenten im Kunstbetrieb entspricht immer noch und jetzt erst recht eher der Konkurrenz unter Handwerksbetrieben, kleinen Manufakturen und größeren Höfen als den in diesem Zusammenhang immer ziemlich hilflos angerufenen Verhältnissen wie »Kulturindustrie« oder »Spektakel«. Die Kritiker und Diskursproduzenten des Kunstbetriebes ähneln auf frappante Weise lokalen Honoratioren und deren institutionellen Hintergründen

(Zwergschule, Kirche, Rathaus), das Sich-Hingezogenfühlen zu Stammtischen in »urigen« Lokalen spiegelt den eben aus dem agrarischen Schmutz (Ölfarbe) hervorgekrochenen Charakter der Produktionsweisen im Kunstbetrieb, ihrer dörflichen Überschaubarkeit. Nicht umsonst nennen Bildende Künstler die städtischen Gegenden, in denen sie sich wohlfühlen, immer wieder »Village«.

Die nicht näher thematisierte »Wallfahrt«, von der in Cosima von Bonins Film unaufhörlich die Rede ist, entspricht vermutlich der documenta oder anderen Großereignissen, deren Veranstalter und »Kuratoren« sich ja auch mehr und mehr benehmen wie bessere Pfaffen.

1991 (gemeinsam mit Jutta Koether geschrieben)

Der grüne Frack – Künstlerviertel in der modernen Stadt

1. WAS WILL DIE STADT VON DEN KÜNSTLERN?

Welche Künstler, egal wo?

»Künstlerviertel« sind nur als Aufenthaltsort eines ganz bestimmten Künstlertypus von Interesse. Wo sich irgendwelche älteren Malerfürsten niederlassen, ist allenfalls aus psychologischen Gründen spannend. Aber es kann auch nicht nur um ein munteres, sozial auffälliges Völkchen gehen, das mit keinen Werken in Verbindung zu bringen ist, etwa die amerikanischen Grunger im Prag der 90er. Denn uns beschäftigt die soziale Spannung, die immer entsteht, wenn eine bestimmte Menge Künstler, egal welchen Typus, an einem Ort auftaucht, die den Ruf eines Werkes mit dem Ruf eines Verhaltens verbinden. In der Frage nach den Künstlervierteln käme die mir durchaus vertraute Vermutung zum Ausdruck, daß Künstler nicht so sehr durch ihre »Werke« eine (soziale) Wirkung haben als durch die Öffentlichkeit der ihre Werke bedingenden Lebensweise – die Werke muß es aber geben.

Denn zunächst stellt sich die Frage: Was ist das für eine Lebensweise, mit wem wird sie geteilt, von wem unterscheidet sie sich, und in welchem »social space« ist das überhaupt wahrnehmbar? Die Tatsache, daß Künstler ihren Lebensraum teilweise mit Arbeitslosen und Lumpenproletariern teilen, dann aber wieder mit den geachtetsten unter den sogenannten freien Berufen, der Umstand also, daß ihr »social space« einerseits die Kneipe, das übelbeleumundetste Viertel, andererseits der Landsitz ist, legt nahe, daß man nicht einfach nach Adressen und Wohnsitzen gehen kann. Zeitliche und räumliche Gewohnheiten, Verhältnisse, vorübergehende Präsenzen, Interdependenzen sind auch wichtiger als die klassische Unterscheidung zwischen Bildenden und Darstellenden Künstlern, Musikern und Schriftstellern, berühmten und verkannten Künstlern. Die Entgegensetzung von »autonomen« Künstlern und »kreativen Berufen« könnte wiederum sinnvoll sein, gerade wenn man beschreiben will, unter welchen Bedingungen und zu welchen Zeiten sich die beiden näher, und wann sie sich ferner waren.

Concrete Jungle: Künstler als Experten für die verlorenen Dimensionen der Politik (Anschaulichkeit, Sinnlichkeit)

Doch auch die scheinbar ideale Stimmigkeit des Künstlerviertels als thematische Verdichtung der sozialen und praktischen Seite von Kunst – ob im politischen Sinne: Kunst als Verbesserung der sozialen Praxis; oder im existentialistischen Sinne: Lebenskunst – hat ihre Evidenz von einer anderen Konjunktur geborgt: Die Stadt als Thema schmückt nicht nur die Rätselseiten des »Zeit-Magazins« und die Sondernummern des »Spiegel«, sie bleibt auch Dauerbrenner als Party-Smalltalk, bringt immer neue Theoriestars hervor und entlastet alle möglichen Notlagen. In der Stadt wird nicht nur wieder diskutierbar, wie und daß sich Theorien des Sozialen »umsetzen« lassen, daß aus politischen Ideen gesellschaftliche Wirklichkeit entsteht – natürlich nie die erwünschte, aber das war bei linker Politik schon immer so. Es wird auch umgekehrt anhand der Stadt klar, daß das Lösen eines politischen Problems eine praktisch sinnliche und ästhetische Seite hat.

Die Stadt als Thema unterbricht die oft als »abgehoben« denunzierte Theoriewelt der linken und postlinken Intellektuellen und unterstreicht die Bedeutsamkeit der Künstler als Pragmatiker. Das betrifft nicht zuletzt auch den eher traditionell (also zunächst nicht sozial) orientierten Künstler, was nicht nur dessen Legitimationskrise angesichts von Theoriedruck lindern könnte, gilt aber ebenso für all die Kreativen, die nicht Bildende Künstler im engen Sinne sind, aber durch Inhalte, also Werke im weiteren Sinne, auffallen oder eingreifen. Der Künstler stellt nicht nur einen flexiblen, neuartigen Berufstypus dar (der von ganz oben bis ganz unten in allen Schichten/Klassen denkbar ist, also klassenmäßig unbestimmt bleibt und gerne den Status behauptet, den er gerade nicht hat), sondern ist auch Experte für die sinnliche Dimension von Politik (oft die Kompensation politischer Mängel qua sinnliche Freuden a.k.a. Dekoration). Das Potential dieses Begriffs vom Künstler kann man nur genauer ansehen, wenn man nicht allein die »autonomen« Künstler, sondern dazu all die 15 300 Redakteure und Autoren, 13710 Designer, 13 550 Künstler, 12 450 Musiker und 12 940 Entertainer einbezieht, die zur Zeit z. B. in New York leben sollen.[9]

Die Unerwünschten und die Unabhängigen

Man kann der gegenwärtigen Stadtdiskussion vielleicht zwei Motive unterstellen. Zum einen wird sie von einem mobilen, neuen Kleinbürgertum geführt, der Klientel der Städtetour-Werbung, von Kulturreisenden, die sich auch im Berufsleben aussuchen können oder müssen, wo sie wohnen und arbeiten wollen (und daher ständig den Status von Städten untereinander neu aushandeln). Diese Klasse benutzt zunehmend Verfahren und Motive der Architektur- und Urbanismus-Kritik sowie diverse Neo-Situationismen zwecks besserer Orientierung zwischen Zwängen und Angeboten des (kreativen) Berufslebens. Als Schicht mit relativ hohem »Selbstverwirklichungs«-Koeffizienten denkt sie oft über dieselben urbanen Zonen (Innenstädte, Altbauten) nach, die ihre gewählten Volksvertreter, in Deutschland oft Grüner oder sozialdemokratischer Provenienz, als Problemzonen kennen, an denen viele unerwünschte Metropolenbewohner leben oder sich aufhalten: Migranten, Arbeitslose, Obdachlose, Junkies. Wobei die Unerwünschten in bestimmten sozialen Aggregatzuständen gerade das Material für die Romantisierungsbestrebungen der Unabhängigen ergeben können, so daß sich mitunter eine groteske Verknüpfung der Interessen ergibt. Sowohl Migranten – um nur ein Merkmal der meist Unerwünschten zu nennen – als auch Kreative haben dabei angeblich einen externen, »fremden« Blick auf die Stadt. Beider Wege überkreuzen sich in bestimmten schummrigen Gegenden, in die den einen die Not, den anderen der Lebensentwurf geführt hat (und in früheren romantischen Versionen des Kreativen waren Not und Lebensentwurf auch wieder dasselbe).

Diese Überschneidungen sind das entscheidende Moment von »Boheme« im emphatischen Sinne. Aber es »liegt eine Täuschung darin, zu glauben, die Bohème sei, wenn auch nicht rückholbar, so doch nachahmbar, sie ist nicht einmal dies.«[10] Diese Warnung mag zwar für programmatische Absichten zutreffen, aber Kapitalismus ermöglicht Boheme immer wieder da aufs Neue, wo er den Reichtum und die Armut, die er produziert, nicht auseinanderhalten kann. Die Grenzen, die immerzu errichtet werden, produzieren Abschreckung und Anziehung, doch die Segregation ist niemals vollständig, auch wenn die Zahl der Abgedrängten und Abgeschobenen groß ist und die Motive der Bürger, sich mit ihnen einzulassen, immer weniger prämiert werden. »Die skandalösesten Gassen und Gäßchen verschwinden unter großer Selbstverherrlichung der Bourgeoisie von wegen dieses ungeheuren Erfolges, aber – sie entstehen anderswo sofort wieder und oft in unmittelbarer Nachbarschaft.« [11] Eine Pointe dieser Geschichte ist heute, daß die Volksvertreter einer erfolgreicheren Fraktion der ursprünglichen Bohème heute die Probleme, die deren ehemalige Idole und Weggefährten (Drogensucht, Obdachlosigkeit, »Freiheit«) produzieren, »lösen« und sich benehmen wie just another Staatsmacht.

Bringen die Künstler das Glück in die Stadt?

Wenn Künstler als Instanz in erneuernden oder kritischen Urbanitätskonzepten eine Rolle spielen, werden allerhand Hoffnungen auf sie übertragen. Mindestens richtig im Falschen zu leben oder als Agenten von Gentrifizierung verfallene Viertel auf Sanierung vorzubereiten als Avantgarde der besseren Leute, je nachdem ob Makler oder Dissidenz-Theoretiker von ihnen reden. Als Hedonist und Picon-Trinker, der zu sein ihm geläufigerweise unterstellt wird, soll der Künstler eine besondere Gabe haben, ein Glück zu organisieren, wie Lefèbvre es definiert: »Befriedigungen (...) sind Chancen, Glücksfälle, glückliche Zufälle. Freude und Glück (...) bestehen aus einer Folge von günstigen Fügungen und Zufällen, die Freiheit, die so oft gepriesene, ist nichts als die Geschicklichkeit, solche Zufälle und Chancen richtig zu nutzen.« [12] Genau diese Geschicklichkeit wird den Künstlern zugetraut. So wie die Soziologie ihre vermeintliche »Krise« [13] kompensieren kann, wenn sie nur die Stadt beschreibt, können anderweitig stillgelegte oder mundtot gemachte Befreiungsvorstellungen wieder zu Subjekten finden, wenn sie alternative Lebensformen in Städten vorfinden. Wo »Krieg in den Städten« [14]

herrscht und Entscheidungen zu fällen sind, die weder Architekten noch Politiker durchsetzen können, sind die Künstler gefragt und zwar eindeutig in ihrer alten Jahrhundert-Rolle als Avantgarde. Meistens treibt diese wie ein Gleisarbeitertrupp nur Strukturen in sozial unwegsames Gelände (East Village, Kreuzberg, St.Pauli), aus dem sie sich dann selber wieder vertreiben lassen muß.

Für eine gewisse Zeit aber können sich Künstler als Späh-Truppen des Glücks wahrnehmen, die oft unter großen Verlusten (bürgerliche Existenz, Zukunft) ein paar Jahre der Exzesse, der Chancen und der Zufälle erkämpfen. Diese helfen dann, die Gegend mit dem Image des Künstlerviertels auszustatten, das man dann anschließend denjenigen kaufkräftigen Mietern verkauft, die in der Lebens-Zeit, die andere dem Exzeß gewidmet haben, eine Ausbildung gemacht haben und nun vom hohen Mietpreis auch versäumtes Leben zurückkaufen wollen. »In einigen Vierteln von Paris beträgt der Wert eines Hauses eine Million, nicht weil die in seinen Mauern repräsentierte Arbeit eine Million wert wäre, sondern weil (...) die Literatur seine Straßen (...) bekannt gemacht hat.«[15] Das Glück, die Verkettungen, Zufälle, genutzte Chancen bleiben noch eine Weile, lange nachdem die einst Glücklichen schon wieder zu Elenden geworden sind an der Architektur haften. Im Immobiliengeschäft handelt man gerade mit der relativ langlebigen und personenunabhängigen Seite von Dingen, die wir uns meistens nur als extrem flüchtig und personenabhängig vorstellen können: Stimmungen, Glück, Versprechungen.

Der Efeu des Lokalen überwuchert die Gesellschaftsmodelle

Was Mike Davis über Los Angeles geschrieben hat, ist von grundsätzlicher sozialpolitischer Bedeutung, ebenso wie ein Gesellschaftsmodell. Aber er konnte es nur von dem konkreten Los Angeles her zu einem allgemeineren und übertragbaren

Gedanken werden lassen. Die lebensweltlichen Aspekte von Los Angeles liefern seinen politischen Überlegungen nicht die konkrete Realität nach, sondern Los Angeles zwang ihn – unter dem Druck diverser formaler, historischer, ökonomischer und anderer Befunde – auf der analytischen Ebene umzudenken. Das prekär gewordene Verhältnis zwischen Stadtsoziologie und allgemeiner Gesellschaftstheorie ist nicht nur das von Induktion und Deduktion, sondern ein Mißverhältnis zwischen allgemeiner Gesellschaftstheorie und jedem aktuellen, konkreten Stand von Gesellschaft. Die Stadt ist heute für Theoretiker wie Davis nicht mehr der anschauliche Fall der komplexen und abstrakten Gesellschaft, umgekehrt war jede Theorie der Gesellschaft zu einfach, alt und modellhaft. Die Beziehungen zwischen beiden ist gestört. Die lokale Stadt ist nicht mehr einfach ein Fall von Gesellschaft, vielmehr ist Gesellschaft von lokalen Dimensionen überwuchert. Insofern erweisen sich auch die architektonischen Schutzgebiete gesunden Menschenverstands, die Residuen sinnlicher Vernunft als verloren, wenn man zeitgenössische Städte untersucht, da sie auf organische Verknüpfungen von soziologischen Begriffen und Anschaulichkeiten angewiesen sind. Weil aber sowohl jede urbane Sozialität als auch die Selbstreflexion der Gesellschaft solch rasche, automatische Lesbarkeit braucht – dafür reicht nicht nur die verdoppelnde Ebene von Stadt-Image, Selbstbild, Tradition –, werden Künstler gebraucht, weniger als Designer neuer Images als in jener Doppelrolle des Produzenten von Lebenswelt (wofür man ersatzweise auch gerne Migranten nimmt) und der qualifiziert-flexiblen, oft ungebundenen, kulturell rege konsumierenden Arbeitskraft.

Urbanismen, Tendenzismen, Historismen – Orientierungen von/für Künstler?

Der Versuch, die aus Stadtbeschreibungen gewonnenen Einsichten auf den Rest der (ersten, kapitalistischen, technologischen) Welt zu übertragen, nimmt meist die Form der Tendenz an.[16] Das ist nicht erst seit Jules Verne ein ebenso attraktives wie unseriöses Verfahren. Schließlich ist der Reiz des anschaulichen Einzelfaktums Stadt gerade ein Indiz für die Mängel tendenzistischer Betrachtungen, deren Mechanik ja immer dem letzten, also veralteten Modell folgt. Wenn das – quasi »unvoreingenommene« – Studium einer konkreten Stadt etwas Neues hervorbringt, kann dieses Neue kaum ermittelt werden, wenn man ein neues Faktum unter Verwendung der Rechenart, die das letzte Modell begründet hat, ermittelt – wenn plötzlich viele junge Leute Skateboard fahren, heißt das gesellschaftlich etwas ganz anderes, als wenn viele surfen; auch wenn die zwei Konstanten (viele junge Leute; ein neues Sportgerät) suggerieren, daß man die gleiche Logik oder Rechenart in Anschlag bringen könne. In vielen Fällen verläßt sich nun auch der (Sozial-)Wissenschaftler da, wo er nicht mehr mitkommt, auf die Künstler: sei es als organische Intellektuelle (Rock-Musiker, Rapper), sei es als Visionäre der noch latenten Zukunft (SF-Regisseure, -Autoren, Bildende Künstler) oder eben als Protagonisten eines neues Lebensstils. Wenn aber die Künstler Miturheber oder Paktierer dieser tendenzfähigen Anschaulichkeit sein sollten, dann sind sie es in der Regel wieder nicht alleine als Produzenten, die hinter Werken verschwinden, sondern bald – spätestens, wenn Presse, Funk und Fernsehen von der Wissenschaft übernehmen[17] – wieder als konkrete, sichtbare, lokale Leiber, die Material für Fotostrecken und Festnahmen, Faszinosa und Fetischismen bieten. Sie fungieren als sinnliche Gewißheiten über unklare gesellschaftliche Phänomene des urbanen Raums. Sie sehen nach was aus. Ihre Werke hingegen werden den allgemeinen Abstrakta – Gesellschaft, Markt, Welt und Geschichte – zugeordnet, nicht selten flankiert vom vorauseilenden Gehorsam des Künstlers. Der ist es schließlich gewöhnt, sich der geteilten Wahrnehmung durch ein einerseits globales

Kunstwährungssystem und ein andrerseits auf Lokalitäten rekurrierendes Szenebeobachtungssystem zu fügen.

Zuletzt konnte man darunter leiden, aus Seattle zu stammen, mit diesem biographischen Datum war die Entmündigung schon vollzogen, während, ungeachtet der damit verbundenen Zuschreibungen, die Werke weltweit kursieren und ganz anders übersetzt werden konnten. Die Werke, die dieser Spaltung entgegen irgendwo zwischen Welt- und Marktbedeutung einerseits und Szene- und Lokaltraditionsbedeutung andererseits bleiben, haben die größere Brisanz, jedenfalls dann, wenn ihnen die Rückkoppelung auf das lokale Entstehungsambiente gelingt. Sie vermitteln dann zwischen lokal und lokal, aber in der Form des normalerweise Globalen (in der Popmusik immer wieder zu beobachten: Stadtszenen – wie z. B. Techno in Berlin und Techno in Detroit – kommunizieren unter sich über das Wahrgenommen-Werden in einem globalen Kommunikationslokal, bei dem alle anderen Städte auch zuhören).

Was wurde aus dem politischen Unbewußten der Künstler?

Statt Tendenzen zu beobachten, würde ich als Heuristik vorschlagen: Was wir an Vergangenheit und Gegenwart von Künstlervierteln erkennen können, läßt sich vielleicht nutzen als Beschreibung des politischen Unbewußten der KünstlerInnen; der Chancen und Probleme ihrer eher kontinuierlich auf die Gegenwart sich zubewegenden sozialen Praxis – der Doppelrolle, das Material und dessen Deutung zu liefern. Diese Funktion haben sie sich oft nicht selbst ausgesucht oder ausgedacht, auch wenn ihre Manifeste das behaupten. Sie waren und sind Avantgardisten bestimmter Lebens- und Produktionsformen des Spätkapitalismus, nicht selten Parteisoldaten von Kommunisten (und auch Faschisten) – und immer verstrickt. Sie waren mit der Durchsetzung und Verwerfung von Lebensformen lange schon beschäftigt, bevor andere sich damit beschäftigen *mußten*. Was sie aus diesen Lebensformen machten, wie sie sich diese vorstellten, läßt sich aus der Geschichte dieser Formen besser ermitteln als aus der Interpretation der Werke. Daß alle dabei verwendeten Selbst- und Fremdbilder des Künstlers und die Begriffe, aus denen sie gemacht sind, seit geraumer Zeit allgemein und mit sich beschleunigender Geschwindigkeit aus den Fugen geraten (Autor, Werk, Bedeutung, Interpretation, Entwicklung, Unabhängigkeit, Einfluß, Wirkung, Originalität, Copyright, Urheberschaft, Authentizität, Wahrhaftigkeit, Schönheit), ohne durch ganz andere ersetzt worden zu sein, könnte einen Verdacht erhärten. Man kann nämlich die Bestandteile dieses politischen Unbewußten auch anderswo erwarten (und mit ihnen eine Politik machen), weil sie als Begriffsplitter nach der Explosion der sie zusammenhaltenden Begriffe, Modelle und Identitäten längst viel mehr Leute erreicht haben: als Selbstbilder wie als Fremdbilder, als Befreiungsidentität wie als Norm. Was sich in der Konfrontation der Künstler (und ihrer gleichgesinnten Freunde) mit urbanen Realitäten bricht und im Bruch erst freigelegt wird, ist nach all den Legenden vom Künstler, seiner andauernden Präsenz in Geschichte, Legitimation und Erklärung längst das Zeug, mit dem auch anderswo schlummernde Subjektivitäten sich ausgerüstet haben. Was Beuys und andere diesbezüglich so emphatisch verkündet haben, ist aber keine anthropologische Konstante, sondern eine historische Neuheit. Daß jeder ein Künstler ist, war in den 60ern nur ein Grund zur Freude, heute ist es eher einer für Skepsis – man sieht, natürlich auch zu Recht, vor allem das Erzwungene an der Bohemisierung, den Verlust sozialer Sicherheit.

Doch auch Nuggets radikaldemokratischer, antikapitalistischer[18] Momente überleben zuweilen als Verhaltenspartikel der alten Bohème, die sich dann bei Verteidigung irgendeines proletarischen Freizeitspasses ebenso finden wie bei der Besetzung eines Hauses oder einer Bedeutung – und genauso verlorengehen, wenn aus ersterem irgendein Gangterror wird oder im zweiten ein Stalinismus oder im dritten RTL Plus einzieht. Es ist dasselbe Material und dieselben Spannungen – so die Hypothese. Die Doppelrolle wartet auf alle – tendenziell.

2. WAS WOLLEN DIE KÜNSTLER VON DER STADT?

Drei Sorten: Kämpferkünstler – (Zwei) Freunde: Remmidemmi (mit Folgen) – Eremiten

Daß Künstler im Zusammenhang mit Politik genannt werden, ist in dieser Selbstverständlichkeit ein eher junges Phänomen. Als diffuse »Gefahr«, Problem wird zwar ihre Lebensweise seit Plato, spätesten aber seit den ersten Bohemiens im Paris des 19. Jahrhunderts geschildert. Doch erst seit den Surrealisten und vor allem in der Nachkriegszeit gibt es nicht nur Künstlerbewegungen, die sich politisch verstehen, oder an politischen Bewegungen beteiligte Künstlersubjekte, sondern auch Kunst als Durchgangsstadium für Politik. Die Linie SI/Sektion Deutschland – Subversive Aktion – SDS ist oft beschrieben worden, die Politisierung der Beatnik- und späteren Hippie-Szenen an der US-amerikanischen Westküste gehört in die gleiche Rubrik, ebenso Geschichten aus Punk- und Nachfolgebewegungen überall in der Welt und ihrer Beziehung zu Hausbesetzern, Squattern, Autonomen. Daneben gibt es die Künstler, die nicht explizit politisch sind, aber deren Lebensformen, Konzentration in bestimmten Blocks und Vierteln homolog zu den Eingriffen explizit politischer Künstler verlaufen, solange sie sich untereinander dulden und pflegen. Schließlich gibt es die anti-sozialen Künstler, die in ihrer Zurückgezogenheit auch ein wesentliches Element ihres Künstlertums sehen. Auch von ihnen wird auch noch zu reden sein.

Was ist die zentrale Frage des Künstlerviertels?

»Eine zu große künstlerische Empfindsamkeit ist ein krankhafter Zustand, der nicht ohne Gefahr für die Gesellschaft verallgemeinert werden darf.«[19] Die Frage, ob man Gefahren für die Gesellschaft nun begrüßt – vielleicht auch, weil man die Empfindsamkeit für die Subjektivität einer besseren Gesellschaft hält – oder nicht, so bleibt sie doch das Problem der Künstlerviertel. Wie können es die Einmaligkeiten des Künstlers ertragen, in einer urbanen Verallgemeinerung aufzugehen? Werden sie dadurch gesellschaftlicher? Oder wird ihre gesellschaftliche Seite so erst recht neutralisiert, abgeschoben in eine Idylle, in der sie keinen Schaden anrichten kann? Ist der von der Band Mutter lancierte Slogan »Eine eigene Gesellschaft mit einer eigenen Moral«, wenn man ihn architektonisch-urban auslegt, mehr als die Zustimmung zur eigenen Internierung? Ist er vielleicht gerade das – immer noch im urbanen Modell – einzige Bild von Utopie, das deren Anfeindungen überlebt hat: ob im Internet, dem Fanzine, aber eben auch dem Viertel? Oder handelt es sich um eine Idee von Politik, die als einzige die Utopie ersetzen kann, weil sie eben nicht von einem Nichtort (Utopie), sondern von vorhandenen, verfügbaren, erkämpfbaren Orten ausgeht? Kann also die eigene Gesellschaft »eigen« als die Qualität beschreiben, die von einer verwalteten Welt als »krankhafter Zustand« ausgeschlossen werden soll? Und wie kann die Begrenzung und Bestimmung als nur »eigen« im Verhältnis zum Status Quo mehr sein als nur die Forderung nach der jeweils günstigsten Ausschließung?

Es ist auffällig an der Entwicklung von Berlin in den 90ern, daß die zwei Pole, die früher ein Gleichgewicht in den Künstlervierteln bildeten und sich ko-extensiv entwickelten, die zwei Pole, zwischen denen man wechseln konnte, heute auseinanderfallen. Einerseits die »Doppelrolle« – neuartiges Leben in neuartigen Gegenden, dessen Material man ist, das man aber gleichzeitig deutet, wie z. B. in Friedrichshain – und andererseits die »Internierung« – abgeschottetes Künstlerleben in eigenen Vierteln mit eigener Moral, wie z. B. früher Kreuzberg. Die Voraussetzung zu abgeschotteten Gegenden – im neuen Berlin architektonisch reichlich vorhanden – wird von Stadt und Kommerz bekämpft; die Doppelrolle, oder zumindest ein Leben das so aussieht, drastisch gefördert. Überall wird aus dreckiger Romantik eine neue, noch der Interpretation harrende Urbanität, für die man dringend Vertreter braucht, die attraktiv bevölkern und deuten. Nur der Prenzlauer Berg konnte sich noch eine Weile erfolgreich abschotten.

Künstler als Migranten- und Mieter-Avantgarde

Verbreitet und verständlich ist auch der Fall des Künstlers, der nicht (mehr) im Künstlerviertel leben will. Neulich kam wieder die Meldung aus Williamsburg: »Das Studio ist schön, die Miete ist niedrig, aber die ganze Gegend ist überflutet mit Künstlern«. Nach Williamsburg, also auf die andere Seite des East River, zogen die New Yorker KünstlerInnen nach einer langen, kontinuierlichen Phase der Verdrängung Richtung Osten. Vom Greenwich Village ging es über die in der Mitte Süd-Manhattans liegenden Viertel SoHo und TriBeCa ins East Village und nach dessen Boom und Gentrifizierung in den westlichsten Stadtteil Brooklyns, nach Williamsburg. Tatsächlich waren all diese Gegenden vor der Entdeckung durch Künstler und die sie umgebenden Randfiguren, für Spekulanten wertlos gewesen. Entweder handelte es sich um leere Speicherstädte (SoHo, TriBeCa), oder sie waren von geschlossenen, aber finanzschwachen ethnischen Gruppen belegt (East Village: Polen und Puertoricaner), bevor die »artists as virus, or as leading edge of gentrification« [20] kamen. Natürlich stehen die Künstler diesen Communities nicht feindlich gegenüber. Und sie wissen, daß sie selber von der Gentrifizierung betroffen sein werden: »On the one hand, we are the avant-garde of gentrification, or on the other hand, we are scavengers.«[21]

In Hamburg ist ein kunstsinniger Erotica-Spezialist damit beschäftigt, das von diversen Gegenkulturen in den letzten sieben Jahren aufgewertete St. Pauli rund um den Hans-Albers-Platz luxuszusanieren. Doch die üblichen Übel von Gentrifizierung – Vertreibung finanzschwacher Mieter und Geschäfte unter Vorwänden wie Drogenbekämpfung und Sanierung – können nicht erklären, warum immer signifikant viele in der gleichen Richtung den übriggebliebenen billigen Atelierraum suchten und fanden. Warum blieb Mark Dion der einzige, der es mit Harlem versuchte?[22] Neben naheliegenden Erklärungen – Bequemlichkeiten für Leute mit ähnlichen Bedürfnissen, in der gleichen Gegend zu leben – scheint ein anderer Grund für die nomadenartig synchronen Bewegungen vorzuliegen: die jeweiligen neuen Viertel sind nicht nur das nächstbeste oder kleinere Übel, sie haben eigene romantische Qualitäten, unabhängig von ihrer neuen Population, die sich nicht nur aneinander reiben will. Nicht umsonst kommt die Beschwerde von Künstlern über zu viele Künstler immer erst einige Jahre nach der Migration in das neue Viertel auf, wenn an die Stelle der Unberechenbarkeit, die die Romantik ausmacht, die Berechenbarkeit getreten ist, mit der man seinesgleichen begegnet. Statt an die inspirierenden Klassenkämpfe der Vergangenheit, wird man an die eigenen aktuellen Konkurrenzkämpfe erinnert.

Künstlerkämpfer/Lumpenproletarier

Was aber sind die Kriterien, die eine Gegend über niedrige Mieten hinaus in the first place attraktiv erscheinen lassen? »Ich hatte versucht, zu ergründen, aus welchen Stoffen das sanfte, einmalige Dunkel der Häuserfluchten bestehen konnte, und gefunden – was sicher schon Unzählige vor mir entdeckt hatten, weshalb es mich aber nicht weniger gefreut hatte, es noch einmal zu entdecken –, daß nur Jahrhunderte reicher Vergangenheit es hatten erzeugen können: es waren Straßen, gealtert und geklärt wie Weine.«[23] Das gilt schon für die allerersten Generationen urbaner Bohemiens. Das Terrain muß schon eine Geschichte gehabt haben, muß an Kämpfe erinnern, gezeichnet oder einfach nur von Verfall und Elend geprägt sein. »Die Dichter finden den Kehricht der Gesellschaft auf der Straße und ihren heroischen Vorwurf an eben ihm.«[24] Lumpensammler und Obdachlose treten als Figuren auf, mit denen die Dichter/Künstler sich – ästhetisch/methodisch (Baudelaire) oder schon politisch (Courbet) – identifizieren oder verbunden fühlen. Beides ist immer schon gekoppelt an eine Heroisierung, die der Verfall, das von der Geschichte Geschlagene, die »Depossedierten« dem Dichter/Künstler bieten. Dieses Verhältnis zu den Arbeitslosen und armen Arbeitern und ihren Vierteln ist stabil geblieben. Ihre Geschichte, Leiden, Niederlagen garantieren dem Bohemien, der mit ihnen oder unter ihnen lebt, einen gegenüber dem fortschrittsgläubigen Bürger, gegenüber den behüteten Kindern des Establishments und den Spießern privilegierten Blick.

Jules Vallés nennt die, die beschlossen haben, dort zu wohnen, »Abtrünnige«: Sie wohnen »in öden Straßen, in schmutzigen Ecken, in schaurigen Hotels, auf der Treppe eines Neubaus, in dem Sessel eines alten Freundes.«[25] Bei dem 1871er-Kommunarden Vallés mischt sich unter dem Begriff der Abtrünnigen schon der freiwillig »Abtrünnige«, der Bohèmien aus ehemals gutem Hause, wie Baudelaire etwa[26], mit den (lumpen)proletarischen Helden des 20. Jahrhunderts. Ein gutes »Künstlerviertel« in diesem Sinne hebt genau diese Unterscheidung auf. Weniger in Frage kommen die geschlossenen Arbeiterviertel, die übersichtlichen Siedlungen englischen Musters, auch nicht die Mietskasernen, sondern eher die unklaren Viertel heterogener Architektur. Lauter uralte, aber gleichaltrige Blöcke, Straßen erscheinen niemals als gealtert und geklärt wie Weine, sie müssen in sich heterogen und verschieden alt sein, um ihr Bouquet entfalten zu können. Die ästhetische Faszination, die politische Solidarität, schließlich die Identifikation mit den »Elenden« sind die Formen, die im Laufe des 19. Jahrhunderts als literarischer Stoff wie als echtes Leben erprobt worden sind. So erprobt, daß sie nicht immer zu trennen sind, nicht wie Kunst und Politik unterschieden sind. Die Unterscheidung zwischen einem Künstler, einem Stadtstreicher, einem Abenteurer durfte, besonders während der großen revolutionären Kristallisationspunkte, verschwimmen.

Eremiten/Künstlerdörfer/Sekten

Noch die scheinbar einzelgängerischsten und antisozialen Künstler und ihre Historiographen sind stolz auf ihr Habitat, wenn es denn diese Qualitäten bietet. Ein aufregend-abenteuerliches Soziales ist dem Anti-Sozialen geradezu ein Beleg für seine Einzigartigkeit. Der Einzige hat seine Sache eben gerade nicht auf nichts gestellt, sondern auf ein besonders raffiniert gesuchtes Etwas, das über alle sozialen Qualitäten verfügt. »During these years Jarry lived off the Boulevard de Port Royal, at the foot of a dead-end alley so narrow two people could not walk abreast«.[27] Diese Künstler und andere, die die soziale Dimension des Anti-Sozialen nicht wahrhaben, verschleiern oder verschweigen wollten, tendieren zur Gründung von Geheimgesellschaften, klandestinen Salons und Landkommunen, in denen sie unter sich bleiben können. Genau darin wäre der anti-soziale soziale Trieb auch auf den Punkt gebracht: eine isolierte »Elite« eines Programms. Two people konnten auf dem Monte Veritá oder unter den Pataphysikern zwar abreast walken, aber sie lebten unter verhängten Regeln, in einem Sozialen, das sich von einem entscheidenden Element des Sozialen abzukoppeln versuchte – der Unvorhersehbarkeit und der Kontingenz, die in Verschränkung mit

Überschaubarkeit, Anschaulichkeit und Konkretheit gerade das Entscheidende an der städtischen Erfahrung von Gesellschaft ausmachen. »Aus einer im Zentrum einer Großstadt spontan entstandenen, lose verbundenen, kleinen Wohngemeinschaft ist im Verlauf von kaum fünf Jahren eine wohlorganisierte, große Landkommune hervorgegangen (...) Mit ihrem (...) Programm der Lebensreform vermeinen sie über ein wirksames Universalheilmittel zu verfügen. (...) Die spontane existentielle Communitas wird normativ.«[28] Nämlich dann, wenn sie – meist unter Leitung eines Guru Mühl oder Manson, von Laban oder Vogeler etc. – gut isoliert ist. Aber auch die Biographen der Kiki de Montparnasse notieren etwa erfreut, daß das Konzept der freien Liebe und die allgemeine Ungezwungenheit ungemein davon profitierte, daß anders als in anderen Künstlervierteln wie Montmartre in Montparnasse die Prostitution unterbunden wurde und die »Polizei (...) kriminelle Elemente fernhielt.«[29] Die Stadt Paris half den Künstlern, sich von den Problemen kapitalistischer Urbanität abzukoppeln, die möglicherweise die auch nicht so offenen Machtverhältnisse innerhalb ihrer utopistischen Experimente offengelegt hätten.

Ich will solche Versuche Künstlerdörfer nennen: Es sind Versuche, bei denen einzelne oder Gruppen eine eigene Gesellschaft außerhalb normaler Verhältnisse gründen wollen; im Gegensatz zu Künstlervierteln, wo eher subjektlose Dynamiken unterschiedliche Leute zu Verhältnissen geführt haben, die ihnen erst im Laufe der Zeit als »eigen« und bewahrenswert oder ausbaufähig erschienen sind. Mein Interesse an letzteren ist größer. Das Künstlerdorf ist immer eher außerhalb, am Rande oder ganz Draußen (auf dem Berg oder dem Lande), oder es realisiert sich, als Geheimgesellschaft, aus Mitgliedern, deren Aufenthaltsort uninteressant ist. Das Künstlerviertel ist dagegen immer ein Gebiet in einer größeren urbanen Einheit, die es umschließt, wie ein umbautes Dorf. Die Grenzen und Übergänge zwischen Dorf und Viertel sind so fließend, wie die Population natürlich nicht homogen.[30]

Ein guter Freund (Künstlerviertel)

Die Künstler, die weder Einzelne sein wollen und als Führer oder Vasallen enden noch in einem Volk, einer Klasse, einem Viertel, einer Nacht aufgehen wollen, finden meistens *einen* Freund. Die Einzigartigkeit der übergroßen Sensibilität sucht sich eine zweite, ohne ihr Prinzip an Gesellschaft verkaufen zu müssen. Die zwei (oder drei) entwickeln eine Dynamik, die mehrere anzieht, dann bildet sich eine Gruppe, sie siedeln irgendwo, wo einerseits die Mieten billig, die Romantik des Viertels intakt (gerne auch Rotlicht), andererseits eine Infrastruktur aus Institutionen, Kneipen, Cafés in ausreichender Dichte vorhanden und nutzbar ist. Für diesen Typus zählt aber neben solcher Vorzüge, die eher alte Arbeiterquartiere oder heruntergekommene »bessere« Wohngegenden zu bieten haben, die Nachbarschaft der staatlichen oder etablierten Institute/Bühnen, die von Montparnasse bis zur Düsseldorfer Altstadt, von SoHo bis St. Pauli, von Chamberri bis zum 1. Bezirk immer in der Nähe waren.

Das sind die konventionellen Künstlerviertel, die hohe Stabilität oft über Jahrzehnte entwickeln konnten. Freilich oft nur um den Preis, daß sie ihrer Entdeckergeneration die Möglichkeit gaben, ihre ganze Karriere lang an einem Ort zu bleiben, während die Mieten stiegen und diese Viertel nachfolgenden Generationen versperrt waren. Sie blieben dann Künstlerviertel, aber ohne jede Dynamik. Nach den letzten Krisenjahren ist SoHo heute wieder etwas offener, Montparnasse konnte nach dem ersten Weltkrieg einige Veränderungen verzeichnen, aber in der Regel fallen diese Orte durch mangelnden Blutaustausch in die Falle selbstinduzierter Gentrifizierung und werden zu Orten der Establishment-Kunst. Dennoch weisen sie in allen Stadien hohe Kommunikationsdichte auf, entwickeln die psychologischen Qualitäten, die nur dann entstehen, wenn so viele auf einem Haufen leben, die sich von Stimmung und Stimulanz ernähren. Als sich in den 80er Jahren Künstler in New York wieder politisch organisierten, suchten sie nach einer allgemeineren Definition ihres Berufes, die sie dann in der guten alten Aufhebung der Trennung von Arbeit und Leben bei Künstlern gefunden haben wollten. Sie merkten schnell, daß sie diese Definition mit den Obdachlosen teilen. Da waren sie wieder da, wo Baudelaire einmal ganz anders motiviert angefangen hatte.

Die Kommunikationsdichte teilt aber so ein Künstlerviertel mit vielen Uni-Vierteln – wie sich so manches hier über die Funktion von Künstlerwanderungen in der Stadtpolitik Gesagte zunehmend auf die Wanderungen der Studierenden übertragen läßt. Und der Tendenz durch die Besonderheit der künstlerischen Kommunikation die Stimmung aufzuheizen, steht die andere entgegen, daß durch Häufigkeit und Ritualisiertheit, eben Dichte, auch die Intensität wieder abnimmt.

3. BILDER UND TEXTE

Groß-Städte

Als das 20. Jahrhundert sich meldete, schrieben die Dichter auch selber ihre Theorien der Städte, von denen sie sich bis dahin nur hatten inspirieren lassen. Steht in der Stadttheorie von heute der potentiellen Lösbarkeit von Problemen die Omnipräsenz aller zeitgenössischen sozialen und politischen Widersprüche gegenüber, so kontrastierte im Stadtroman die Gegliedertheit und Erschlossenheit (Metro) der Stadt mit der radikalen Kontingenz des Stadtlebens. Für diesen Kontrast mußten andere Bewältigungsmethoden gefunden werden als die alte Romanform, man borgte sie sich von der Stadt selbst. Alfred Döblin, John Dos Passos oder Camilo José Cela verabschiedeten sich von narrativer Linearität ausdrücklich im Namen der Stadt, die sie als Kulisse wählten. In gewisser Hinsicht war das ein Abschied von den romantischen Vierteln des vorangegangenen Jahrhunderts: Manhattan, Madrid und Berlin wurden nun *ganz* durchkämmt, der Autor war nicht länger Sympathisant *eines Schlages* von Leuten, sondern mußte überall sein, die Überwindung der Distanz mittels Metro und Automobil war gerade der neue Kick. Von wo aus konnte er so objektiv sein? Nun, er war Schriftsteller, und zwar von der Sorte, die als letzte vom Roman ein Ganzes verlangte, ein Ganzes der Zeit, der Epoche, der Gesellschaft, ein synchronoptisches Bild, das die Bildenden Künstler so nicht liefern konnten. Experten des Ausschnitts wurden in gewisser Hinsicht abgelöst von den letzten Experten des Ganzen, und die Vorlage dafür lieferte die ganze Stadt. Das war in der Epoche der letzten großen Expansionen und Eingemeindungen. Dos Passos erwähnt immer wieder die Vereinigung der fünf Bouroughs Brooklyn, The Bronx, Queens, Manhattan und Staten Island zu Groß-New York, Paris schöpfte die letzten nicht genutzten Flächen innerhalb der Peripherie aus. Offensichtlich waren die Größe der Stadt, ihr Wachsen, ihre Strukturen (Ringmodelle, nordamerikanische Raster) nicht nur für Literaten, sondern bald auch für die Bildenden Künstler wichtiger als das Viertel mit seiner Urwüchsigkeit.

Zone: Heimat und Fremdheit, Neuheit und Langeweile[31]

Eine Dialektik zwischen Viertel als »Heimat« und der Stadt insgesamt als Synonym für Neubau, Expansion, Technologie hatte es indes schon länger gegeben. Es würde zu weit führen, zu zeigen, daß der Flaneur weniger ein überall gleich heimatloser Beobachter war als ein Akteur, der persönliche Heimat-Fremde-Spannungen für sich inszenierte und dabei zwar konventionelle Definitionen der zwei Seiten aufhob (etwa in dem Sinne, daß die Straße die Heimat, der geschlossene familiäre

Raum dagegen fremd ist: ein vertrautes Motiv aller LSD-User, das Fremd-Werden des Vertrauten und Vertraut-Werden des Fremden); die Pole als solche blieben aber erhalten. »Zuletzt bist du müde dieser alten Welt«, schrieb Guillaume Apollinaire. Die alte Welt ist Paris, die Hauptstadt des 19ten Jahrhunderts. Du suchst das Neue mit deinen Freunden an »Flughafen-Hangars« und bei der »Religion«, schlenderst indifferent weiter, läßt dich von Migranten-Familien rühren, nennst sogleich, »die Augen voll Tränen«, die Straßen, wo man sie sieht, »Rue des Rosiers oder Rue des Écouffes«, schwärmst von Spelunken und legst dich schließlich zur Ruhe in Auteuil, also an der Peripherie, begibst dich »nach Hause/ Willst schlafen zwischen deinen Fetischen von der Südsee und aus Guinea«. Die alte Welt ist vertraut, aber langweilig, die neue fremd und interessant, fremd und positiv, die Migranten besiedeln den Gefühlspol, der von Schmutz, Gassen und »Spelunken« umgeben ist. Vollkommene Vertrautheit und Heimat stellen schließlich die vollkommen fremden Fetische her, die freilich als »Christusse (...) von einer anderen Gestalt« vergleichbar gemacht werden.

Das Problem der Heimat im Künstlerviertel stellt sich über die Darstellung der damit verbundenen Spannungen in Apollinaires Gedicht »Zone« hinaus: sind die Koordinaten der »Zone« geeignet, einen Raum auszuzeichnen, der gleichzeitig »Heimat« und »immerwährendes Abenteuer« bietet? Die frühen Parnassianer (»La Rotonde«), die jungen Lettristen (»Moineau«), die skandinavischen Bohemiens bei Hamsuns »Neue Welt« oder Strindbergs »Rotem Zimmer«, sie alle nennen *eine* Kneipe als ihre Heimat (um sie herum Fremde, bzw. vertraut-fremde Feinde); die jungen Kommunisten, Dichter und Künstler in den Romanen von Georg K. Glaser und Franz Jung kennen dieselben Kneipen und dazu ein paar von Genossen kontrollierte Straßenecken, wo man sicher ist vor der Weimarer Polizei und später der SA. Die Bohemiens und CanCan-

Raver vor 1848 in »Jacques Offenbach und seine Zeit«[32] oder die Künstler und Liebhaber von »Kiki von Montparnasse«[33] haben dagegen schon ganze Geflechte von Kneipen zur Verfügung, die ihnen Sicherheit bieten – weniger vor politischen Gegnern als Spießern, Langweilern und höchstens mal der Polizei. Irgendwann während dieser, sich wiederholenden Entwicklungen steigen die Grundstückspreise. Das Geflecht ist leichter zu übernehmen als die einzelnen Stützpunkte in unwegsamem Gelände.

Text/Ort

In Städten, die schon ihre Theorie hatten, die Anlaß und (formales) Vorbild für Texte geworden waren, konnte man sich nicht mehr so leicht verstecken. Illusionen von »Heimat« gingen verloren, was wiederum mit der größeren Übersichtlichkeit, Durchorgansiertheit, Rechtwinkligkeit der größeren und/oder haussmanisierten Städte, den Säuberungen, von denen Kropotkin spricht, zu tun hat (aber auch damit, daß Künstler immer auch gefunden und entdeckt werden wollen). Die Lesbarkeit wuchs nicht nur in den US-amerikanischen Großstädten, sondern sie galt nun auch z. B. für das gesäuberte und immer sauberer werdende Paris. »Paris ist ein großer Bibliothekssaal, der von der Seine durchströmt wird.«[34] Michel Butor unterscheidet mehrere Texttypen, die in einer Stadt untergebracht sind/ sie überlagern: 1. Romane, Reiseführer (die, die Stadt beschreiben, ihr »Image« ausmachen); 2. Werbung, Leuchtschriften, Speisekarten, Verkehrszeichen; 3. Materiell vorhandene Textträger in Buchhandlungen, Archiven; 4. Stadt als literarische Gattung; 5. Textuelle Zeichensprachen in der Stadtarchitektur.[35] All diese textuellen Aspekte der Stadt sind die Feinde eines oder mehrerer Typen des Bildenden Künstler; die meisten Kunstrichtungen der Moderne ließen sich wahrscheinlich als ein Ensemble bestimmter Feindschaften (und auch Komplizenschaften) zu Textualisierungen bestimmen.

Das Problem erstreckt sich auch auf Wohn- und Einzugsgebiete. Schließlich hatte der Bildende Künstler eine engere Beziehung zur visuellen Einmaligkeit eines Ortes, eines Viertels, einer Ecke als jener geübte »Leser« der Stadt, für den das Einmalige jederzeit vergleichbar mit andere Vierteln, Orten und Ecken wurde. Die »heimatlos«-ungebundene Flexibilität der Schreiber beginnt schon bei seinem technischen Aufwand. Er brauchte ja buchstäblich nicht mehr als ein Café, etwas Papier und einen Stift zum Arbeiten – Künstler brauchten Ateliers, Farbengeschäfte, Leinwände, Speicherplatz etc.; Musiker wiederum benötigen Studios, vor allem Bühnen, Orchester, Gigs. Alle Künstlertypen außer dem Schreiber sind mithin auf viel mehr Infrastruktur – also das, was sich emotionalisiert dann »Heimat« oder Neighbourhood oder Community nennt – angewiesen und waren daher viel weniger und erst viel später bereit, Austauschbarkeiten, Formalismen und Nomadismen zu akzeptieren.

Ein zweiter Grund liegt aber sicher darin, daß die visuelloptische Arbeit stärker mit Konkretheiten arbeiten muß als die schriftstellerisch-abstrakte oder imaginäre. »Nicht der Raum, sondern die von der Seele her erfolgende Gliederung und Zusammenfassung seiner Teile hat gesellschaftliche Bedeutung.«[36] Diese Gliederung betrieben die nur an Notizbücher gebundenen Schreiberseelen, die sich eher der »Steigerung des Nervenlebens, die aus dem raschen und ununterbrochenen Wechsel äußerer und innerer Eindrücke hervorgeht«[37], hingeben konnten, anders als die Bildenden Künstler, die tendenziell eher an einem Ausblick, einer bestimmten Ecke hingen: »Einen bestimmten lokalisierbaren Raumteil in der Mehrzahl zu denken, ist ein völliger Widersinn.«[38] Vielfältige künstlerische Projekte seit den 60ern haben dies zum Gegenstand gehabt (u. a. von Douglas Huebler, Daniel Buren).

Ein Jahrzehnt vor solchen Projekten entwickelte sich der Gedanke, daß weder das Kleben an einem Lebens/Arbeits-

Raum noch das Aufgeben der spezifisch bildkünstlerischen Empfindsamkeit die Lösung für das Problem der Einmaligkeit des Raums sein können. Im eigenen Viertel bewirkt das Vertraute irgendwann nur noch eine geringere »Scharfeinstellung«[39] der Sinne, das kontinuierliche Bearbeiten des visuellen Habitats weicht der Erholung von der Steigerung des Nervenlebens, des Abenteuers. Das Abenteuer darf aber niemals enden. Die Situationisten und nach ihnen andere Künstler, die teilweise nicht mehr so heißen wollten oder teilweise nur nicht mehr an Ateliers gebunden waren/sein wollten, erklärten wieder die ganze Stadt zum Einzugsgebiet. Bestenfalls ein stabiler Schlupfwinkel (Kaschemme) als Stützpunkt blieb notwendig.

Situationisten, Graffiti: ein Bild von der ganzen Stadt
Diese ganze Stadt sollte eine andere sein als die der Literatur zu Beginn des Jahrhunderts. Sie war bereits von Austauschbarkeiten und Vereinheitlichungen so entstellt, daß man diese Gleichförmigkeiten in Rechnung stellen, bzw. für bestimmte Aktionen zur Voraussetzung machen mußte, um noch irgendwohin zu kommen, wo Besonderheiten überwinterten. In dem Moment, wo das prinzipiell Ganze der Stadt auf dem Spiel stand und als Gegenstand psychogeographischer Forschungen freigegeben war, wurde es auch wieder schwieriger für die visuellen Künstler: das Ganze, eine Domäne der Schreiber, besonders der Theoretiker. Der berühmte Streit zwischen den Bildkünstlern und den Schreibern in der SI – vgl. im ersten Kapitel in diesem Band den Abschnitt V, »Atmosphären ...« – ging bekanntlich für die Maler, aber auch den zeitweiligen (utopischen) Architekten Constant verloren: Sie alle schieden aus oder wurden spätestens 1962 ausgeschlossen. Wenige Jahre später sollen in Chicago und Detroit die ersten Graffiti gesehen worden sein.[40] Von der Mural-Tradition nicht unbeeinflußt, (deren Ziel ja unter anderem darin bestand, einen Stadtteil zu kennzeichnen und der architektonischen Anonymität

zu entreißen), wurden die ersten Graffiti ausgerechnet dazu benutzt, die Existenz einer Person, Gang oder Community auf den beweglichsten Teilen der Stadt, den U-Bahn-Wagen, unterzubringen. Das war die erste visuelle Reaktion auf die Aufgabe, die Stadt des 20. Jahrhunderts als Ganze zu bewältigen, und es bedeutete quasi die Auflösung des Künstlerviertels zumindest für diesen einen Typus von Künstler. Als Graffiti kurz danach nach New York kam und ein Bestandteil der HipHop-Kultur wurde, war es auch hier zunächst U-Bahn-Dekoration, oft aber auch in dem Sinne, daß das aus der Elends-Peripherie nach Manhattan einreisende Graffito schon den sozialen Aufstieg seines Urhebers symbolisch vorwegnehmen sollte. Gerade die dichtesten, abgezirkeltsten Künstlerviertel dieser Welt, SoHo und später das East Village, nahmen sich der Graffiti an, bevor sie zu ästhetischen Markierungen aller Arten von Jugendprodukten wurden. Nachdem es vorübergehend um sie still geworden war, haben Graffiti heute in den USA wieder die Funktion, die dem Mural ursprünglich zukam: stationäre Markierung von Territorien, besonders von Gangs in genau den Städten und Gegenden, deren Architektur und Struktur jeder Ununterscheidbarkeit Vorschub leistet. Wenn heute weiterhin Züge besprüht werden, dann eher als Ausdehnung und in Beziehung zum ursprünglichen Gang-Territorium. Umgekehrt sind Graffiti längst eines der »freiwilligen« Stigmata geworden, anhand derer die Staatsmacht sich unter Jugend- und Gegenkulturen zu orientieren gelernt hat.

Universelle Diskursgesellschaft

Wenn ich einen Bekannten aus der Kunstszene in Köln auf einer der Straßen treffe, die zum hiesigen Künstlerviertel gehören, ist die Chance, daß wir unsere Plauderei demnächst auf der Green Street, dem West Broadway oder am St. Mark's Place fortsetzen, um einiges größer, als daß wir uns das nächste Mal in irgendeinem anderen Teil Kölns treffen. Willkürlich ausgewählte Namen von KünstlerInnen, GaleristInnen und anderen Beteiligten aus meiner Adressenliste, nach den letzten drei Treffen befragt, ergeben oft drei verschiedene Orte, jedenfalls Metropolen und deren »Künstlerviertel« oder einfach Zentren. »Die Abschottung gegen die unmittelbaren lokalen Probleme scheint den Diskursträgern gerade der überzeugendste Beweis ihrer Weltzugehörigkeit und -geltung.«[41] Umgekehrt kennt diese universelle Diskursgesellschaft mit ihren Stationen in zehn bis fünfzehn Städten oft eine erstaunliche Anhänglichkeit: Es sind immer wieder dieselben (billigen oder teuren, je nach Status in dieser Gesellschaft) Hotels, Flugverbindungen, Restaurants. Künstler aller »Klassen« und nicht nur die Top-Verdiener organisieren sich mittlerweile genau wie Manager, die sich einmal die Woche in der Abflughalle über den Weg laufen. In etwa demselben Maße – das sei hier notiert, ohne ein Plädoyer für »Heimat« oder »natürliche Gegenstände« der Kunst halten zu wollen – fällt auf, wie die künstlerische Arbeit selber statt an großen Formaten, schweren Steinen und Metall sich an Aufgaben orientiert, die eher mit Laptop und Taschenbuch zu erledigen sind.

Von diesen Städten wird bleiben, der durch sie hindurchging

Was bleibt von diesen Städten, deren Bewohner oder Benutzer, sofern sie als Künstler aller Art mit der Repräsentation dieser Orte beschäftigt sind, sich heutzutage gegen das Alltäglich-Lokale angeblich so abschotten? Zieht sich diese besondere Substanz unrepräsentiert in sich selbst zurück, zugänglich nur noch für das sprichwörtliche Original und den Spezialisten? Seit Jahren fordern diesseits und jenseits des Atlantik die Kritiker den großen Gegenwartsroman, immer gedacht natürlich als Stadtroman, als große Vanity-Fair-artige, Balzac'sche Verstrickungsorgie, ein Manhattan Transfer der Blade-Runner-Riesenprojektionsstädte des 21. Jahrhunderts. In Deutschland behaupten die diese Romane vollmundig entwerfenden Kritiker, die »angelsächsischen Länder« würden diesen Roman längst kennen. Doch dort fordert ihn ausgerechnet Tom Wolfe mit dem gleichen Brio wie hier Karasek, Reich-Ranicki, Biller, Altenburg und wie sie alle heißen. Die Antwort müßte gerade Wolfe sich selber geben können. Er begründete das Genre des Ausspionierens urbaner Geheimnisse, von Underground-Nischen wie dem »Noonday-Underground« bis zu den geheimen Verbindungen zwischen Surfern und Black Panthern, genannt »New Journalism«. Eine Form, die zwischen literarischen und journalistischen Gattungen angesiedelt war und genau dem Typus Stadt-Zeitschrift auf die Beine half, der seit den 70ern vereinzelt, seit den mittleren 80ern weltweit davon lebt, Städtebewohner und -Besucher über die »Geheimnisse von Paris« bis ins letzte Detail auf dem laufenden zu halten. Genau diese Details sind natürlich in genau dem Maße warenförmiger geworden, wie sie sich per Redaktionsschluß Mitte des Vormonats ankündigen ließen. Andererseits sind dies genau die Details, die als Nebenprodukte, Kulisse, Stimmung den Großstadt-Romanen das Gepräge gaben, dem konservative Kritiker heute nachtrauern. Sie müssen heute mit Stadtzeitschriften Vorlieb nehmen, besonders geheimnislosen Reklameprodukten.

Besonders in den letzten Jahren passierten alle möglichen Dinge in den Städten, die niemand beschreiben konnte und erst recht niemand ankündigen. Wo sie passierten, spielte allerdings kaum noch eine Rolle. Mittlerweile werden auch sie beschrieben und man bemüht sich schon kleine Parties besser zu planen und es entstehen neue Flyer-Zeitschriften, die sie ankündigen. Da könnte es für unplanbare Ereignisse wieder wichtig werden, wo sie passieren.

1994

Drogen, Techno, Sport revisited[42] – Kühle Kinder können wieder warten

Die Truppe war ungefähr mein Alter. Zwei Typen und zwei Frauen, die nicht mehr gehen konnten und mich, den entgegenkommenden Passanten, mit grotesk verrutschten Gesichtern anstarrten, die auf tagelang ununterbrochenes Saufen schließen lassen. Es würde gleich ein Problem geben, den Platz auf diesem Bürgersteig auf uns fünf zu verteilen. Obwohl man den vier Freunden ansehen kann, daß sie nicht zum erstenmal – tagsüber und jenseits von allem – hackevoll sind, wirken sie nicht schmutzig oder verwahrlost, und ihr Outfit, ihre Frisuren, Bärte könnten als die von Berufsschullehrerinnen und Sozialarbeitern durchgehen. Ihr augenscheinliches Elend ist dennoch kein Quartals-Vatertagsexzess. Es gehört zu einer Technik der Ausschweifung, die den heute über 35jährigen, auch wenn sie nicht süchtige Sozialfälle sind, noch geläufig ist und seitdem nach und nach seltener geworden ist. Daß man nämlich gegen den Körper, gegen irgendeine Norm gesunden und geregelten Lebens seinen Spaß durchsetzt, die Grenzen mißachtet und gerade da, wo es nun wirklich nicht gut für einen ist, den süßesten Genuß verspürt. Die Königsausschweifung erlebe ich gegen meinen Körper.

Das war mal ein Weg – ein oft bloß instinktives Manöver, den disziplinierenden Anrufungen zu entgehen; eine Handlungsweise, die mit anderen Aufständen zusammenpaßte. Den Körper, den zentralen Unterwerfungs-Gegenstand von Machtregimen, die ihre Unterworfenen in Fabriken, Gefängnisse und Armeen trieben, durch selbstzerstörerisch lustvollen Gebrauch aus der Zirkulation nehmen. In die unvermeidliche Abfolge der Stadien einer disziplinierten Existenz, von Birth-School-Work-Death, eine Zäsur hineintreiben, die letzten Endes zwar schneller zu Death oder anderen elenden Endzuständen führen würde, aber der gesellschaftlichen Zurichtung den selbst herbeigeführten Mißbrauch des Körpers entgegensetzen konnte. Nicht umsonst sprechen alle frühen Drogensongs und -gedichte von Freiheit und Autonomie und Selbstverantwortung. »I made a very big decision«, heißt es in dem bekanntesten, in »Heroin« von Lou Reed und Velvet Underground. Freilich verwechselt diese Entscheidung die Gegenstände der ideologischen Anrufung. Es geht ja nicht darum, den Körper, sondern die Person als Subjekt zu disziplinieren und zu unterwerfen. Doch die Szene der Anrufung wurde in jener Zeit noch sehr oft über ihre körperliche Regulierung in Schule, Fabrik, Exerzierplatz aber auch über die unauffällige Erscheinung im Straßenbild hergestellt.

Wie bestellt kräht Janis Joplin aus einem offenen Fenster ein Soundbite aus ihrer ersten und besten Platte mit Big Brother & The Holding Company. Die eine der beiden Frauen reagiert trotz augenscheinlich mentaler Absenz überraschend schnell und lallt zu dem Balkon hoch: »Janis Joplin, ja, das haben wir jetzt gebraucht.« Die Aussage des Janis-Joplin-Mythos ist ja nicht nur die bohemistische, daß in der Selbstzerstörung, in dem gegen den Körper errungenen Exzeß, ein höchstes Glück liegt, sondern auch, daß die zu sich und einer eigenen Stimme findende Frau-im-Rock im Feuer ihrer eigenen Authentizität verbrennt. Im Janis-Mythos steckt nicht nur das selbstbestimmte Entziehen des ohnehin anderweitig verplanten, weil weiblichen Körpers zu Zwecken eigener exzessiver Pläne, sondern auch eine neue, nun wiederum ideologische Authentizitäts-Anrufung an aufbegehrende junge Frauen jener Zeit, »ganz« zu sein, »sich ganz hinzugeben« – in der Szene, auf der Bühne zu sterben. Nur kurz nach dieser Straßenszene begegne ich derselben Joplin-Stelle noch einmal, diesmal als Sample: Der Ende 96 im Alter von 33 Jahren an einer Überdosis verstorbene Hamburger Musiker Tobias Gruben hatte sie in einem seiner nun posthum erstveröffentlichten Songs gesampelt. Ja, die Janis, die können wir jetzt gebrauchen.

Ganz anders am Abend der junge Mann, der auf »Spiegel TV« in einem Berliner Park seine Karate- und Taekwondo-Künste vorführt. Schon im Alter von vier Jahren habe er davon geträumt, »aus meinem Körper ein Kunstwerk zu machen.« Der Bruder berichtet, wie der Kleine jeden Morgen zum Spiegel gestürzt sei und seine Muskeln überprüft habe. Als ginge es darum, die Spaltung der Jugendkulturen in (hauptsächlich) jüngere KörperpflegerInnen und (eher) ältere KörperzerstörerInnen zu bestätigen, wird fast die Hälfte des Kraftsportlerporträts auf seine tragische Liebesgeschichte mit einer heroinsüchtigen, etwas älteren Türkin verwandt, die mit der Prostitution und dem Tod der Frau endet. Auch wenn die Inszenierung durchaus nicht mit der üblichen mahnenden Gewaltkritik sparte, so blieb doch klar, was man alles nicht wird, wenn man ein junger deutscher Kampfsportler ist: drogensüchtig, türkisch, Hure und tot.

Der Tod der heroinsüchtigen Frau hat immer noch eine besondere Bedeutung, weil sie einen Körper wegwirft, der nicht nur der Produktion, sondern auch der Reproduktion zu dienen hat. Nur logisch, daß der Tod in Geschichten des sozialen Abstiegs von Frauen immer über die Zwischenstufe Prostitution erreicht wird. Der durch Drogen-Konsum mißbrauchte und aus der Körperordnung herausgenommene Körper ist auch für glücklichen Zweier-Sex nicht mehr zu gebrauchen, der eine Mißbrauch stellt ihn für alle weiteren Mißbräuche und Verwertungen zur Verfügung. Daß den heroinsüchtigen Rock-, Poesie- und Bohème-Männern zugebilligte Moment der Befreiung von der Disziplinargesellschaft durch den Eintausch aller gesellschaftlichen Abhängigkeiten und Disziplinierungen gegen die eine, selbstbestimmte Abhängigkeit von der Droge wird bei Frauen seit dem Janis-Mythos, zur totalen Determiniertheit durch die körperliche Abhängigkeit von der Droge. Frauen sind diesem Mythos zufolge ganzheitlich, authentisch und körperlich. Sie können die Person nicht wie die Männer in Departments aufteilen und Deals schließen. Was sie ihrem Körper antun, tun sie *sich* an. Männer befreien ihren Geist, Frauen verkaufen und versauen ihren Körper.

Daß Janis Joplin und Lou Reed unterschiedliche Antworten auf ihr Nein zu »all the politicians makin crazy sounds and all the dead bodies piled up in mounts« erhielten, daß ihre Mythen unterschiedliche, nicht nur geschlechtsspezifische Aussagen enthielten, ändert nichts an ihrer großen Gemeinsamkeit: Die individuelle Verweigerung verwirklicht sich im Genuß an der Zerstörung des eigenen Körpers. Dieser Akt ist heroisch und spielt wie die ganze Ordnung der Disziplin in einer Welt, in der Körper für Produktion und Krieg entscheidend sind. Doch schon die Versprechung und Verherrlichung von Bewußtseinserweiterung bei Leary, Watts und anderen unterscheidet den massenhaften Aufbruch der Hippies zu einer Reise nach Innen per Halluzinogen von dem bohemistischen, individual-anarchistischen Heroin-Vergnügen.

Die Kontinuität von Paul Verlaines Absinth-Saufen läßt sich vielleicht bis zu Jim Morrisons Pariser Boheme-Zitat-Elend strecken – aber in dem mit den Beatniks begonnenen Versuch, Drogenerfahrungen als wiederholbaren, pragmatischen Weg zu Selbst und Heil darzustellen, kündigt sich eine Massenbewegung der 60er an, die – spätestens nach ihrem Re-Import nach Deutschland – eher an Herrmann Hesse und Lebensreform als an Baudelaire und Burroughs anschloß. Sie legte den Grundstein für eine heutige Fortsetzung des Drogendiskurses – mit und ohne Drogen – als Weg zu einem universellen, aber je individuell erfahrenen spirituellen Heil, das sich mit den jeweiligen gesellschaftlichen Anforderungen verträgt. Von LSD und Ginsberg aus – und in gewissem Sinne von einigen Vertretern der Romantik – führten noch Wege in alle drei Versionen von Ausstieg und Verweigerung: Politik, Selbstzerstörung sowie Meditation und Makrobiotik. Doch schon von Learys weltverbessernder Drogen-Ideologie aus konnte es eigentlich nur zu Bio-Kost, neuen Sportarten und postmoderner Individual-Religiösität führen.

Drogengebrauch und Sport sind Parameter des Körperverhaltens, die einmal die Grenze zwischen Mainstream und Gegenkulturen bestimmten, und noch heute trägt die Illegalität von Drogen dazu bei, daß das nicht ganz vorbei ist. Drogen zu nehmen bedeutet, sich der Ethik zu wiedersetzen, die von einem verlangt, sich zu erarbeiten, was er oder sie erlebt. Drogen gelten nicht zu Unrecht als Abkürzungen zu einem Zustand, von dem Schlaumeier (Lothar Matthäus, Udo Lindenberg …) schon immer wußten, daß man ihn auch ohne Drogen erreichen kann (1000 Jahre Meditation, Gebet oder Bergsteigen und Fallschirmspringen). Der erfolgreiche Untertan der Disziplinargesellschaft konstituierte sich dagegen darüber, daß er Verzicht leistete und innere Schweinehunde überwand. Dadurch setzt und verabschiedet er die Regeln, nach denen man wohin kommt. Oben angekommen darf man dann fett und ungesund schlemmen wie in Fassbinder-Filmen oder Mario Adorf in »Kir Royal«. Die Droge dagegen stand für eine Abkürzung, die natürlich geächtet werden mußte.

Gleichzeitig war beiden Seiten der Alternative, Drogen zu nehmen oder Sport zu treiben, das Pathos der Entscheidung gemeinsam, in Lou Reeds »I made a very big decision …« ebenso wie im »Ich habe mich entschlossen …« des Sport-Novizen. Das Pathos der Entscheidung macht dem Subjekt das Kompliment glorreicher Autonomie. Ich funktioniere als Individuum, wenn ich mit mir nachvollziehbar und erkennbar etwas mache. Sportler und Druggies lieben die primitive Evidenz mechanischer Kausalität an ihrem Body: Das gilt für die Überprüfung der Trainings-Effekte am Körper des Berliner Kraftsportlers ebenso wie für Lou Reeds Beobachtung, daß »a mainer in my vein leads to a center in my head«. Und daher: »When I put the spike into my vein, I tell you things aren't quite the same.«

Wer Drogen nimmt, lernt aber auch sehr schnell, daß die ideologischen Staatsapparate einem die ganze Zeit noch auf andere Weise Unsinn erzählt haben. Keine Praxis konfrontiert einen auf so einfache und nachdrückliche Weise mit der Ideologizität so vieler Behauptungen so vieler Staatsapparate – Kirche, Schule, Elternhaus etc. – auf einmal wie die Drogenerfahrung. Die Wahrheit, daß sie zerstörerisch ist, lerne ich zunächst nicht kennen – und wenn, dann auch, daß diese Wirkung anders aussieht als in den offiziellen Appellen.[43] Zunächst aber lerne ich, daß nichts von dem stimmt, was man mir erzählt hat.

Darin liegt ein politisches Moment des Drogennehmens: Mein Mißtrauen gegen die ideologischen Staatsapparate wächst immens, lange bevor mich dann auch die Polizei konkret verfolgt. Schon in einem alten Beatnik-Interview – auf der Rhino-3-CD-Dokumentation »The Beat Generation« – erzählt ein frisch zum Beat-Lifestyle Bekehrter von den klandestinen Organisationsformen und dem paranoiden Mißtrauen, das lange, bevor es gezielte Verfolgungen durch die Polizei gab, einzusetzen begann. So entsteht eine Sezession, das »Drop Out« eben, das vor allen anderen Ursachen schon dadurch vorbereitet wird, daß wer mit Drogen zu tun hatte, kein Wort mehr glaubt, von eben »all these politicians makin crazy sounds.« Das hat nicht nur damit etwas zu tun, daß Kirche, Schule und Eltern Ideologie produzieren oder lügen, sondern schon damit, daß zum Pathos der Entscheidung das Pathos der Erfahrung kommt – noch eine Gemeinsamkeit mit dem Sport und anderen (z. B. militärischen) Körpergebräuchen, dem gegenüber jeder Diskurs schon mal ein Hohn ist. Das ist die unpolitische Seite der Drogen: Ihr Mißtrauen gründet nicht (nur) auf Kritik, sondern auf dem primitiven Empirismus des Authentizismus.

Der Sport hingegen hält zunächst die Versprechen seiner Ideologie. Das beweisen meßbare und zählbare Ergebnisse auf dem Weg der Übung und des Trainings. Es ist, wie sie sagen:

Du wirst besser. Auch wenn dieses Besserwerden sich natürlich nicht notwendig und meistens gar nicht konvertieren läßt in eine gesellschaftliche Verbesserung, so produziert die freiwillige Disziplinierung immer wieder neue Effekte, die mit ihrer Realität qua Meßbarkeit prahlen. Man spürt nicht nur, wie der überwundene innere Schweinehund zu neuen persönliche Bestleistungen oder zu neuen Muskelentwicklungen führt, man kann es sich in Metern und Sekunden ausdrucken lassen. Die Kausalität zwischen »meiner Leistung« und meiner »Verbesserung«, die Sport bietet, wird beim Drogengebrauch von der Verweigerung der Leistung, die ich erbringen könnte (oder auch nicht) bei gleichzeitigem Erreichen eines Ziels gespiegelt. Die andere – im Sinne des Sports: »geschummelte« oder »negative« – Kausalität der Drogenerfahrung (Ergebnis ohne Leistung) verweigert, aus welchen Gründen auch immer, die Einsicht in das Prinzip des Disziplinarischen und berauscht sich auch gerade daran.

Der Spaß an Drogen besteht auch darin, zu erleben, daß es anders geht. Die disziplinierte Kausalität der Körperbeherrschung freut sich dagegen, die Logik der ideologischen Prinzipien, die einen umgeben, zur Anwendung zu bringen. Beide Optionen sind kurzfristig gedacht: Die Drogenantikausalität rechnet nicht mit den Folgekosten der Selbstzerstörung, die Kausalitätsanwendung des Sports erkennt nicht, daß all die erarbeiteten Veränderungen meistens keine der großen Veränderungen in Stellung und Lebensperspektive erbringen, für die sie symbolisch stehen. Beides sollte in den »Kontrollgesellschaften« von Postfordismus und Postmoderne anders werden. Lifestyles orientieren sich an der Logik des Trainings, alternative Lebensentwürfe modellierten sich nach den Prinzipien der großen Negation, und beide setzten auf langfristige und nicht simpel-mechanische Kausalität.

Aus den ideologischen Substraten von Drogenkonsum und Sport – Authentizismus, Intensitäts- und Erfahrungspathos,

Selbstbeobachtung, »Weg nach Innen« – entwickelten sich neue Praktiken, die den komplexen Bedingungen des modernen Konkurrenzkampfes besser entsprachen. In einem gelokkerten gesellschaftlichen Klima, am Übergang von Disziplinar- in Kontrollregimes, von körperlicher Disziplinierung zu einer Rundum-Fitness, wurden die Trennlinien zwischen Mainstream und Underground, Drop Out und Disziplinierung aufgekündigt. Ziel dieser Entwicklung war es, einerseits die brauchbaren Ideologien des Drogennehmens zu isolieren und vom Drogendiskurs auf andere, nicht mehr disziplinarische, sondern selbstkontrollierte Askese und Selbstverantwortungs- und Selbstdesign-Praktiken umzulenken, andererseits auch die gesellschaftlich unbrauchbaren auszusondern und auf den tatsächlichen Gebrauch von Drogen umzulegen. Dem verelendeten Junkietum wurde ziemlich exakt um 1989 herum jede durch Nick-Cave-Chet-Baker-Romantik begründete Szene-Solidarität entzogen. Seitdem gelten Junkies nur noch, passend zu Lou Reeds Wende und Darstellung ehemals verklärter, nun nur noch angewidert beobachteter Exzeß-Praktiken auf seiner 1990er Platte »New York«, als Problem der Sauberhaltung von Innenstädten und Einkaufszonen.

In dem Maße, wie die postfordistische Freizeitkultur alle möglichen Formen von weichen und abseitigen, wesentlich extremeren, aber nicht mehr Vereins-mäßig betriebenen Sportarten anbot, koppelte sich das Sporttreiben von den Disziplinierungsfunktionen eines zu härtenden Kruppstahls ab. Gerade die extremeren und durchaus Disziplin erfordernden Sportarten verstanden sich nun über individuelle, spirituelle Intensitätsdiskurse. Die immer länger werdenden Laufstrekken, die immer noch nicht ausreichten und schließlich mit Schwimmen und Radfahren zum Triathlon gekoppelt werden mußten, um den immer noch nicht ausgepumpten Körper auf Trab zu halten, wurden von einem neuen Typus selbstverwirklichter Asketen bevölkert, dessen Selbstverständnis sich von den Gott- und Tibetsuchern der 60er gar nicht so stark unterschied. Es gab einen Weg von Ginsberg, Grateful Dead und Goa zum Iron Man – aber keinen von Janis und Nico.

Diese neue Sportkultur bediente sich der von »säkularisierten« und käuflich gewordenen Subkulturen übernommenen Funktion der Identifikation mit einem Freizeitverhalten. Strukturell schuldete diese Diversifizierung auch noch manches den klandestinen Organisationsformen der klassischen Drogenkulturen, Gepflogenheiten der Verdunkelung und der Geheimhaltung, die sich in den Grenzen ziehenden Codes wie Hipness und Coolness als Imitation und Habitualisierung fortsetzen sollten. Viele der neuen, um Fashion-Codes und Popstar-artige Figuren herum entstandenen Trend-Sportarten beerbten obendrein diese Differenzierungsfunktion von Subkulturen.

Das heißt nicht, daß keine Drogen mehr genommen werden und auch nicht, daß sie nicht mehr wichtig sind, nach wie vor auch als Ab- und Erkennungszeichen bestimmter Szenen wie etwa der Blunt für die ebenso an Streetball wie an Drogen interessierte HipHop-Szene. Aber sie sind eine Variable unter vielen geworden, die beliebig ersetzbar und kombinierbar mit bestimmten Musikrichtungen und Dresscodes und Sportarten einen Stil ergeben. Neu ist, daß über das Scharnier der Sportmoden auch normalerweise eher unansprechbare Jugend-Szenen – wie die HipHop-Kultur – für die Mainstream-Kultur und ihre Ideologie adressierbar werden. Darüber hinaus ist allen diesen Entwicklungen gemeinsam, daß sie die quasi-religiösen Selbstverwirklichungsvorstellungen oft asiatischer Bauart (zwischen Kung-Fu für die Prolls und Zen-Meistern für die Kleinbürgerkinder) als Ersatz für die alten Disziplinierungsmodelle übernommen haben.

Der neue Glamour von Buddhismus und Dalai-Lama-Mania reicht ja von ideologisch eher unverdächtigen Gestalten wie dem Wu-Tang-Clan bis zur gealterten New-Wave-Elite um David Byrne und Laurie Anderson. Das Kloster – ob in der Kammern-der-Shaolin-Comic-Version oder ganz ernst gemeint – ersetzt den Kasernenhof auf dem Weg von der Disziplinar- zur Kontrollgesellschaft. Durch die neue Wichtigkeit von Sport in Sub- und Gegenszenen hat der aggressive, durchtrainierte männliche Körper auch in traditionell nicht einverstandenen Szenen so stark an Einfluß gewonnen, daß man den netten alten, schlaffen, schlurfigen Kifferkörper endgültig unter Naturdenkmälerschutz stellen kann. Orientierungen an klassischen Geschlechterrollen sind in dem Maße auf dem Vormarsch wie Sport in Subszenen eindringt. Da überrascht nicht allzu sehr, daß dort, wo der Exzeß nicht mehr als ein über den Mißbrauch des Körpers erreichter Moment definiert wird, sondern über den sportlichen Gebrauch, also Schiller statt Baudelaire gilt – nicht künstliche Paradiese, sondern von der Stirne heiß rinnender Schweiß –, nimmt auch die Subtilität und der Humor der künstlerischen Hervorbringungen von Szenen Schaden. Aber nicht nur die Feinheiten leiden: Gerade auch extrem-grobe Körperlichkeit im interessanten Sinne war in der Pop-Musik – von Iggy Pop über die Ramones bis zu Gabber-Techno – ohne Drogenmißbrauch undenkbar.

Die neuen Sportarten, die bei Jugendszenen den Credit haben, den der alte Vereinssport nicht mehr hat, betonen eher die individuelle Verantwortung fürs eigene Leben und weniger die Disziplin. Nicht eine mir selbst fremde Disziplin nötigt mich, den inneren Schweinehund zu unterwerfen, sondern meine Coolness und höhere Einsicht. Die wenigen Modelle von Sportlern, die immer schon Jugendkultur-kompatibel waren, Surfer und Skater, stellen mit ihren Mythologien die Prototypen dieser Entwicklung dar. Zur Betonung der individuellen Verantwortung, die nun auch die Zigarettenindustrie für ihre Kampagne »Cool kids can wait« im Acid-Jazz-Design entdeckt hat, gehört allerdings auch, daß die alte Trennlinie zwischen Drogen- und Sportbenutzern, die immer noch gesamtgesellschaftlich über gut und böse, Ächtung oder Honorierung entscheidet, nun nichts mehr über die Szene selbst aussagt. Beide – Drogen- wie Sportbenutzer – können sich demselben Style verpflichtet fühlen. Wer dem Janis-Joplin-Lebensstil zustimmte, hätte nie damit rechnen können, einen Sportler zum Lebensgefährten zu gewinnen, für den Kampfsportler von heute lebt die Heroin-süchtige Freundin aber durchaus in derselben Szene. Der Weg vom Blunt zum Basketball-Training ist ohne Wechsel des Styles zu haben.

Umgekehrt sind aber die unterschiedlichen geschichtlichen Stadien der Drogenmentalität auch in den Bereich des klassischen Leistungssports eingedrungen. War das Dopen in den 60er Jahren und früher einfach ein sportfremdes Schummeln, das keine lebensstilistischen, nur ethisch-moralische Konsequenzen in der Welt der Fairness hatte, wurde Doping später zu einer Entscheidung aufgrund von individuellen Eigenschaften, die auf sehr unterschiedliche Weise ausfallen konnte. Die post-disziplinarische Selbstzucht, die von Makrobiotik bis zu den Foucault'schen Techniken des Selbst reichend verstanden werden kann, fächerte eine Vielzahl von Selbstbehandlungsmöglichkeiten auf. Entscheidend war nicht mehr die alte sichtbare und erlebbare Ursache-Wirkung-Beziehung, weder bei Training noch bei Droge, sondern das Leben nach einem bestimmten Gesetz oder Code, der Lebens- und Trainingsstil. Im Rahmen solcher Selbstbehandlungen wurden die Grenzen zwischen den vielen Mittelchen, die irgendwie gut für einen sein sollen, zum guten alten Doping-als-Schummeln immer unklarer.

Deutsche Leichtathleten pflegten schon seit den frühen 80ern zu reden wie LSD-Astronauten oder Esoteriker, wenn sie vor dem Wettkampf »in sich hineinhören« und der Sport immer mehr zu einer Sache der »mentalen Zustände« wurde. Aber gerade ein so psychedelisierter Sport konnte seine Sonderstellung als Institution und die klare Grenze zu allen

Bewußtseinsexperimenten nur behaupten, wenn er besonders scharf propagandistisch gegen Doping vorging und vor allem in den letzten Jahren seinen inneren Feind Doping gemeinsam mit dem ideologischen Satanas Drogengebrauch schlechthin zusammen bekämpfte. Aber immer länger und kompliziert gewordene Listen von als Doping gebrandmarkten Wirkstoffen konnten dies ebensowenig in den Griff bekommen wie Rückfälle in alte Sauberkeitsideologien, was eigentlich ein typischer Begleitumstand postfordistischen Konkurrenz- und Leistungsstrebens auch jenseits des Sportes geworden ist – die Selbstkontrolle durch einen individualisierten, aber ritualisierten, privatreligiösen Lebensstil statt durch Disziplin.

Doch bloße Behauptungen von klaren Unterschieden zwischen Drogenbenutzern und Sportlern waren nicht ohne weiteres überzeugend. Schwitzend erschöpfte Raver in Radsportoutfits ließen sich nicht so leicht als abschreckende Ecstasy-User verkaufen, wenn die Volkslauf-Teilnehmer und Stadtmarathonläufer auf Bildern genauso aussahen. Die beiden von der Jugendkultur ursprünglich ausgehenden Diskurse, der Intensitätsdiskurs einerseits und der Authentizitätsdiskurs andererseits, sorgen dabei bis heute für Verwirrung und Ununterscheidbarkeiten. Der alte Authentizitätsdiskurs der Hippie-Generation (»Selbstverwirklichung«) ließ sich noch relativ leicht in die alte Unterscheidung zwischen »natürlicher« (= sportlich-disziplinarischer) Körperbenutzung und »künstlicher« (chemischer) übersetzen, die schon immer die alte Sport- und Disziplinar-Moral kennzeichnete. Es gab noch eine Trennung zwischen richtigem und falschen Umgang. Obwohl darüber im Einzelnen Uneinigkeit bestehen konnte: Einige Initiatoren dieses Authentizitäts-Diskurses, wie Leary oder Ginsberg (und neuerdings in Techno-Kreisen Leute wie Terence McKenna) waren ja der Meinung, daß man erst durch die Droge authentisch werde, daß gerade durch (die richtige, indianische oder indische oder schamanistisch eingesetzte)

Chemie, sich die wahre Menschennatur entfalte. Das aber war ein intensiver Vorgang und ob er letztlich durch seine lebenssteigernde Intensitätsdimension oder seine eher fromme, authentische Selbstfindungsdimension legitimiert war, blieb in vielen Fällen unklar.

Der Intensitätsdiskurs stand im Laufe der Zeit immer mehr und immer heterogeneren und unkontrollierbar vielen gesellschaftlichen Gruppen und Praxen zur Verfügung. Natürlich sind beide weiterhin miteinander verschränkt, aber die Konjunktur von Street- und Modesportarten einerseits (Sport übernimmt die soziale Funktion von Subkultur) und Extremsport für Manager (Sport als intensive, lebenssteigernde Drogenerfahrung zwischen Leary und Ernst Jünger) andrerseits hat zu der Verwechselbarkeit einer Drogenerfahrungssprache mit diesen neuen Intensitätsdiskursen massiv beigetragen.

Dieser Verwechselbarkeit mußte beim Sport im Allgemeinen ebenso vorgebeugt werden wie im Besonderen. Nachdem das Medien-Image des Rave-Exzeß bis ca. 1995 noch Schonzeit hatte, nicht zuletzt wegen des Interesses der werbetreibenden Industrie an dieser kompakt vorstellbaren und benennbaren Zielgruppe, die frischer aussah und sozial konturierter und anschaulicher wirkte als »Generation X« oder »Grunge«, ist seitdem die Jagdsaison eröffnet. 1995 erschienen in Publikumszeitschriften noch Ecstasy-Guides. Heute hat die Szene und ihre Organisationsformen sozial an Bedeutung verloren und kann sortiert werden: hier das akzeptabel-lustige, Hauptstadttourismus ankurbelnde, vatertagsähnliche »Love-Parade«-Segment, dort die Drogenbenutzer, die mit den üblichen Epitheta belegt werden wie Drogenbenutzer schon immer. Das mag auch damit zu tun haben, daß Ecstasy eben *nicht* dem kontrollgesellschaftlichen Lebensstil, sondern noch einem klassisch antidisziplinargesellschaftlichen Ursache-Wirkung-Verhalten folgt – Einpfeifen und Draufkommen. Dafür war es aber eingebunden in einen neuen Lebensstil und war darin auch Bestandteil einer Fülle von neuen selbstsorgerischen Körperpraktiken. Erst seit es sich wieder einfach als Drogennehmen alter Schule isolieren läßt, wird es einmütig geächtet.

Die Unterscheidung zwischen Disziplinar- und Kontrollgesellschaft, die ich hier, von Gilles Deleuze geprägt und in der Weiterentwicklung von Mark Terkessidis und Tom Holert, verwendet habe, ist sehr attraktiv und scheint vieles zu erklären. Sie könnte helfen, die Vorgänge als Geburtswehen der Entstehung einer Kontrollgesellschaft plausibel zu machen, in der schließlich jeder ein für sich selbst verantwortlicher Einzelkonkurrenzkämpfer sein und als allzeit fitter, frei entscheidender Funktionsträger lean organisierter Teams in Zukunfts- orientierten Betrieben funktionieren wird, sofern er überhaupt zu der Klasse der Arbeitsbesitzer gehört. Dann würde die Grenze nicht mehr zwischen Drogen und Sport verlaufen, sondern zwischen verantwortlichen, selbst verantwortetem Einsatz von Intensität, Disziplin, Chemie und Grenzerfahrung und eben ihrem unverantwortlichen Einsatz, der Selbstzerstörung. Sebastian Reinfeldt u.a. weisen in ihrem Buch »Der Staat in den Köpfen« darauf hin, daß Althussers Theorie von den ideologischen Staatsapparaten (Kirche, Schule, Medien, Rechtsprechung etc.) den von Althusser aufgeführten neun ISAs (Ideologische Staatsapparate) heute ein weiterer hinzuzufügen sei, ein Sport- und Gesundheits-ISA.

Für beides – den neuen ISA und die Kontrollgesellschaftsthese – spricht vieles. Dennoch würde ich davor warnen, die der Kontrollgesellschaft zugeschriebenen, durch »freiwillige« Praktiken des Selbst zustandegekommene »Kontrolle der Seele« ganz auf diese in letzter Instanz konformisierenden und unterwerfenden Effekte zu reduzieren. Es ginge auch nicht darum, im Umkehrschluß weiter nur das Verschwinden der Disziplin zu feiern, sondern die neuen Praktiken von Fall zu Fall anzuschauen und nicht nur zu unterscheiden, was einer mit einem Berg-, Surf- oder auch Meskalin-Erlebnis macht.

Heroin zu nehmen war ein radikaler, individueller Einspruch gegen die Disziplinargesellschaft um den Preis, die Negation der körperlichen Anrufung bis zur Negation des Körpers selbst zu treiben, ihn zu vernichten. Was dieses *spirituelle Heroin* sein könnte, das die kontrollierenden Effekte und Anrufungen der neuen Praktiken des Selbst negiert, ohne die Seele selbst zu töten, bleibt zu bestimmen. Und es bleibt offen, ob Negation in dem, was einstweilen Kontrollgesellschaft heißt, überhaupt die – sozusagen mathematisch – richtige Reaktion ist. Ob es nicht vielleicht auch darum gehen könnte, die Vorteile dieser Techniken des Selbst und ihre falsche Verhältnisse stützende Dimension besser auseinanderzuhalten und zu trennen. In diesem Falle wäre eher eine Strategie jenseits der Fronten bildenden Logik angezeigt.

1997

5. Die 90er, und dahinter die Unendlichkeit

Ist was Pop?

»We came the long way/ we came the wrong way/ we play our songs much too loud/ This is pop«
XTC, »This is Pop«, 1978

Im »Zeit«-Magazin heißt eine Rubrik für Kurzinterviews »Helden der Popkultur«. Darunter wird mit jeder und jedem, vom niedersächsischen Ministerpräsidenten bis zur Sex-Talk-Show-Moderatorin, irgendwie punktgenau poppig geplaudert. Ohne Verlust könnte man dabei den Begriff »Popkultur« durch »Öffentlichkeit« ersetzen. Aber das soll nicht. In der »tageszeitung« gab es eine längere Strategie-Diskussion zwischen LeserInnen und KolumnistInnen, ob Politik »popfähig« sein müsse. Gemeint war je nach dem »verständlich«, »flott«, »bunt« oder »sexy«. Aber es muß heute schon Pop sein. Im »Spiegel« und bei der »Süddeutschen Zeitung« und ihren diversen Kindern (»SZ-Magazin«, »jetzt«), wo »Pop« am stärksten vertreten ist, gibt es gleichzeitig auch die Gegenbewegung: Im »Spiegel« verschafft sie sich über kulturpessimistische Gegenwartsdiagnosen à la »Die Deutschen – ein Volk von ...« Gehör, in der »SZ« etwa durch Partisanen der Hochkultur wie C. Bernd Sucher und dessen dezidierte Pop-Feindschaft. Neulich kam dort auch ein engagierter evangelischer Geistlicher zu Wort, der die Ursache für Entsolidarisierung und soziale Kälte in der »Pop-Kultur« ausgemacht haben wollte. Seit der sogenannte Westerwelle Guildo Horn und Gerhard Schröder als Pop-Phänomene parallelisiert hat, geht selbst den gestandensten Intellektuellen beim Begriff »Pop« völlig das Hirn auf Grundeis. Nun steht das Kurzwort meist für eine Abendland-verschlingende Verblendungsmelange, in der Horn, Helge Schneider, Harald Schmidt eh schon alle dasselbe sind.

Ob als Zeichen für den allgemeinen Werteverfall oder für attraktiv-transparente neue gesellschaftliche Verhältnisse: Der Pop-Begriff scheint nicht nur endlos zuständig, sondern auch endlos dehnbar zu sein. Zwar gab es schon zu seinen Anfangszeiten in den frühen 60ern unterschiedliche Verwendungsweisen, und einige sind hinzugekommen. Doch heute scheint schier alles Pop zu sein. Oder will Pop sein – vom Theatertreffen bis zur Theorie, von der sozialdemokratischen Kandidatenkür bis zur Kulturkatastrophe.

Damals stand Pop für den von Jugend- und Gegenkulturen ins Auge gefaßten Umbau der Welt, insbesondere für den von der herrschenden Wirtschaftsordnung verkraft- und verwertbaren Teil davon: sexuelle Befreiung, englischsprachige Internationalität, Zweifel an der protestantischen Arbeitsethik und den mit ihr verbundenen Disziplinarregimes, aber auch für Minoritäten und ihre Bürgerrechte und die Ablehnung von Institutionen, Hierarchien und Autoritäten. Dazu kam ein Begehren nach neuen Technologien und der von Andy Warhol besonders prominent inszenierte Kult um Berühmtheit an sich (»Superstars«), wie er unter Bedingungen eines immer dichteren internationalen Mediennetzes möglich wurde. Dieses einigermaßen heterogene Sammelsurium aus inhaltlichen, medien- und technologiehistorischen sowie politischen Bestimmungen konnte immerhin eine Weile – als Formation – stabil bleiben. Zumal es in den 70ern dann gar nicht mal so populär war, pop zu sein oder Pop zu machen. Nach den Anfangs- und Einführungserfolgen setzten sich die Chefs und Eliten der 60er ein wenig ab. Und bald stand das englischstämmige Kurzwort fast schon eher für die Käuflichkeit gegenkultureller Ziele. Wer an sie in einem engagierten Sinne glaubte, wollte sich von deren warenförmiger Seite eher durch andere Etikette absetzen.

In den frühen 80ern waren dann wieder einige von den eigenen politischen und künstlerischen Strategien enttäuschte Vertreter aus Politik, Theorie und Kunst bereit, gerade in den Pop zugeschriebenen Attributen wie Geschwindigkeit, Warenform, Flüchtigkeit, allerdings verbunden mit Jugend- einerseits und Minderheitenkulturen andererseits, durchaus Dispositive gesellschaftlichen Fortschritts zu erkennen. Foucault tanzte im Berliner »Dschungel«, Deleuze pries Patti Smith, Pop-Bands wie Scritti Politti und Dexy's Midnight Runners feierten abwechselnd den bewaffneten Kampf, Derrida und Gramsci, und zwar in einem Atemzug mit Motown-Soul, irischem Rebellentum und schwulem Camp. In den 90ern nun haben sich Pop-Verwendungen, aber auch -Phänomene so vermehrt, daß »Pop« zum begrifflichen Passepartout einer unübersichtlichen Gesellschaft werden konnte. Seitdem ist Pop als – von verschiedenen Seiten unterschiedlich besetzter – zeitdiagnostischer Dummy-Term im Einsatz.

Früher hätte man eine solche Entwicklung den üblichen Verschleppungen und Aufweichungen anderweitig präzise entwickelter Begriffe durch die schlamperte und korrupte Journaille zugerechnet. Schließlich kann man ohne allzu grobe Vereinfachungen behaupten, daß der deutsche Kulturjournalismus zwischen 1965 und 1990, mit den üblichen plusminus fünf Jahren für Schnell- oder Langsammerker, tatsächlich von Verfallsformen der einschlägigen Kategorien der Kritischen Theorie gelebt hat. Und nicht immer ganz schlecht. Wer aber danach nicht rechts oder wunderlich wurde, sondern sein Vokabular durch meist selbstgebastelte Bildungen und Semantiken von Pop ersetzte, hatte gar keine Theorie zur Verfügung, die unzulässig zu vereinfachen gewesen wäre: Keine Autoritäten hatten gesprochen. Bis heute müssen die Journalisten vorerst selber denken, auch weil das Phänomen ihre eigene Orientierung an Klassifizierungen wie »Feuilleton«, »Kulturjournalismus«, »Modernes Leben« entlang mitbetrifft.

Wie sie nun das, was sie wahrnehmen, über den einen Kamm des Pop scheren, ist einerseits tatsächlich die übliche betriebsblinde Vereinfachung kultureller Phänomene. Andererseits scheint gerade diese homogenisierende Subsumption unterschiedlichster Phänomene aus den Bereichen Kultur, Öffentlichkeit, Medien unter den Begriff Pop nicht allein auf der Ebene der Interpretation stattzufinden, sondern selbst Ausdruck einer Entwicklung zu sein, die man als die von Pop I (60er bis 80er, spezifischer Pop) zu Pop II (90er, allgemeiner Pop) bezeichnen könnte.

Pop I wurde meist als Gegenbegriff zu einem eher etablierten Kunstbegriff verwendet. Pop II steht dagegen neuerdings im Gegensatz zu Politik, auch wenn sicherlich Öffentlichkeit der produktivere Gegenbegriff wäre. Pop I war immer in grenzüberschreitende Bewegungen verwickelt, das Drama von Pop II besteht auf den ersten Blick darin, daß kein Terrain sich gegen seine Invasion mehr sperrt. Wollte Pop früher von der hohen Kunst zur Politik (Godard) oder von der Politik zur Kunst (Zappa) oder von der Massenkultur zur Gegenkultur (Marianne Rosenberg) oder von der Gegenkultur zur Massenkultur (T. Rex) oder von der Öffentlichkeit zur Gegenkultur und zurück (Horst Mahler) oder von der Kunst zur Öffentlichkeit und von da zur Gegenkultur und zurück (Otto Mühl), so bleiben heute all diese Bewegungen innerhalb eines neuen Feldes von Pop II bodenständig und überschreiten nichts mehr. Sie nehmen verteilte Rollen ein, wechseln diese und bleiben in einem neuartigen kulturellen Feld, das man im Unterschied zu seinen allerdings durchaus noch wirkungsmächtigen Vorläufern durch folgende neue Entwicklungen charakterisieren könnte:

1.) Eine neue pluralisierte Öffentlichkeit: Die Fülle neuer Talk-Shows, in denen die individuelle Seite des ganz Alltäglichen und Normalen prämiert wird; die sowohl enthierarchisierende wie verblödende Edutainment-Inszenierung der

Nachrichtensendungen und die tendenzielle Entmachtung des Interpretationsmonopols samt der verlautbarenden, an alle gerichteten Sprache (»Gute Abend, meine Damen und Herren!«) der alten, autoritären bis sozialdemokratischen öffentlich-rechtlichen Fernsehkultur haben einen neuen, mit Pop verwandten Typus von Öffentlichkeit hervorgebracht, bei der scheinbar jede Stimme den Zugang zu Verstärkermedien hat.

Nur ist es aber mitnichten so, daß nun, wo jeder bei »Vera am Mittag« über alles und jeden sprechen darf, die herrschenden Ideologien durch eine neue Form demokratischer Partizipation infrage gestellt würden. Das neue, alle einschließende Modell von Öffentlichkeit behauptet vielmehr täglich, wie sehr doch alle anderen normalen, authentischen Stimmchen von der Straße immer schon dasselbe denken, was vorher noch autoritär verhängt werden mußte. Die lockere Vielstimmigkeit artikuliert meistens die bekannte Ideologie, ja verstärkt diese meistens noch, wenn sich zunächst ganz weltoffene WiWi-Studenten-Yuppies bei »Arabella« in äußerst telegener Erregung über parasitäre Sozialhilfe-Schmarotzer in eine ebenso konsensfähige wie gemeingefährliche Weißglut steigern.

Das heißt nicht, daß in diesen Sendungen nicht dennoch mitunter Effekte einer inspirierenden Irritation entstehen und tatsächlich jemand etwas sagt und auf eine Weise sagt, wie man es noch nie öffentlich gehört hat. Diese Momente sind auf jeden Fall häufiger zu finden als im alten öffentlich-rechtlichen TV. Dafür aber auch in einem Öffentlichkeitstypus, der der einzelnen Überschreitung eine weit geringere Resonanz zugesteht, so daß noch heute alle TV-Historiker von den Provokationen eines Prinz von Homburg (schwieg seinen Interviewpartner Günzler an) oder Fritz Teufel (schoß auf Minister Matthöfer mit Wasserpistole) schwärmen.

2.) Verstärkte Durchlässigkeiten zwischen den Formen dieser neuen Öffentlichkeit und den Pop-Kulturen, wie wir sie kennen: Die kleinste Underground-Nischenkultur lebt von ihrer durch den Begriff und das Feld hergestellten Nachbarschaft zur Massenunterhaltung ebenso, wie die Massenunterhaltung wiederum von homöopathischen Underground-Spritzern profitiert. Die Grenze zwischen dem Erlaubten und der Provokation ist ebenso gefallen wie die zwischen den zumutbaren Genres und dem Underground. Auch ohne »verstanden«, entfaltet oder gewürdigt zu werden, schaffen es Phänomene, die eigentlich zur im alten Sinne oppositionellen Pop-Kultur gehören, in die neue Öffentlichkeit. Doch wenn die Goldenen Zitronen in einer Kinder-Popsendung Sympathien für linksradikale Militanz äußern oder Eric D. Clark von Whirlpool Productions in einer Mittags-Talk-Show Disco-Kultur erklären darf, repräsentieren sie dort nicht mehr (durch Style und Habitus), was sie inhaltlich vertreten (wie Pop es früher konnte).

Da, wo sich die ideologische Einverstandenheit aller als Vielstimmigkeit äußert, wie in den Talk-Shows der neuen Öffentlichkeit, läuft nämlich auch die nichteinverstandene Stimme Gefahr, nur zu einer weiteren anderen Stimme, nicht zur Vertretung einer anderen Position zu werden. Diese Form von Nivellierung hat wenig mit dem zu tun, was von subkultureller Seite früher als »Vereinnahmung« beklagt wurde: Bestimmte Zeichen für bestimmte Inhalte wurden marktfähig gemacht und so unbrauchbar. Heute werden differente Zeichen in eine universelle Differenz, die sich leicht als Uniformität erkennen läßt, so eingeführt, daß eine Verbindung zu Inhalten gar nicht mehr als Problem erkennbar ist. Sehr selten gibt es dabei Brüche.

3.) Pluralisierung und Überlagerungen von Pop-Kulturen: Die Pop-Kulturen haben sich aus dem Zusammenhang von Pop I herausgelöst und vervielfältigt. Wie die neue Öffentlichkeit sind sie von einem formalen Gegensatz zum alten, für alle zuständigen Kulturtypus gekennzeichnet, der allerdings im Falle der neuen vervielfältigten Pop-Kulturen, anders als bei der neuen Öffentlichkeit, auch ein ideologischer sein kann. Die neuen Pop-Kulturen sind wie die alten von einer Dialektik aus Inklusion und Exklusion geprägt: Zum einen sind für die Teilnahme an Pop-Kulturen die klassischen Bildungs-bezogenen Voraussetzungen, im Gegensatz etwa zur elitären Künstlergruppe, gegenstandslos geworden, zum anderen zählen aber andere Voraussetzungen (Hipness), die sich auch oft aus der »Treue« zum Gegenstand herleiten – sei es ein ästhetischer, politischer oder die für Pop-Kulturen so charakteristische Bestimmung moralischer über ästhetische Fähigkeiten. Pop-Bedeutungen lassen sich nicht mit klassischen hermeneutischen und kriminalistischen Verfahren, sondern nur durch Zugehörigkeit zur (oder über die Interpretation der) jeweils relevanten Gemeinschaft erschließen. Da sich immer mehr Gemeinschaften überlagern, ist nicht unbedingt klar, welche jeweils gemeint ist. Tatsächlich ist das Unklarlassen des Adressaten oft die Bedingung für größeren Erfolg wie gleichzeitig Verletzung der Regel Nummer eins, klare Zulassungsbeschränkungen zu erlassen (Vergleiche: »Crossover« oder »Verrat«).

In Pop I dominierte die nachvollziehbare Verpflichtung auf eine Gemeinschaft, in Pop II dominieren die Überlagerungen. Die generell zum Verständnis und zum Gebrauch von Pop-Bedeutungen notwendigen Gemeinschaften scheinen in jeder Hinsicht immer flüchtiger zu werden – so wie die Lebenspläne heute nicht mehr über feste Modelle von Biographie, sondern aus ständig wechselnden, Bohemien-artig unabgeschlossenen Modellen zusammengesetzt sind. Viele Möglichkeiten der Partizipation existieren nebeneinander. Um die verschiedenen Staffeln von Star Trek zu »verstehen«, gibt es sehr unterschiedliche Angebote, und es gibt sehr unterschiedliche Intensitätsgrade des »Verstehens«, bis hin zur Vollmitgliedschaft bei den Trekkies. Um sich mit subkulturellen Sub-Genres auszukennen, muß man eine Fülle von hochspezialisierten Habitus-Tests und -Verfeinerungen durchlaufen, die jeden Dandy grob aussehen lassen. Doch auch diese Kenntnisse und Fähigkeiten sind wesentlich davon geprägt, daß sie sich anschließen lassen müssen. Dies gilt ebenso, wenn sich beobachten läßt, daß die sich überlagernden flüchtigen Gemeinschaften von Pop II – eine solche Gemeinschaft kann drei Tage lang aus den Leuten bestehen, die einen bestimmten auf Platz 44 plazierten Hit mögen und anschließend vergessen – ein Komplement in den entgegengesetzten pathetischen oder auch politisierten Verpflichtungen zur Treue, zur Wahrheit, zur Kompromißlosigkeit haben.

Phänomene wie der Easy-Listening-Kult von 1995 und die in deutschen Großstädten dazugehörige Kultur von Cocktail-Lounges in ehemaligen Animierbars, besucht von Flexibilisierungsgewinnern, die den klassisch-popkulturellen Zusammenhang zwischen ästhetischer Kennerschaft und ethischen Konsequenzen aufgekündigt haben, haben auch zu der Reaktion geführt, nun besonders trotzig an der kleinen, kontrollierbaren Gegenkultur und ihren Regeln über die Beziehungen zwischen politischen Inhalten und den dazugehörigen Zeichen festzuhalten. Mit diesem Festhalten an alten subkulturellen Zusammengehörigkeitsgefühlen und -regulierungen von Codes stellt dann die sich von Pop II zu Recht bedroht fühlende altsubkulturelle Szene eine strukturelle Gemeinsamkeit mit jenen Kulturkonsumenten her, die zur Flexibilisierung aus politisch ganz anderen, mitunter konservativen Gründen noch nicht finden konnten. Die so gefundene Gemeinsamkeit äußert sich mitunter im Festhalten an Ideen vom ganzen, echten Menschen, dem handgemachten Rock und anderen Elementen, die gerne von Werbespots mit Marcel Reif bedient werden – aber auch im Glauben, (nur) mit besonders brachialen und übersteuert sägenden Technotracks lasse sich die Unterscheidung von Schweinen und Menschen nochmal rekonstruieren.

Beiden – trotziger Subkultur und Freunden handgemachter Rockmusik einerseits wie zynischen Flexibilisierungsgewinnern der Lounge-Kultur andererseits – stehen die exzentrischen

Konformisten gegenüber, die aus dem vor ein paar Jahren noch exklusiven *Trash*-theoretischen Gedanken (größtmögliche Authentizität entstehe nicht im Beherrschen, sondern im Verfehlen eines gleichwohl begehrten kulturindustriellen Standards) die bekannte Guildo-Horn-Bewegung gemacht haben. Das Prinzip der Trash-Begeisterung diente einst dandyistischen Geschmack-Subkulturen zur nonkonformistischen Selbststilisierung. Sein Witz war, daß es ein Bekenntnis zu ungeschützter Emotionalität – von Schlagern, B-Movies, besonderen Outfits, daran hängenden Träumen – mit einer schützenden Geschmackskultur kurzschloß. Darüber hinaus spielte ein ähnliches Prinzip eine nicht unwesentliche Rolle für einen kulturpolitischen Aspekt schwuler Identitätspolitik. Dieses Prinzip ist nun massenfähig geworden und dient allem Möglichen: Wer gerade noch seinen Platz im Konkurrenzkampf behauptet hat, entledigt sich seiner psychischen und sentimentalen Investitionen in Verlierer-Kultur – repräsentiert durch den Schlager – in einer rituell-kollektiven Ironie-Orgie. Andere mögen gerade in der Verbindlichkeitserklärung des Unverbindlich-Ironischen oder des Scheiternden tatsächlich authentische Entlastungen erleben, die ausgelassene Feiern wert sind.

Die Regeln von Pop II und neuer Öffentlichkeit sind selten formal beschrieben worden, weil das jeweils konkrete Treiben der Pop-Kulturen – Sicherheitsnadeln durch die Backe, freie Liebe, Avantgarde-Kunst, Techno tanzen, Piercen, Extremsport, Überraschungseier-Figuren sammeln – den Beobachtern (Soziologen, journalistischen Gegenwartsdiagnostikern) interessanter erschien als ihre Form oder Struktur. Das hat sich in den letzten Jahren geändert. Trotz aller Überbietungsversuche beim konkreten Inhalt – noch mehr Beats per minutes, noch länger Tanzen, noch mehr Hautflächen zutätowieren, sich beim Sammeln von Überaschungseier-Figuren spezialisieren und alle, die die Spezialisierung nicht mitvollziehen,

»Faschisten« nennen – ist »Pop-Kultur« heute vor allem ein Begriff, an dem etwas über »uns« oder die »Gesellschaft« klarwerden soll. Das Gesamt-Territorium der Pop-Kulturen ist auffälliger als die einzelnen Ausprägungen, und von denen sind nur die relevant, die in ihrem pop-kulturellen Spezialtreiben das Gigantische und Massenhafte der Pop-Kultur an sich zum Ausdruck bringen, von der »Love Parade« bis zur Guildomania. In dieser Größe kulminiert einerseits das Rätselhafte, Erklärungsbedürftige der Pop-Kultur, andererseits ist sie selbst die Basis für »Pop-Kultur« als Begriff und Argument.

So stellt sich nun seit knapp einem Jahrzehnt, in den letzten Jahren aber mit gewachsener Drastik, den lockeren wie den lebensüberdrüssigen Kulturkritikern die Frage, ob die Pop-Kultur nun schon alles bedecke und »wir« in einer einzigen solchen Kultur oder Gesellschaft schlimmerweise leben. Oder ob – im Gegenteil – am Ende gar die »Ordnung der bürgerlichen Klasse zusammengebrochen« sei, wie am optimistischen Ende des kulturdiagnostischen Spektrums verdächtig aufgekratzt behauptet wird, und dann wieder »wir« gesiegt hätten?

Dieses neue kulturelle Gebilde ist aber nicht eine einfach nur linear gewachsene Institution, die dann längst die Größe und die Funktion der einen großen Öffentlichkeit in der Tat überlagert hätte. Zum einen gibt es anstelle eines universalistischen Mainstreams die inklusive, aber über heterogenisierende Formen ideologisch homogenisierende neue Öffentlichkeit. Zum anderen sind aber auch die sich noch immer alternativ und gegenkulturell oder wenigstens spezifisch gerierenden Formen von Pop – im alten Sinne sozusagen – nicht mehr ein randständiges, minoritäres und subversives Gegenüber eines geschlossenen Mainstreams offizieller Werte und Institutionen. Vielmehr haben wir es, wie Tom Holert und Mark Terkessidis gezeigt haben, mit einem »Mainstream der Minderheiten« zu tun.[1]

Für diese Fülle von nebeneinander existierenden Pop-Kulturen, ist allerdings konstitutiv, daß jede einzelne noch so strukturiert ist, wie Pop-Kulturen immer schon strukturiert waren: Um käufliche Kulturgegenstände herum wird eine mehr oder weniger von diesen Gegenständen begünstigte Semantik errichtet, die eine Gruppe für verbindlich erklärt – diese Semantiken reichen natürlich heute, wo die Leitdifferenzen nicht mehr (wie früher links/rechts, jung/alt, neu/alt und langhaarig/kurzhaarig) untereinander kongruent sind, von reaktionär bis progressiv, von sexistisch und rassistisch bis zu emanzipativ. Ihre immanente Organisation kann im günstigen Fall von der hochkünstlerischen Komplexität des Janet-Jackson-Videos »Got 'Til It's Gone« bis zur formal geschlossenen Eleganz einer repetitiven One-Note-Techno-Komposition eines Jeff Mills reichen. Daß es die Instanz des Mainstreams nicht mehr gibt, der früher die Codes der Pop-Kulturen assimilierte und zu allgemeinverständlichen Codes der herrschenden Untertanenkultur resignifizierte, sollte aber nicht zu den jeweils unsinnigen Extrem-Diagnosen verleiten, daß entweder »wir« gesiegt hätten und ein neues Zeitalter von Demokratie ausgebrochen sei – oder aber gar nichts mehr ginge und Pop-Kultur selbst alle Formen von Untertanenkultur übernommen habe.

Bei Pop-Kulturen geht/ging es immer – wie illusionär diese Selbsteinschätzung im Einzelfall auch sein mag – um die Durchsetzung der von den Beteiligten als »selbstentwickelte«, autochthone und angemessener empfundenen Sprechweisen. Diese scheinen heute in ihrer Vielfalt allgegenwärtig, werden aber als in letzter Instanz einverstandene Mehrheit in den vielen Sendungen inszeniert, wo Leute reden, wie ihnen der Schnabel gewachsen ist. Auf der künstlerischen Seite von Pop ist Authentizität schon länger bankrott: Mit vermeintlicher »Authentizität« – Bluesrock, U2, R.E.M. – pflastern blöde Bürokraten und kranke Karrieristen ihre Innenausstattung;

mit vermeintlich »synthetischen« Produkten der Kulturindustrie – Tic Tac Toe, Disco – wird dagegen noch der eine oder andere begrüßenswerte Wertewandel, das eine oder andere schwule Coming Out oder ein berechtigter Bruch mit einem blöden Boyfriend angeschoben. Und schließlich gibt es immer noch professionelle subkulturelle Lebens- und Produktionszusammenhänge (klassische Musik-Subkulturen, heutzutage vor allem um neue elektronische Musikformen), die sich immer noch gegen die Verwertungslogik donquichotesk stemmen und etwa durch Anonymisierung, Verweigerung von Öffentlichkeit und »White Labels« das alte Independent-Projekt des Punk-Rock fortzusetzen suchen.

Der nächste Schritt, der Schritt zum Außen des Mikro-Projekts, wird jedoch immer schwieriger. Denn auch diesen Aktivitäten steht eine immer größere Abhängigkeit von einer immer blinderen, immer weniger lokale Produktivitäten langfristig hegenden, dafür punktuell toleranteren und inhaltlich komplett indifferenten Kulturindustrie gegenüber, welche die mitunter entstehenden Gemeinschaften zu einer gedächtnislosen Flüchtigkeit zwingt.

Die Nachbarschaft von künstlerischen und politischen Strategien in Pop II ermöglicht jedoch auch im produktiven Sinne unklare Überlagerungen von künstlerischen und alltagssprachlichen Äußerungen. Pop-Kultur war noch nie eine Konkurrenz für individuelles Kunstwollen oder politische Organisation, sondern stellt den Rahmen her, in dem individuelle Absichten und Interessen Austausch und ein Gegenüber finden, die weder den künstlerischen Weg zum entwickelten altabendländischen Autor-Ego abwarten noch sich auf die politischen Strukturen des Parlamentarismus und seiner Verlangsamungen einlassen wollen.

Pop II ist mittlerweile ein System, in dem diese Energien einerseits überhaupt erst Formen und Farben und Semantiken finden können, andererseits auch das System, das für die

Grenzen ihrer Entfaltung, also für ihre Wirkung auf die gesellschaftliche Umgebung und auf echte Politik, immer stabilere Regeln und Hindernisse entwickelt hat. Während Pop-Kultur I unabhängig von ihren konkreten Inhalten immer einer oppositionellen Struktur folgte, als Komplement und Konkurrenz zur defizitären Repräsentationspolitik des Parlamentarismus und alter Herrschaftskulturen, bietet Pop II Matrizen für alles, innerhalb und außerhalb des normalen Spektrums. Das Gebiet, in dem Pop-Kulturen so viel Boden gut gemacht haben, ist das erfolgreiche Zusammenführen und Aufeinanderabbilden der Logiken unterschiedlicher kultureller Bereiche, von Hochkultur bis zu jenen kulturellen Notdürften, die wie der notorische Lore-Roman allenfalls kultursoziologischen Sozialarbeitern aufgefallen sind. Ihre Attraktivität liegt in der ständigen Möglichkeit zur Überschreitung von der einen Bedeutungsproduktionssparte zur anderen, wann immer ein Zeichen entleert wurde. Ihr Nachteil ist die Perfektion der Entleerung.

Trotz einiger Ansatzpunkte ist übermäßiger Kulturoptimismus aus der Blödheit seines Gegenteils jedenfalls nicht abzuleiten. Pop-Kultur II – so könnte man zuspitzen – hat heute eine Funktion wie das ästhetische Erlebnis in Kants Philosophie: Sie verankert auf der jeweils höchst subjektiven Ebene des Kunsterlebnisses und des »authentischen« Sprechens – ob im Drum'n'Bass-Pattern oder in der Jeder-darf-mitreden-Show von Kerner – den allgemeinen kulturellen Zusammenhalt.

Daß ein solcher neuer Common Sense, der paradoxerweise aus lauter Partikularismen und Mini-Subkulturen besteht, die in der Vorstellung der Subjekte gerade nichts gemeinsam haben (außer nichts gemeinsam zu haben), als Orgie der Differenz unsere Gegenwartskultur bestimmt, ist aber auch ein möglicherweise zu feuilletonistisch sauberes, zu totalen Optimismen oder Pessimismen verleitendes Zerrbild, wenn auch tendenziell triftig. Daß neben dessen neuen Formen die alten gesellschaftlichen Institutionen einerseits weiterbestehen, wie auch deren kulturelle Formen – »Hochkultur«, öffentlich-rechtliches Fernsehen – in vielen Punkten ungefährdet bleiben, um sich andererseits mit den neuen zu verketten und ideologische Formationen zu bilden, ergibt ein neues, dynamisches Verhältnis.

Dabei kommt es gerade darauf an, wie und wo welche Differenzen, die von den alten Institutionen gesetzt werden (z. B. Inländer/Ausländer) mit welchen neuen korrespondieren und wo nicht: Differenzen sind nicht per se gut oder schlecht. Dieses Verhältnis bedarf einer Analyse, die noch aussteht.

Die strukturell aus vielen Mini-Ein- und Ausschlüssen zusammengehaltene Pop-Kultur und die auf einer großen Inklusion basierende neue Öffentlichkeit stehen zwischen alter Repräsentationspolitik (eine Öffentlichkeit, eine Gesellschaft) und einer folgenlosen Pluralisierung zu flüchtigen Gemeinschaften. Letztere haben den Vorteil der Freizügigkeit um den Preis der Politikunfähigkeit, erstere den Nachteil der Langsamkeit und Totalisierung. Würde man die Gemeinschaften von Pop II stabilisieren, bestünde die Gefahr, »warme« lebensweltliche Bindungen, Gemeinschaften auch reaktionär über »kalte« Gesellschaften zu stellen, ohne die erwünschte Verbesserung von Oppositionalität zu erzielen.

Was not tut, ist eine Art Wissenschaft, die von Fans betrieben wird, die prinzipiell für die Potentiale von Pop-Kultur empfänglich sind, aber frei genug, den gesellschaftlichen Zusammenhang nicht ausblenden zu müssen, in dem über und mit Pop Macht ausgeübt und Verhältnisse stabilisiert werden, die abzulehnen sind. Eine Wissenschaft, die freilegt und benennt, was passiert, wenn Pop produziert und konsumiert wird, die das eigene Fasziniertsein nicht ideologisch ausblendet, sondern heuristisch fruchtbar macht. Ich mache mir keine Illusion über die erwartbar gräßlichen Resultate, die entstehen würden, wenn man das Feld den klassischen Sozialwissenschaften überließe. Andererseits kann es nur besser werden.

Der Ausgangspunkt der klassischen Birmingham School, »Cultural Studies« als die durchaus sympathisierende Beobachtung von Massen-, Minderheiten- und Subkulturen, könnte heute in einer ebenso prinzipiell sympathisierenden Beobachtung von Pop II eine Fortsetzung finden. Pop befindet sich in Konkurrenz zu und ist durchlässig für einerseits (neue) Kunst und andererseits (Repräsentations-)Politik, ohne mit einem dieser klassischen Felder identisch zu sein. Als solches ist Pop II weder gut noch schlecht, aber gerade weil es für jeden zu haben ist, der damit Geld machen, die Stimme erheben oder im Falschen richtig leben will, sollten auch die vom Staat bezahlten Wissenschaften sich damit beschäftigen.

Ist es also berechtigt gewesen, alles Pop zu nennen, war dies tatsächlich die große Neuheit? Zwar ist Pop als Pop II in alle öffentlichen Kommunikationsformen eingedrungen, aber noch immer in der Form der Tendenz, nicht als neue Totalität. Es gilt, sich mit dieser Tendenz in ihrem Verhältnis zu Pop I und der alten Öffentlichkeit auseinanderzusetzen und auf dieser neuen Ebene oppositionelle Effekte zu studieren und zu stärken. Allerdings geht das kaum von außerhalb. Was bleibt, ist wohl eh nur die Mitarbeit an Pop II: Nie war Bedeutungsproduktion so wichtig, als Rohstoff des Marktes wie als Ferment des Gesellschaftlichen – und damit im Prinzip auch einer neuen Politisierung zugänglich. Nie war sie gleichzeitig so unwichtig, so ersetzbar, so flüchtig, so resonanzlos.

Unter Pop läuft neuerdings aber auch die Reduktion auf die vermeintlichen Fakten, das Postulat der »Bild«-Zeitung, wer etwas zu sagen habe, sage es in kurzen Sätzen – mit anderen Worten, die rechte Propaganda. Auch das leiht sich von früheren Pop-Modellen die Frechdachsigkeit, die fiese Frische und den Kommando-Ton. Dabei kann man natürlich nicht mitarbeiten.

1997

Reise durch die 90er in fünf Themenkreisen

1. GIRLISM

An diesem Begriff kann man mal klären, was es mit den vielbeklagten »Vereinnahmungen« und »Verwässerungen« einer Idee durch das »Feuilleton« und andere Agenten des Systems auf sich hat. Das Wort »Girlism« hatte sich »Spex« nachweislich im Sommer des Jahres 1990 ausgedacht und lanciert (und nicht etwa »aus Amerika« importiert). »Girlism« war ein aus einer Art anthologischer Liste von Frauen in der Pop-Musik herausgewachsener Begriff für Tricks, Ästhetiken und Strategien, die Frauen im Pop-Feld angewandt hatten und denen ein gewisser, von uns damals begrüßter Anti-Authentizismus gemeinsam war. Der Begriff schwankte zwischen deskriptiv und normativ. Anders aber, als es die geläufigen Vorstellungen von »Verwässerung«, »Vereinnahmung« und In-falsche-Hände-Geratens normalerweise darstellen, ist diese Idee nicht falsch verstanden oder erst verstanden, dann aber aufgeweicht und entschärft worden. In all den Darstellungen zwischen »Spiegel«, »Petra« und diversen Massenmedien, die im Laufe der 90er mit »Girlism« operierten, ist der Begriff vielmehr sofort in einem leicht unterscheidbaren und entgegengesetzten Sinne gebraucht worden. Es ging nämlich nun nicht mehr um vorbildliche künstlerische Strategien von Frauen im Pop-Bereich, sondern darum zu fordern, Frauen *sollten* sich politisch und im Alltag so benehmen wie bestimmte junge Frauen das zu bestimmten Zeiten strategisch (politisch und künstlerisch) erfolgreich im Pop-Bereich getan haben.

Der Begriff kippte eindeutig auf die Seite der Norm – und zwar wie das im Journalismus so läuft, durch exzessive, extensive und euphorische Deskription. Und er überschritt – klassischerweise ein Manöver linker und oppositioneller Pop-Rezeption – das Feld der Kunst hinüber zur Politik. Das gipfelte in der Forderung an Frauen und vor allem Mädchen, statt sich einer politischen Strategie, genannt Feminismus, zu bedienen, sich im alltäglichen Leben doch so zu benehmen, als befänden sie sich im Pop-Feld, von dem auch noch idiotischerweise oder perfiderweise behauptet wurde, daß es dabei nur um Spaß und Sex ginge. Alles andere wäre doch altfeministisch. So wurde über diese Ineinssetzung von Pop und Alltag ein ganz besonderer sexistischer Backlash lanciert: die auch noch als emanzipativ verkaufte, antifeministische Projektion von jungen Mädchen, die vom Leben nur noch unpolitisch individuellen Spaß wollen, den sich dann die »Spiegel«-Redakteure für sie ausdenken. Sie sollten endlich mit den feministischen Politisierungen des Alltags aufhören und sich dort wieder wie auf der nicht hintergehbaren Show-Bühne des Konkurrenzkampfes bewegen. Vielleicht wurde mit diesem Transfer von Pop in den Alltag von Frauen als Avantgarde aber auch ausprobiert, ob man die Zumutung, im Alltag ein popfähiger Typ zu werden, nicht überhaupt und für alle als neue Norm ausgeben könne.

Der Begriff – oder sein Themenkreis – blieb trotz allem auch in anderem Sinne so attraktiv, daß Ende der 90er versucht wird, ihn so wiederzubeleben, als wäre in den mittleren 90ern nichts passiert. Tatsächlich ist das Erobern einer Selbstverständlichkeit in der popkulturellen Artikulation von Frauen eine immer noch ausstehende und ungelöste Aufgabe. Das wäre aber wieder etwas anderes als der alte und auch etwas naive Girlism von »Spex«, der aus beobachteten Strategien unter unbefriedigenden Bedingungen ein überlegenes Kalkül ableiten wollte, dessen man sich nur zu bedienen bräuchte. Die Lage ist schon grotesk: Jede komplizierte Sub-Spezialisierung hat heute in jeder Großstadt einen Plattenladen, unzählige Web-Sites, Fanzines und Label – nur die Einführung einer von Frauen kontrollierten, selbstverständlichen Artikulation in der Pop-Kultur läßt auf sich warten.

2. NERD

Früher, als noch mehr wichtige Musik ausschließlich zu Hause gehört und in verschrobener Einsamkeit gleich in die Zeichensysteme der Privatuniversen eingespeist und übersetzt wurde, saßen Nerds eher am Endpunkt der Pop-Kommunikationskette, genannt Adressat. Home-Recording als Indie-Ethik einerseits, Schlafzimmer-Produzenten und der PC als technologisch fast gleichwertiges Äquivalent zum Studio andererseits setzen denselben Typ heute an den Ursprung derselben Kette. Kollektive sind entweder als Tanzende die Adressaten oder höchstens mal die sozial kontrollierende Peer-Group, genannt Clan oder Gang oder Posse. Selbst der Wu-Tang-Clan basiert an einem entscheidenden Punkt auf der Nerdhaftigkeit des RZA. Früher kam derselbe Typ auch noch als verrückter Produzent – Phil Spector – vor, der Bands, Orchester und Plattenfirmen quälte und sich der einschlägigen Genie-Mythologie bediente. Auch diese Funktion ist heute auf das Schlafzimmer-Talent übergegangen, der noch bei seiner Mutter von Cornflakes, Nutella und Haferschleim lebt und fernsieht, sofern er nicht gerade superinnovative elektronische Musik produziert. Wenn aber dessen Soundfreuden auch die der kollektiven Rezeption sind, dann gibt es wahrscheinlich zwischen einem bestimmten Erlebnis von Kollektivität (Dancefloor) und der Erfahrung narzißtischer Individualität (Heimeligkeit, höchst effektive Kommunikation mit der Welt über allerlei elektronische Gadgets) möglicherweise weniger Unterschiede als zwischen den klassischen Modellen von öffentlich und privat.

3. DROGEN

Auch hier wurden mit Techno und Elektronik-Lifestyle die Karten neu gemischt: Die Synthese aus dem alten, in der Regel nach Innen gerichteten Gebrauch des Halluzinogens (LSD, Meskalin, teilweise auch die THC-haltigen Drogen) und den Laber- und Angeber-Sozial-Drogen Koks und Speed fand sich in Ecstasy bzw. dem Stil, auch bestimmte alte Drogen neu zu nehmen. Als gleichzeitig von Innen glühende Sprachlosigkeit und entschieden soziale Außenorientierung. Zuerst steigerten sich im Verhalte der betroffenen AkteurInnen die Vorteile beider Drogengebrauchsstile: Soziales wurde durch intensive Innigkeit statt durch Ego-Expression hergestellt, Innerlichkeit sozialisiert. Später überwogen, wie immer, wenn Drogen länger around sind und die Alternativkapitalisten sie in die Finger kriegen, die klassenspezifischen Nachteile beider User-Stile. Das ständige intimitätsverletzende Ey-Du-Umarmen kam aus dem Grab der 70er-Psychedelia gekrochen. Am Speedmäßigen verreckten die Leute sowieso.

Währenddessen wurde Drogengebrauch gesamtgesellschaftlich immer nach demselben Muster entsorgt: Aus den entsprechenden geduldeten Lifestyles – sei es Nick-Cave-Bohemien, sei es kreativ-buntes Technokind, sei es X-Large-Hopper – wurde der erst von der Images verwertenden Industrie mitgekaufte Drogenaspekt nach und nach isoliert und dann die mit ihm stigmatisierten User auf denselben Müllhaufen innerstädtischer Repressionspolitik geschmissen, auf dem Punks und Junkies schon eine Weile lagen. 1997 soll es in der Model-Welt einen Heroin-Chic gegeben haben. Selbst Bill Clinton warnte. Models sind natürlich weiter geil und sollen den Chic behalten, Heroin aber muß endlich wieder Gosse werden.

Neulich las ich in »Bild«-Stuttgart, daß die Polizei in Böblingen (oder war es Göppingen?) erklärte: »Die angenehme Atmosphäre unserer Innenstadt wird von Punks und Junkies gestört. Dagegen gehen wir jetzt vor.« Was sie zweifellos tun, ob mit oder ohne Rechtsgrundlage. Man fragt sich, was man ihnen an den Hals wünschen sollte, in Böblingen oder Göppingen – die Verbreitung des Ebola-Virus durch Viertele trinken?

4. *EBM*

Keiner Sache konnte man sich so um 1988 so sicher sein, wie der absoluten Bedeutungslosigkeit, Unappetitlichkeit und Unwichtigkeit von sogenannter Electronic Body Music. Das war die Musik der Belgier und der Frankfurter, der Leute, die Schnauzbärte trugen und aus in Unwichtigkeit versunkenen ehemaligen Industrieorten kamen, auf eine martialische, gleichförmige elektronische Tanzmusik standen, die nicht nur langweilig, schwerfällig und ohne jede Disco- und House-Eleganz daherkam, sondern auch noch tiefsinnig sein wollte, Aussagen machen – Stachel im Fleisch und Tätowiernadel am Skrotum. Oder so. Und wenn die Protagonisten den weltläufigeren unter den heterosexuellen Musikjournalisten den Gefallen taten, wenigstens schwul zu sein, dann waren es keine glamourösen, dandyistischen, ebenfalls weltläufigen Schwulen, wie wir sie gern hatten, sondern schnauzbärtige Hartmännerdarsteller mit gepierceten Ringen aus Billigmetall in den Brustwarzen und Second-Hand-Leder am Mantafahrer-Body.

Und was soll ich euch sagen? Ein, zwei Jahre später hieß das Ding Techno, war zwar immer noch – in der deutschen Version – brachial, martialisch und eleganzlos, nun aber neu, sozial signifikant, generierte eine völlig neue Jugendkultur und war, ob man's wollte oder nicht, eine Weile im Recht. Millionen von ebenfalls aus verfallenen Industrielöchern gekommenen Ostdeutschen und andere Ostler sorgten für die geschichtliche Legitimität, die Erdung der neuen Pop-Kultur in gesamtgesellschaftlichen und globalen Entwicklungen Diese neue Pop-Kultur war aber mehr war als nur der symptomatische Ausdruck von Makro-Politik; nämlich gleichzeitig ein Lebensgefühl für frustrierte und zukurzgekommene Provinz- und Ostjugendliche – und für von der Ambivalenz der neuen, grenzenlosen, relativ inhaltsfreien, aber eben freien Party-Endlosigkeits- und Globalfreizeitkultur attrahierte MetropolenhipsterInnen, das sich, als Lebensgefühl, ein paar Lenze in den ebenso ambivalenten und unklaren Berliner Trümmervierteln organisieren konnte. Das war eigentlich das Ende des Konzept Hipness, dem es entging und dem die begrifflichen Mittel fehlten, um zu verstehen, wie sich unter den eigenen Augen aus dem abgestandensten Gähn-Sound mit Hilfe eines Zustroms neuartiger und zwar massenhaft neuartiger, nicht mehr elitenhaft neuartiger Leute der nächste Aufbruch entwickelte. Den man naturgemäß nicht nur schön finden konnte.

Wie sich aber Detroit mit Chemnitz und Nordbelgien kurzschloß, war eine Verbindung, die sich trotz der Beteiligung von London und Berlin und internationalen Musikzeitschriften als notwendige Relais-Stationen an der symbolischen Macht der Metropolen und ihrer Wortführer vorbeimogelte und es schließlich – wenigstens vorübergehend – schaffte, daß die von Detroit produzierte Dignität auch Leuten zuwuchs, die irgendwo dämlich in der Provinz großwerden mußten: Das war schon eine unglaubliche Sache. Wir in Köln hatten das damals überhaupt nicht geblickt.

5. LINKSRADIKAL

Leute, die längst in den gemachtesten unter den Betten schlafen, pflegten in »Spex« und anderen Lieblingszeitschriften gerne mit dem Schimpfwort »sozialdemokratisch« nicht nur ihren eigenen Linksradikalismus unter Beweis zu stellen, sondern auch jede Form praktischer Politik als unerträgliche Zumutung für eine einigermaßen elegante salonbolschewistische Existenz von sich zu weisen. Der Autor dieser Zeilen schließt sich selbst da durchaus ein, diese Art der Zurückweisung von Verantwortung und anderen ideologischen Mach-mit!-Anrufungen hatte ja auch etwas Richtiges. Aber auch etwas Debiles. So wurde – vor allem in den unpolitischeren Jahren – jeder noch so abgedrehte Linksradikalismus in »Spex« zur heiligen Kuh, jede pragmatische Politik blieb unbekannt bis undiskutabel. Diesem »falschen« Linksradikalismus kam tendenziell eher die Funktion zu, einen eigentlich politikfreien Raum als einen ganz besonders unbestechlich politischen zu kennzeichnen und so unangreifbar zu machen – d.h. an der Flanke unangreifbar, an der er naturgemäß am verwundbarsten war. Darin trifft er sich mit heute weitverbreiteten Positionen aus dem politischen Linksradikalismus, während »Spex« (und die sogenannte Pop-Linke) an vielen Stellen durchaus pragmatischer geworden ist.

Jeder kennt linksradikale Theorien, die alle Fehler der Welt auf ein – meist tatsächlich gravierendes – Element der marxistischen Gesellschaftstheorie beziehen. Aber Marx ist auch nicht total und widerspruchsfrei genug, um für einen solchen Monismus herhalten zu können. Deswegen müssen solche Theorien auch immer im Namen des frühen gegen den späten Marx argumentieren oder umgekehrt oder im Namen des Marx vom 18.4.1856. Dieses eine Element – das Wertgesetz z.B. – bestimmt monokausal alles wenigstens in letzter Instanz und enthebt einen so von jeder Dringlichkeit politischen Handelns, solange diese fundamentale Grundtatsache nicht aus der Welt geschafft ist. Oder bis der Tag der letzten Instanz gekommen ist. (Aber die heißt eben letzte Instanz, weil sie als letzte kommt).

Das eigentliche Problem des politikunfähigen Linksradikalismus ist meist ein logischer Fehler. Von der Tatsache, daß man sich Gesellschaft oder ihre begrifflichen Äquivalente total, aber synchronisch anschaut und die logische Zwangsläufigkeit ihrer Falschheit quasi als Struktur erkennt und deren Geschichte teleologisch auf den jeweiligen Gegenwartsbefund zulaufen läßt, kommt man zu der Erkenntnis von der Unmöglichkeit der Intervention. Man kann ja sehen, daß alle stattgefundenen Interventionen die Struktur des Gegebenen erst ausgemacht haben, die wiederum total ist. Im Gegebenen kann man natürlich die Interventionen aus der Vergangenheit nie als solche erkennen, sondern nur ihr Determiniertes/Determinierendes, ihre Struktur, nicht ihre Dynamik, nicht ihre Kontingenz, die zu einer anderen Wirklichkeit vom Standpunkt der seinerzeit Intervenierenden aus geführt hat. Das ist zwar auch keine ganz neue Erkenntnis, aber eine, die man nicht oft genug wiederholen kann: Man kann nur – in einem wirklich politischen Sinne – linksradikal sein, wenn man auch gleichzeitig »sozialdemokratisch«, also realpolitisch und pragmatisch ist. Man kann nur einen Standpunkt von außen einnehmen, wenn man sich dabei zuschaut, wie man nämlich genau das von Innen aus tut. Und: il faut etre absolument anti-raciste et anti-sexiste in 1999.

1997

Erinnerung an Townes Van Zandt

Der mit Abstand schönste Abend der 1994er-PopKomm war das Konzert dieser beiden alten Männer, Townes Van Zandt und Michael Hurley.

Beide sind seit den 60ern dabei, beide werden immer wieder gerade dafür gelobt, daß sie zwar dabei, aber eigentlich nicht dabei waren, kleine Fluchten unternahmen, in beiden Fällen »verschollen« (was immer das heißen mag: Faxrechnung nicht bezahlt?) gewesen sein sollen, angeblich sogar in Wäldern (das gefällt dem deutschen Gemütsmenschen), nicht bei der Kulturindustrie mittun und so fürchterlich authentisch und aus echter, blutiger Lebenssubstanz geschnitzt und geknetet sind, daß – für Künstler ohne Major-Vertrag äußerst selten – »Zeit«, »Spiegel« und »SZ« ihre Spalten für diese archaischen Wundertiere ganz weit öffneten und ihre Knut-Hamsun-»Segen-der-Erde«-Prosa für feierliche Gelegenheiten anwarfen. Ein anderer problematischer Aspekt, wenigstens des Townes-Van-Zandt-Mythos ist die Verehrung seiner

Traurigkeit, seines »authentischen Leidens«, das dann auch wieder bei ihm und Hurley zusammengefaßt in der Vergötzung des bloßen Altseins auftaucht.

Das bürgerliche Subjekt ist bekanntlich ein gespaltenes Tierchen: Es will grenzenlos erkennen und doch selber (an)erkannt werden, was seine ursprüngliche Freiheit außer Kraft setzen würde. Es ist unbestimmt, bestimmt den ganzen Tag und will auch noch selber bestimmt (geliebt etc.) werden, was seine herrliche Unbestimmtheit, die es zum Bestimmen braucht, außer Kraft setzen würde. Für dieses Problem, das immer in Momenten großer Aufbruchsstimmung besonders deutlich wird, erfand man in den späten 60ern den Begriff des Singer/Songwriters: Er sollte qua Aufhebung einer bestimmten kulturindustriellen Arbeitsteilung (die *Bands* längst aufgehoben hatten) die Zerrissenheit des bürgerlichen Subjekts nach seinem Scheitern als Hippie heilen. Der Singer verkörpert das Erzählte, aber er *spielt nur*, stellt dar, und rettet sich so, zieht sich aus der Affäre. Dadurch, daß er aber auch der Songwriter ist, haben wir die Gewißheit, daß das bestimmende, freie Subjekt (Songwriter) und das anerkannte, bestimmte, geliebte, unfreie (Singer) identisch sind. Oder moderner: Beobachter erster und zweiter Ordnung fallen zusammen, wenn Townes Van Zandt, wie auf einem alten Plattencover zu sehen war (»Delta Momma Blues«), ein Liebespaar, das neben ihm steht, gerade noch beobachtet hat (durch seinen mitwisserischen Gesichtsausdruck klargestellt) und dennoch in die Kamera sieht. Der »Slash«(/) zwischen Singer und Songwriter war der Moment vor dem Auslösen der Kamera.

Doch die Idee Singer/Songwriter scheiterte daran, daß die Protagonisten nicht heilten, sondern in der Wunde bohrten. Bewerber für den neuen Job waren durch die Bank von narzißtisch gestörter Selbstwahrnehmung gekennzeichnet, und wenn auch einige von ihnen Erstaunliches aus ihrem Symptom machten, perpetuierten doch die meisten ein Problem, das es schon gab und daher wenigstens neu benannt werden mußte: »Me-Generation«. Das allgemeine Problem des bürgerlichen Subjekts durchlief nur noch schmerzhafte Wiederholungen einer Aufführung, bei der immer wieder die Aufführenden glaubten, dies Problem gehöre ihnen ganz allein.

Die neue Liebe zu den alten Männern, etwa die Johnny-Cash-Begeisterung bei der urbanen Mittelschicht von heute, will nun das Problem umgehen: Die hier haben ihr Leben schon hinter sich, alle Verletzungen und Zerrissenheiten atmen den versöhnlichen Ton des Imperfekt. Das war alles schon: Im Alter gewinnen sie Ganzheit, werden komplette authentische Charaktere ohne trennenden Slash, denen alles melancholisch verloren, aber doch reif und süß schmeckt. »Die Zeit« spricht von Orpheus. Diese Ichs tragen schwer an ihrer Substanz. Aber sie gehört fraglos ihnen ganz grenzenlos allein und ist ihnen von außen aus der Welt, als sie einst in ihr noch wandelten (vorzugsweise verschollen in Wäldern), mitgegeben worden.

Die Begeisterung für diese ganzen, authentischen, reifen, alten Individuen bei Leuten, die jünger sind, entspringt dem Wunsch, selber das Leben doch bitte bald hinter sich haben zu wollen. Die Angst vor Verletzungen und Verunsicherungen wiegt schwerer als jede Lust, der Rückblick auf schon erlebte Leiden – ach, wie sie sich an den gehabten Katastrophen Townes Van Zandts laben – scheint attraktiver, als noch etwas erleben zu wollen. Psychologen sprechen da, glaube ich, von Hysterie.

Das Großartige an Michael Hurley und Townes Van Zandt ist, daß sie mich begeistern konnten, obwohl ich 1.) die oben ausgeführten Bedenken hatte, bevor ich sie live sah, und 2.) normalerweise keine Künstler ertragen kann, die mir, wie z. B. Orpheus, erzählen wollen, wie es in einer Unterwelt aussieht, in der sie gar nicht gewesen sein können. Hier waren zwei Männer, die nicht einfach das Gegenteil von Kulturindustrie darstellten (der eine total besoffen, traurig, tief und schüchtern; der andere heiter, Zen-weise und bekifft rührend), sondern durchaus einen recht erfahrenen Bestandteil von allerlei Verwertungszusammenhängen und Kreativitätsindustrien verkörperten: Sie waren weder stolz auf ihr relatives Scheitern noch benahmen sie sich wie Outlaws, lehnten weder geniekünstlermäßig die Kommunikation ab noch waren sie arme Zauseln, die nur darauf warteten, daß ihnen endlich jemand was zusteckt. Sie erzählten von der verstreut-anarchistischen, durchgeknallten, mit Freiräumen genau wie mit Sweatshops durchmarmorierten Landkarte US-amerikanischer Freiheits-, Identitäts- und Bewußtseinsfabriken (Multis und Klitschen und alles dazwischen), um die herum Leben und Lieben anfielen.

Was Townes Van Zandt erzählt, verhält sich dazu, wie sich Franz Jungs »Weg nach unten« und Georg K. Glasers »Geheimnis und Gewalt« zu Europas 20. Jahrhundert verhalten. Das Fazit von Jung – am Ende, unten – gleicht dem von Van Zandt am Ende des ersten Songs der neuen Platte,[2] »A Song For«: Es sei zu spät noch zu bedauern, daß er nicht stärker gewesen ist. Damit schließt er eine Verabschiedung vom Wandern, vom Wege machen, vom »Ramblin'«. Und schließt mit einer Jahrhunderthoffnung der US-Populärkultur so ab, wie Jung mit seiner Vorstellung vom verwirklichten Kommunismus: der Hoffnung, durch »Wandering« oder »Rambling« immer wieder weggehen zu können. Seine total unkorrupte, sanfte Art sollte verhindern, daß Zuhörer anders darauf reagieren, als sein Scheitern als versuchtes, kunstvolles Handeln von höchster Menschlichkeit zu lesen, nicht als die übliche, eitel-hysterische Liste von hippen Heimsuchungen. Daß seine Figuren scheitern, liegt einfach daran, daß überall da, wo man sich nicht verwerten läßt, die geliebten Menschen einfach und einfach so sterben, vor Hunger, Auszehrung, Müdigkeit: »Roll over and die ...« (»Marie«). Van Zandt vergißt die

Primärdaten des Lebens nicht, möglicherweise macht ihn gerade das wirklich verläßlich uneinnehmbar, resistent gegen Mythisierungen. Sicher nicht glücklicher (das könnte helfen).

Bei Hurley sterben weniger Menschen als bei Van Zandt. Er ist genauso arm, haust in Nichtorten und schlägt sich durch. Aber als Zen-Meister ist er weise genug, nicht irgendwohin zu wollen, sondern halt nur da zu sein, wenn irgendein Zeitgeist, sei es in Form der Holy Modal Rounders (60er), der Youngbloods (70er), des Fundamental-Labels (80er) oder des Münchner Veracity-Labels (90er) ruft. Er schreibt Haiku-Lyrics (»Don't call me Sam ((Pause)). 'Cause I'm not Sam« – leider nicht auf dieser Platte[3]), braut Bier, ist gesamtkünstlerisch in anderen Medien wie Comics-Zeichnen tätig und schreibt wunderschöne Songs wie »Eyes, Eyes«, die er mit seiner hohen, alten Stimme singt wie ein Geist aus einer *chinese ghost story.* Sein Folk hat immer die spacige Dimension aller Beatnik-Hervorbringungen, wo Stories wie sein Oldie vom »Werewolf«, dessen Wiederaufführung dieser Platte wohl den Namen gab, immer auch Witze sind. Ich will keinen von beiden zu Modellen verkürzen, auch wenn dieser denkwürdige Abend das nahelegte (Hurleys wäre das gesündere, lebensfähigere Modell das irgendeine, mir auch nicht ganz klare Altbeatnik-Weisheit verkörpert), nicht auf Methoden reduzieren, Ehrlichkeit und/oder Humor als seltsam resistentes Material durch alles mögliche durchzubringen. Wie auch immer: Beiden ist dies nicht dadurch gelungen, daß sie sich vom Leben ferngehalten hätten. (*Männer,* die sich nicht vom Leben fernhalten, sind natürlich eine ganz grauenhafte mythologische Erscheinung, aber es gibt sie auch wirklich – Was ist das Leben? Ein Zen-Meister aus Amerika? Grusel, ich kann Zen-Meister nicht ausstehen.)

Es verbietet sich eben einfach, das Symptom der Beschädigung zu fetischisieren. Wenn aber eine(r) tatsächlich was gerettet hat und dabei beschädigt oder strategisch wurde, muß man das stützen, was gerettet wurde und nicht anbeten (allenfalls bzw. selbstverständlich je nachdem, wo und wer man ist: verbinden), was dabei an Wunden anfiel. *Townes Van Zandt starb dann wenige Jahre nach diesem Auftritt, Hurley ist wieder einigermaßen verschollen.*

1994

Anmerkungen, Vorwort

1. Die Jahreszahlen unter den Texten beziehen sich jeweils auf die Erstfassung und damit auf die historische Realität, die jeweils zugrunde liegt. 1991 konnte ich noch nicht wissen, daß Eintracht Frankfurt ab- und wieder aufsteigen würde. Die veröffentlichten Texte sind zwar zum Teil stark überarbeitet, aber immer im Hinblick auf meine Position und den Stand der Dinge ihrer zu Zeit ihrer Erstfassung.

Anmerkungen/1. Kapitel

1. Zu Beginn des Jahrzehnts traf eine solche Diagnose auf den kleinen Bereich der Indie-Musik und der Underground-Kultur zu, heute betrifft sie alle Gespräche in allen Bereichen. Ja, sie betrifft die Idee des Bereichs, des Themas selbst.
2. Die coole wissende Überlegenheit des Hipsters in Dylans »Ballad Of A Thin Man« gegenüber dem verwirrten Bildungsbürger »Mr. Jones«, der nur wußte, daß »something is happening«, aber nicht, was es ist, hat sich gegen den ehemaligen Hipster und seine Nachfolger gekehrt. Heute verlieren sie die Welt, auch Dylan spricht auf seiner aktuellen Platte davon, und das nicht nur, weil sie älter geworden sind, sondern weil und solange sie noch Interesse an einem Zusammenhang haben. Der spezialisierte Spießer ist dagegen heute cool und zufrieden, er weiß, was er wissen muß. Aber natürlich gibt es auch Bereiche, in denen ganz neue Hipster entstehen, die womöglich auch bald zu Synthesen fähig sind und über die Verwirrtheit der Älteren dann zu Recht coole Scherze machen können.
3. Am Rande dürfte in diesen Zusammenhang auch gehören, wie das früher für leichte (und oft idiotische) Mobilisierungen immer zur Verfügung stehende Thema Weltpolitik heute ganz und gar davon lahmgelegt worden, daß man ja nicht genau weiß, was im Irak oder im Kosovo wirklich los ist und politische Entscheidungen angeblich nur nach Auswertungen von in fünfzig Jahren geöffneten Geheimdienstunterlagen möglich sein werden.
4. Vgl. Tom Holert, »Familie machen«, in: Spex 9/98
5. Jonathan Richman, »Hospital«, 1972
6. Wenn das Kapital auf diese Ambition – sich staatsförmig zu repräsentie-

ren – verzichtet und statt dessen seine chaotische, unregelmäßig-expansive Gestalt zeigt, dann kommen wenigstens die futuristischen *crazy buildings* heraus, die Japans *bubble economy* der 80er hervorgebracht hat.

7. Wer dagegen – wie bei einer bestimmten Linken verbreitet – einwendet, solche Normenverschiebungen ließen sich immer nur durchsetzen, wenn die Organisation der Arbeit und des Konsums dergleichen verlange oder dulden könne, und seien daher wertlos, dem sei zum dutzendsten Mal erwidert, daß umgekehrt die gleiche spätkapitalistische Organisation von Arbeit und Konsum unter sehr unterschiedlichen kulturellen und legalen Nebenbedingungen abläuft, von Singapur bis Österreich, von Berlin Mitte bis Omaha, Nebraska. Diese Nebenbedingungen sind eine Lebensrealität, sie machen den Unterschied z. B. zwischen klerikalfaschistisch und kalifornisch. Für eine, in einem tieferen – und für mich fragwürdigen – Sinne von Materialismus *substantielle Veränderung* ist allerdings eine Überdeterminierung der Situation auf verschiedenen Ebenen, wie Althusser sie beschreibt, die Voraussetzung. Aber »Berlin« ist – natürlich in einem ganz anderen und neuen Sinne – sowas von *überdeterminiert*.

8. Die Frage wäre, ob die Entscheidung, nicht mit dem Mainstream zu kommunizieren, die klassische subkulturelle Geste, nicht heute entscheidend dazu beiträgt, zum Bild zu werden und verwertet zu werden, statt zumindest die Spur eines Arguments zu hinterlassen, die die andere Seite, wenn sie denn wirklich nur böse ist, erst auswischen müßte.

9. Diesen Begriff prägte Mark Terkessidis für die Beastie Boys, deren Weg vom HipHop-Punker über ein vollkommen entfesseltes, auf allen Ebenen durchgearbeitetes Hipstertum bis zum Dalai-Lama-Unterstützer vielleicht auch die Krise der mit diesem Begriff gemeinten Haltung auf den Punkt bringt.

10. In den letzten Jahren gelang dies im Mainstream z. B. Janet Jackson und George Michael. Darüber hinaus muß man sich aber Ideologie gerade auch als das Verhältnis vorstellen, das von mir verlangt, daß ich an das glaube, was ich tue, an meinen Beruf, meine Fähigkeiten, meine Legitimität, meinen Ort in der Welt: Pop-Kultur wirkt dabei aber in vielen Fällen nur um den Preis mit, immer auch auf das asoziale Glück zu zeigen, das darin besteht, etwas zu tun, an das ich nicht glauben kann. Dieser Fluchtpunkt ist weder den Simpsons noch Missy Eliott unbekannt.

11. Ein Umstand, der verwirrend und komplex ist, aber nicht zu der revisionistischen Verengung berechtigt, die Tom Frank in seinem Buch

»The Conquest of Cool« und anderswo natürlich teilweise richtig und brillant dargestellt vornimmt, wenn er aus dieser Konstellation auf ein immer schon Gekauftsein der Popkultur schließt.

12. Noch 1998 schreibt ein junger schwedischer Künstler und Musiker: »Berlin does not offer you riches, glamour, or fame like other more renowned metropolises. What it does offer is space to make something happen.« Mike Sale, »Chronicle: Berlin«, in: Merge, Nr. 2, Stockholm, Herbst 1998
13. Fred Neil, »That's the Other Side of This Life«, zitiert nach Jefferson Airplane, »Bless Ist Pointed Little Head«, 1969
14. So kommt der polizeiliche Begriff der »gefährlichen Orte« einer bestimmten Romantik nahe, die genau das – aus der Vorstadt kommend – immer in den Cities gesucht hat, die geile Bronx. Eine Romantik, die ja mittlerweile auch längst vermarktet wird und in der gängigen Werbung der Städte auftaucht.
15. Kodwo Eshun, »More Brillant Than The Sun«, London 1998
16. Die Firma »Muzak«, die früher zwölf Produkte mit sterilen, aber unterschiedlich gefärbten, von anonymen Orchestern nachgespielten, antiexpressiven »beliebten Melodien« anbot, offeriert heute nur noch ein solches Produkt, alle anderen sind Zusammenstellungen bekannter Songs der Rock/Pop-Epoche in Original-Versionen.
17. Aus dem im Off gesprochenen Intro zu Jules Dassins gleichnamigen Film von 1948, der in neuartiger Weise mit Außenaufnahmen von New York arbeitete und auch die Grundlage einer auch in der BRD in den 60ern gelaufenen Fernsehserie bildete.
18. Dieses Modell von Atmosphäre entnehme ich einem von Michael Glasmeier 1998 bei der »Atmosphäre«-Tagung in Dessau gehaltenen Vortrag.
19. In der Geschichte der Situationistischen Internationalen, vgl. hierzu die einschlägigen Texte Roberto Ohrts, insbesondere, »Phantom Avantgarde«, Hamburg 1990
20. In der von KünstlerInnen wie Wolfgang Tillmans, Nan Goldin, Larry Clark und teilweise Nobuyoshi Araki wieder stark gemachten und von Pionieren wie u. a. Robert Frank, William Klein und Ed von der Elsken zuerst skizzierten Jugendkulturfotografie spielt ein Begriff von Atmosphäre eine besondere Rolle. Alle Genannten arbeiten z.T. an Bildern, die Offenheit und Unvorhersehbarkeit zum Ausdruck bringen. Ihnen gelingt es im besseren Falle tatsächlich, soziale Möglichkeiten darzustellen und auch zur Verfügung zu stellen, für sie zu werben. Andererseits stellen sie natürlich Typologien von Atmosphäre dar, und sie rich-

ten das Licht auf das Dunkel, mit dem sie teilweise gerade dazu beitragen, Atmosphäre zu verdinglichen und der Verwertung zuzuführen. Manchmal schadet es zwar der Arbeit nicht einmal, für die Werbung zu produzieren, was einige der Genannten und ihre zahlreichen Epigonen tun, manchmal reicht aber schon die ikonographisch geschlossene Darstellung einer offenen Lage, um sie restlos zu verramschen. Es fällt auf, daß bei einigen der Genannten gerade die extreme Offenheit und Unübersichtlichkeit einer Situation oft mit besonders starren und konventionellen Rollen oder schnell verständlichen Stereotypen der Abgebildeten korrespondiert: sei es durch Berühmtheit, sexuelle Klischees und sexistische Menschenbilder. Je offener und vielversprechend zerzaust die Stadthorizonte auf den Bildern Arakis und der vielen ihm nacheifernden japanischen Subkulturfotografen, desto auswegloser verbeißt er sich in die starresten sexistischen Skripts japanischer Pop-Pornographie.

21. Lassen wir die anderen – teilweise auch in diesem Zusammenhang produktiven –Dimensionen dieser Odysseus-Figur hier ausnahmsweise beiseite.
22. Hier wäre die spezifische Blindheit der Mehrheit jener Ansätze einzutragen, die als »Medientheorie« firmieren; von Baudrillard bis Virilio, von Bolz bis Levy werden Einzelbeobachtungen mit einer totalisierenden Techno-Logik zum »Apriori der Epoche« hochgerechnet.
23. Tom Holert/Mark Terkessidis (Hg.), Mainstream der Minderheiten, Berlin 1996

Anmerkungen/2. Kapitel

1. Kerstin Grether, »Exile in Guyville«, in: »Die Beute«, Sommer 95
2. Die sogenannten 5%er sind eine aus der Nation Of Islam hervorgegangene Sekte, die glaubt, daß 85% der Menschheit die Wahrheit nicht kennt, 10% kennen sie und schlagen daraus Profit und 5% versuchen die 85% zur Umkehr zu bewegen. Diese heißen die » Poor Righteous Teachers«, es sind die Mitglieder der »5% Nation«. Die Gruppe ist lokker organisiert und seit den späten 60ern einflußreich. Sie vollzieht mit viel Numerologie, Esoterik und Freimaurer-Gebräuchen angereicherte, aber auch mit linksradikaler politischer Rhetorik gespickte Rituale. Der ziemlich sexistische Männerverein nennt seine Mitglieder »Gods« und deren Frauen »Earths«, die Kinder heißen »Seeds«. Man

nennt sich Moslems und glaubt wie die N.O.I. an die Verschwörung der weißen »Devils« gegen den Original Black Man, den Original Asiatic Man. Es gibt aber keinen Gott im Himmel, das wäre der falsche Glaube an einen »Mystery God«, sondern in allen 5%ern ist »God«. Prominente 5%er im HipHop sind die Brand Nubians, Poor Righteous Teachers, Rakim, Stetsasonic, KMD, Two Kings in a Cipher u.v.m.

3. in: Yvonne Yazbeck Haddad und Jane Idleman Smith, »Muslim Communities in North America«, Albany, NY 1994
4. »The Black Scholar« (Vol. 25, No. 4, Oakland, CA 1995).
5. T. Holert/M. Terkessidis (Hg.), »Mainstream der Minderheiten«, Berlin/Amsterdam 1996
6. Henri Lefèbvre/Catherine Régulier, »Die Revolution ist auch nicht mehr, was sie mal war«, München und Wien 1979
7. X-Clan: »Fire & Earth«, RCA 1992
8. Paul Kantner, Grace Slick & David Freiberg, »Baron von Tollbooth and the Chrome Nun«, RCA 1973
9. Mittagspause war eine der ersten deutschen independent produzierenden Bands aus der Punk-Bewegung, die ausschließlich Deutsch sang. Im Ratinger-Hof-Milieu in Düsseldorf zwischen Kunstakademie und Punkrock-Szene situiert, nahmen Mittagspause eine Doppelsingle (78), eine Single (»Herrenreiter«/»Paff«, 1979) für das Label ihres Gitarristen Frank Bielmeier (»Rondo-Schallplatten«, hier veröffentlichten u. a. auch die Tote-Hosen-Vorläufer ZK) und eine posthume Live-LP auf (ebenfalls Rondo), eine weitere Platte mit dem Material einer geplanten LP erschien viel später als »Herrenreiter« auf Pure Freude. Sänger Peter Hein und Gitarrist Thomas Schwebel gründeten 1980 die Fehlfarben. Hein ging später zu Family Five. Schlagzeuger Markus Oehlen gründete die Vielleichtors, nahm eine Kult-Maxi (»Beer Is Enough«) auf und musiziert zur Zeit mit seinem Bruder Albert bei Jailhouse und Van Oehlen, sowie unter dem Namen Don Hobby.
10. Von einem Clash-Titel kam auch das Punk-Pseudonym von Mittagspause-Sänger Peter Hein (später Fehlfarben und Family Five): Janie J. Jones
11. Heute vielleicht schon wieder vergessen: Der Rock-Sänger Heinz-Rudolf Kunze hatte die Einführung von Quoten für deutsche Rockmusik gefordert. In einem »Spiegel«-Interview sprach er dem Mut des Botho Strauß seine Bewunderung aus und stellte die »Verlierernationen des zweiten Weltkriegs« als Opfer von US-amerikanischen Kulturimperialismus dar: das selten so vollständig vorzufindende, ideologi-

sche Panorama des ganz normalen, aber neuen Deutsch-Nationalen der Berliner Republik.

12. Dies wurde geschrieben und vorgetragen, bevor die Burial-Mix- und Rhythm&Sound-Platten (unter Beteiligung von »Maurizio«) mehr als das taten, nämlich sehr offen mit ihren Quellen, den Sounds aus Lee Perrys »Black Ark«-Studios während der mittleren 70er, umzugehen.

Anmerkungen/ 3. Kapitel

1. Peter Lorre, »Der Verlorene«, Roman, mit Fotos und Essays, München 1996
2. Und nach der Niederschrift dieses Textes ist noch eine zweite, recht empfehlenswerte erschienen, von Felix Hofmann und dem amerikanischen Lorre-Biographen Stephen D. Youngkin, »Peter Lorre – Portrait des Schauspielers auf der Flucht«, München 1998
3. In einer ursprünglichen Fassung stellte dieser Text die beschriebenen ästhetischen Eigenschaften in Bezug zu einigen neueren Arbeiten Albert Oehlens. Die daran anknüpfenden ästhetischen Überlegungen sind aber mittlerweile in einen anderen Zusammenhang gewandert und werden womöglich bald in einer anderen Sammlung erscheinen. Vgl. den Katalog »Oehlen Williams«, Columbus/Ohio 1995 und meinen Text »Für eine Medientheorie der Malerei« in »Albert Oehlen«, Deichtorhalle Hamburg, 1994
4. Kurz nach dem Erscheinen von »Lysol«, protestierte die Herstellerfirma des gleichnamigen Lösungsmittel gegen den Schallplattentitel. Das Wort »Lysol« ist auf späteren Auflagen geschwärzt oder überklebt, die Platte hat jetzt keinen Titel mehr. Sie ist 1992 auf Boner Records erschienen, PO Box 2081, Berkeley, Ca. 94702-0081.
5. Es geht nicht um »Passagen«, obwohl das eine benachbarte Problematik ist und auch Passagen hier vorkommen: Aber nicht der Weg durch etwas hindurch, sondern die unmittelbare Nachbarschaft zweier Räume oder »Ausgeprägtheiten«, die durch eine Tür verbunden sind, ist entscheidend. Man kann zwar durch die Kirche in Córdoba hindurch in die Moschee zurückkommen, aber die Kirche ist nicht nur eine Passage, sondern vor allem ein eigener, wenn nicht der dominierende Machtraum. Daher passen auch berühmte, ebenfalls »ausgeprägte« Passagen aus der Kinogeschichte nicht ganz hier rein, etwa die farbige Modeschau in George Cukors schwarzweißen »Die

Frauen« oder Dalís Traumsequenz in Hitchcocks »Spellbound«, die beide als Passagen wichtig sind, nicht als für sich stehende Ausgeprägtheiten.

6. Vgl. Bernard Vincent, »L'Année admirable«, Paris 1991
7. Burchard Brentjes, »Die Kunst der Mauren«, Köln 1992
8. Rudolf Lothar, »Die Seele Spaniens«, München 1916. In neueren Texten wird diese Geschichte angezweifelt oder übergangen.
9. John Ford sagt: »I had wanted to make it for a long time. I've killed more Indians than Custer, Beecher and Chivington put together, and people in Europe always want to know about the Indians. There are two sides to every story, but I wanted to show their point of view for a change. Let's face it, we've treated them very badly – it's a blot on our shield; we've cheated and robbed, killed, murdered, massacred and everything else, but they kill one white man and, God, out come the troops.«, in: Peter Bogdanovich, »John Ford«, Berkeley and Los Angeles, 1978
10. Zum Beispiel: Frieda Grafe/Enno Patalas, »Es war einmal ein Ford«, in: diesselben, »Im Off – Filmartikel«, München 1974
11. Und wenn das einmal passieren können sollte, dann nur in eine Richtung. Selbst in der Postmoderne alltäglich und harmlos gewordene Spielchen wie Woody Allens »Purple Rose of Cairo« spielten das alte Spiel mit Realität und Imaginärem in einer Richtung; »Dead Men Don't Wear Plaids« setzte ein distanziertes Publikum voraus, das die verwendeten Zitate nach Jahrzehnten Retro-Kultur als solche erkennen konnte; »Cheyenne Autumn« enthielt zwei ganze Filme und den Weg aus dem einen in den anderen, zu einer Zeit, als die Leute noch ins Kino wie in einen Gottesdienst gingen.
12. Mike Davis, »The Ecology of Fear«, in Open Magazine Pamphlet Series, Westlake, NJ/Amsterdam 1992; derselbe, »City of Quartz«, London/New York, 1990, S. 221ff.
13. Wanda Coleman, »Berserk on Hollywood Blvd.«, CD; New Alliance Records, 1992
14. Z. B.: Pere Ubu, »Non Alignment Pact« auf »The Modern Dance«, LP, Phonogram 1977; The Jesus And Mary Chain, »Psychocandy«, LP, WEA 1985 – vgl. auch die Abschnitte »Hauptsache Nebengeräusche« und »Für ein Selbst, das kein privates Selbst ist« im 2.Kapitel dieses Buches.
15. Man denkt natürlich auch automatisch an den genialen Albert Ayler, der die musikalische »Befreiung« nach einem individualistischen Beginn seit 1967 immer mit dem Aufgehen in konventionelle Kollektivismen verbunden hatte, vor allem Märsche und Spirituals. Doch der

von Ayler einmal als »Entertainment«-Musiker kritisierte Shepp stellt nun im selben Jahr gerade beide – bei Ayler verbundenen – Elemente als ausgeprägte – wenn auch auf einander beziehbare – Gegensätze gegenüber, die für andere Free-Jazz-Musiker, etwa auch Sun Ra, in einer Einheit schwarzer Musik von New-Orleans-Märschen über Ellington bis zu atonaler Kollektivimprovisation aufgehen.

Anmerkungen/4. Kapitel

1. Ein solches »subkulturelles« Kapital wäre nicht zu verwechseln mit dem »illegitimen kulturellen Kapital«, das es bei Bourdieu auch schon gibt und das für kulturelle Kompetenz in den Bereichen der Kultur steht, die zwar noch nicht zur offiziellen Hochkultur zugelassen sind, aber kurz davor stehen. Auch hier handelt es sich um subkulturelles Wissen, dem aber die ethische Dimension noch fehlt, wie sie erst seit Punk in der Subkultur eine Rolle spielt. Vorher waren Ethik und Ästhetik sauberer getrennt: Politische Musik war okay, wenn sie politisch okay war, egal, wer daran verdiente (von ganz wenigen Ausnahmen abgesehen). Erst Punk-Bands wie The Clash mußten sich anhören, sie hätten »ausverkauft«, weil sie bei CBS unterschrieben. Danach wurde kein Vertrag mehr von einer »integren Band« mit einem Multi unterzeichnet, ohne daß es zu entsprechenden Debatten kam. Daß sich aber das über eine ethische Haltung gewonnene Renommee in ein »Kapital« umwandeln läßt, mutet heutzutage immer unwahrscheinlicher, der darauf basierende Vorwurf paranoid an. Spezialistenwissen und käufliche Hipness nimmt einen immer höheren Anteil von dem ein, was man tatsächlich sinnvoll »subkulturelles Kapital« nennen kann. Unter Berliner-Republik-Bedingungen ist da aber »Integrität« eine zähe Währung. Sarah Thornton benutzt den Begriff »Subcultural Capital« in ihrer Untersuchung »Club Cultures – Music, Media and Subcultural Capital« (Hanover/London 1996) für die Gesamtheit subkultureller Distinktionsstrategien, Hipness mit Bourdieu, hat aber bezeichnenderweise in ihrer an der britischen Club-Kultur orientierten Arbeit keinen Platz für den Fall des Distinktionsgewinns qua politische Sauberkeit.
2. Wenn mich meine Erinnerung nicht täuscht, war es die »Szene Hamburg« oder »Sounds«, irgendwann zwischen Herbst 75 und Frühjahr 77.
3. Georg Klaus/Manfred Buhr (Hrsg.), »Marxistisch-Leninistisches Wörterbuch der Philosophie«, Reinbek b. Hamburg 1972 (Leipzig 1970[7]), S. 154

4. »... da es Wiederholungen nicht geben kann, muß der Gerechte die schändlichsten Taten ausschalten (indem er sie begeht), damit diese nicht als Möglichkeit die Zukunft beflecken, und um die Herankunft des Reiches Christi zu beschleunigen.« Jorge Luis Borges, »Die Theologen«, in: »Das Aleph«, Gesammelte Werke, Band 3/II, München 1981, S. 36f.
5. Als dieser Text geschrieben wurde, richtete er sich noch primär an die linke und repolitisierte Kunstszene der mittleren 90er – diese hat heute, im November 1998, auf dem Kunstmarkt kaum noch Autorität und Einfluß. Die Durchsetzung eines neues Kuratorentypus – in Köln und Berlin im Jahre 98 besonders deutlich –, der nicht durch eine Position, sondern durch ein gutes Verhältnis zu Sponsoren und ein Händchen bei Sponsorenbeschaffung auffällt, der ausstellerische Konzepte Städten und Konzernen verkauft, läßt es fast luxuriös erscheinen, sich noch mit den Widersprüchen eines linken Künstlerselbstbildes zu befassen. Wenn nicht auch dessen Aporien ein kleiner Anteil an dem Einflußverlust zukäme, der sich in der Annäherung des öffentlichen Museums- und Kunsthallenwesens an Niveau und Gepflogenheiten der Musical-Welt niederschlägt.
6. Pinot-Gallizio kritisierte ja mit seiner »industriellen Malerei« auch den Genie- und Originalitätsmythos. Debord verwies sozusagen darauf, daß diese Negation der Negation – Negation des Genies als falsche, »bürgerliche« Negation industrieller Produktion – keine Position hervorbringe, daß die Kritik einer falschen Originalität nicht unbedingt richtige hervorbringe, sondern hier nur wieder den ursprünglich kritisierten Gegenstand: entfremdete Arbeit.
7. Ein Problem, daß die »glücklichen Arbeitslosen« vom Prenzlauer Berg heute nicht mehr haben, weswegen sie auch von den verbliebenen Marxisten so panisch kritisiert werden – obwohl selbst die sich über dieses Aufbegehren in einer Arbeit und Selbstkontrolle anbetenden Welt freuen können müßten.
8. Im November 98 veranstalten Kölnischer Kunstverein, Kunsthalle der Bundesrepublik Deutschland, Rheinischer Merkur und andere das Symposion »Kunst als Avantgarde der Ökonomie« mit Beiträgen wie »Die Firma als Kunstwerk – warum gute Unternehmer auch Künstler sind«.
9. Sharon Zukin, »Hochkultur und ›wilder‹ Kommerz«, in: Häußermann/Siebel, »New York, Strukturen einer Metropole«, Frankfurt/Main 1994
10. Attila Eisenherz, Nachwort zu Jules Vallés, »Die Abtrünnigen«, Hamburg 1980

11. Friedrich Engels, »Zur Wohnungsfrage«, zitiert nach Rainer Nitsche (Hg.), »Häuserkämpfe – 1872 – 1920 – 1945 – 1982«, Berlin 1981
12. Henri Lefebvre, »Kritik des Alltagslebens«, München 1975, Band II, 46, vgl. auch III, 74. Vgl. auch G.Agamben: »Deshalb – weil der Mensch potentielles Sein ist, der tun und lassen kann, sein Glück machen oder scheitern, sich verlieren oder finden kann – ist er das einzige Wesen, in dessen Leben es immer um Glückseligkeit geht, dessen Leben unweigerlich und schmerzlich auf Glückseligkeit angewiesen ist. Damit konstituiert sich Lebens-Form unmittelbar als politisches Leben.« Giorgio Agamben, »Lebens-Form«, in Joseph Vogl, »Gemeinschaften«, Frankfurt/Main, 1994
13. Richard Sennett, »Die Zeit«, 30.9.1994
14. Einstürzende Neubauten, »Kollaps«, LP, Zickzack Schallplatten, Hamburg 1982
15. Petr Kropotkin, »Das Wohnen«, in: Nitsche, a.a.O., S. 99
16. Gemeint sind vor allem die neuartigen Gesellschafts- oder Stadtmodelle, die nach Soja und Davis um die Welt gehen.
17. Es muß nicht immer in dieser Reihenfolge sein: erst Wissenschaft, dann Presse/TV. Genauso oft ist das Sich-Verlassen-auf der Wissenschaftler auch nicht auf konkret studierte oder untersuchte Phänomene bezogen, sondern eben auf vorher entstandene TV- oder Presse-Bilder und -Berichte. In beiden Fällen sind Lebenszeugnisse der Betroffenen je wichtiger (im Vergleich zu Werken), desto neuer das entsprechende »Phänomen« sein soll. Das Lebenszeugnis ist Signum der Frische, das Werk steht für Abgehangenheit.
18. Diese beiden äußerst raumgreifenden, massiven und bekenntnishaften Adjektive stehen hier nur, um an einen Rahmen zu erinnern, der mir für jeden linken Aufbruch eine Minimalforderung, aber nirgendwo in Sicht zu sein scheint. Wenn überhaupt, ist immer nur eines von beiden im Angebot.
19. Emile Durkheim, »Über soziale Arbeitsteilung«, Frankfurt/Main 1987, S. 296
20. Adrienne Leban, Beitrag zu »Artists' Life/Work : Housing and Community for Artists«, in: Martha Roesler/Brian Wallis, »If You Lived Here, The City in Art, Theory, and Social Activism«, Seattle, Wa. 1991
21. Yvonne Rainer, Beitrag zu »Artist's Life/Work«, a.a.O.
22. Mark Dion ist inzwischen auch nach TriBeCa gezogen. Dafür leben und arbeiten Rita Ackermann sowie Rainer Ganahl in Harlem.
23. Georg K. Glaser, »Geheimnis und Gewalt«, Basel und Frankfurt/Main 1990, S. 222

24. Walter Benjamin, »Das Paris des Second Empire bei Baudelaire«, Werke, Erster Band, Seite 582, Frankfurt/Main 1974
25. Jules Vallés, »Die Abtrünnigen«, Hamburg 1980, S. 16
26. Über dessen Freiwilligkeit natürlich die ewigen Bettelbriefe an seine Mutter oder Victor Hugo durchaus zu Zweifeln Anlaß geben. Nur lebte Baudelaire nie wirklich »im Elend«, wenn er und andere sich dort aufhielten, war das »freiwillig«. Daß gleichzeitig ihr eigener gesellschaftlicher Abstieg stattfand, ist eine andere Gesichte. Vgl., Charles Baudelaire, Sämtliche Werke, Band 7, München 1992, S. 7-87
27. Roger Shattuck, »The Banquet Years«, New York 1955, S. 195
28. Peter Stoeckl, »Kommune und Ritual: das Scheitern einer utopischen Gemeinschaft«, Frankfurt/Main und New York, 1994, S. 71f.
29. Billy Klüver/Julie Martin, »Kikis Paris: Künstler und Liebhaber 1900-1930«, Köln 1989, S. 10, 11, 14, 170
30. Montparnasse blieb natürlich kein »Künstlerdorf« oder eine »Künstlerkolonie« (Klüver/Martin), sondern wurde von der urbanen Entwicklung in Paris sowie durch Tourismus, Exilanten und Expansion zu einem äußerst heterogenen »Künstlerviertel« und als solches erst nach dem Krieg von dem nördlich und ohnehin eingebunden gelegenen St.Germain de Pres abgelöst.
31. Zitate in diesem Absatz aus Guillaume Apollinaire, »Zone«, in: ders., »Alkohol«, deutsch von J.Hübner und L.Klünner, Darmstadt 1969
32. Siegfried Kracauer, »Jacques Offenbach und das Paris seiner Zeit«, Frankfurt/Main 1976, S. 62-85 (»Die Heimat der Heimatlosen« wird darin der Boulevard genannt)
33. Klüver/Martin, a.a.O., S. 24, besonders die Kneipen- und Atelierkarte von Edvard Diriks.
34. Walter Benjamin, a.a.O., IV, 1, S. 356
35. Michel Butor, »Die Stadt als Text«, Graz 1992
36. Georg Simmel, »Soziologie«, Frankfurt/Main 1980, S. 688
37. Georg Simmel, »Die Gross-Städte und das Geistesleben«, in, ders.: »Das Individuum und die Freiheit«, Stuttgart 1957, S. 192ff.
38. Georg Simmel, »Soziologie«, a.a.O., S. 690
39. vgl. Henri Lefebvre, »Kritik ...«, a.a.O., III, 45
40. David Toop, »Rap Attack«, St.Andrä-Wörden 1992, S. 162ff.
41. Dieter Hoffmann-Axthelm, »Die dritte Stadt«, Frankfurt/Main 1993, S. 236
42. Ein erster Text – »Drogen, Techno, Sport« - wurde für eine Veranstaltung der »Beute« geschrieben und erschien in deren vierter Nummer. Weitere Versionen wurden von der Zeitschrift der deutschen Aids-

Hilfe und von Olaf Metzel für den Katalog »Freizeitpark« zu seiner Münchner Ausstellung von 1996 nachgedruckt. Dieser neue Text wurde 1997 für die »tageszeitung« geschrieben.

43. Noch einmal zu erwähnen, daß bestimmte Drogenerfahrungen, speziell Erfahrungen mit Drogen-Abhängigkeit grauenhaft sind, hatte ich bei der Niederschrift der ersten Fassung für überflüssig gehalten. Es gibt aber überraschenderweise Leute, für die man noch einmal buchstabieren muß, daß diese Beschreibungen von gesellschaftlichen Effekten und Funktionen des Drogengebrauchs nicht alle anderen Effekte abstreiten. Es geht hier nur nicht in erster Linie darum, daß Sucht und Abhängigkeit entsetzlich sind. Das liegt im übrigen auch weniger an der Chemie der Substanzen, sondern an den Rahmenbedingungen, unter denen heutige Abhängige sie zu nehmen gezwungen sind. Begüterte und politisch einflußreiche Junkies können bekanntlich mit ihrer Droge ganz gut leben.

Anmerkungen/5. Kapitel

1. Tom Holert/Mark Terkessidis (Hg.), »Mainstream der Minderheiten«, Edition ID-Archiv, Berlin/Amsterdam 1996
2. Townes Van Zandt,« No Deeper Blue«, Veracity/IRS
3. Michael Hurley, »Wolfways«, Veracity/IRS